ELSINOR
VERLAG

Alexander Moritz Frey, geboren 1881 in München, gestorben 1957 in Zürich. Jura- und Philosophiestudium in Heidelberg, Freiburg und München. Freier Schriftsteller in München; im Ersten Weltkrieg als Sanitäter an der Westfront. Frey, der im Krieg in derselben Einheit wie Adolf Hitler dient, weist später alle Annäherungsversuche der Nationalsozialisten zurück und bekennt sich zum Pazifismus. 1933 Flucht nach Österreich, 1938 in die Schweiz; er kehrt nach dem Zweiten Weltkrieg nicht mehr nach Deutschland zurück.

Alexander Moritz Frey

Die Pflasterkästen

Ein Feldsanitätsroman

Elsinor

Vollständige Wiedergabe der Erstausgabe von 1929
(Gustav Kiepenheuer Verlag, Potsdam)

Bibliografische Information Der Deutschen Nationalbibliothek
Die Deutsche Nationalbibliothek verzeichnet diese Publikation in der Deutschen Nationalbibliografie; detaillierte bibliografische Daten sind im Internet über www.dnb.de abrufbar.

Nachwort
Auszug aus: Stefan Ernsting, *Der phantastische Rebell Alexander Moritz Frey – oder Hitler schießt dramatisch in die Luft*

Unveränderte Neuausgabe im Elsinor Verlag
Die Ausgabe ist inhaltlich identisch mit der Hardcover-Ausgabe, die 2011 im gleichen Verlag erschienen ist.

3. Auflage 2023

Umschlag und Satz: Elsinor Verlag, Coesfeld
Umschlagfoto: Verwundete deutsche Soldaten an der Westfront, 1917; akg-images
Printed in Germany
ISBN 978-3-942788-22-9

Die Pflasterkästen

I

Sie wurden zu dritt verschickt.

Sie wurden verladen an einem schwülen Septembernachmittag des Jahres 1915: ein Trambahnschaffner aus München, ein Bader aus Altötting – und einer, der in seinem Dasein bisher manches versucht und wenig erreicht hatte, übrigens ein Studierter.

Das war alles, und sie bildeten somit einen sehr kleinen Transport. Man ließ sie ohne Führer fahren; alle drei waren gewöhnliche Soldaten. Aber wohin denn sollten sie sich verlieren? Sie konnten nirgends Aufnahme als eben dort finden, wohin sie abgesandt waren, aufgegeben wie Pakete, wie Stückware mit Geheimadressen versehen, deren Chiffre sie nicht zu enträtseln wußten. Sie hatten kein greifbares Bild vor Augen von dem Platz, an dem sie nun ernsthaft aufgepflanzt werden sollten.

Sie hatten einfach so lange im Zuge zu bleiben, bis alles aussteigen mußte. Wohin der Zug fährt, wird ihnen nicht gesagt. Und sie fragen auch gar nicht; sie sind vom Garnisondienst her gewöhnt, hierhin und dorthin geschoben zu werden, ohne vorher zu erfahren, wohin, ohne nachher, weshalb.

Sie sind für den Sanitätsdienst bestimmt und in ihm in einer phantastisch-theoretischen Weise kümmerlich ausgebildet, sind nicht mehr jung, bewegen sich auf die Mitte der Dreißig zu, der Schaffner geht sogar schon an die Vierzig heran.

Der sie durch die Straßen der Garnison München geleitet hat – mitten auf dem Fahrweg, als seien sie eine raumverlangende, gewichtige Truppe –, dieser Transportführer, der nur bis auf den Bahnhof mithält, hat sie in ein sehr schmutziges Abteil dritter Klasse steigen lassen. Das Coupé sieht aus, als befördere es seit Kriegsbeginn ununterbrochen, ohne eine Stunde aufatmen zu können, Soldaten, und als sei es niemals mehr gereinigt worden. Vertrocknete Wursthäute, Kolonnen von Tabakstummeln, zerfetzte Schokoladepackungen häufen sich zu Hügeln. Ein kleines Chaos, geschaffen aus Abfällen.

Die Garnisondienst-Augen sind solches nicht gewöhnt. Sie sehen es befremdet, sie sehen es langsam erheitert, Vertrauen fassend und in wachsender Genugtuung. Hier ist ein winziges Abbild des Krieges – von der willkommeneren Seite – hier schon beginnt er – im Gegensatz zur gut aufgeräumten, mit Wasser und Besen immer noch streng gefegten Mannschaftsstube daheim.

Der führende Infanterieoffizier, der einen knallblau schreienden Rock trägt und einen noch wilder blitzenden Helm, wischt sich den Schweiß unter den Brillengläsern weg und starrt mißbilligend in den Wagendreck, dann aber wider Willen achtungsvoll in die Gesichter der drei von ihm hierher Geschleppten, denn nun fahren sie hinaus ins Feld, er jedoch bleibt weiter daheim – freilich schuldlos, freilich nur seiner fehlerhaften Augen wegen.

Um so mehr strafft er sich im engen betreßten Kragen und drückt den Helm härter aufs Haar, das unterm Leder dampft und trieft, denn der Herbst dieses Jahres ist ungewöhnlich heiß. Er sagt nichts, als die drei Leute im Abteil ihre grauüberzogenen Helme heftig ins Tragnetz legen, beinahe werfen, und mit schon ungebundeneren Griffen die schirmlosen Mützen aus den Tornistern zerren.

Der Trambahner spürt die verhaltene Hochachtung, die bekämpfte Verlegenheit des Vorgesetzten, der draußen und unter ihm steht, und er sagt in einem nie noch gewagten Ton von Vertraulichkeit: «Herr Unteroffizier, aber hier weht schon ein bissel ein freierer Wind!»

Der Angesprochene wird sofort unnahbar. Er ist froh, mit einem Schlag wieder große Distanz zu haben, man hat ihm dazu verholfen, er sagt: «Daß ihr euch da nur nichts einbildet! Ihr sollt was erleben, wenn ihr keine Disziplin haltet. Daß mir keine Klagen an den Ersatztruppenteil kommen, während ihr unterwegs seid! Schlechtes Verhalten wird sofort hinaus gemeldet an euer Feldregiment, und ihr werdet draußen nicht weniger bestraft als hier. – Sie, wie heißen Sie – der Stöger, setzen Sie die Mütze gerade, die Kokarde hat genau über der Nasenwurzel –»

Unversehens, mit einem Ruck gerät der Zug ins Rollen, er fährt los ohne Abfahrtszeichen, er fährt einfach davon, als sei das nichts, was er da unternimmt. Die Türen sind offen geblieben, sie werden von den Mitfahrenden ohne Eile herangeholt.

Der Unteroffizier ist vom plötzlichen Ende seiner Mission überrascht. «Also dann alles Gute», ruft er obenhin im dienstlichen Ton. «Und daß mir nicht –!»

Es ist unnötig, den Satz zu Ende zu sprechen, die drei sind schon zu weit weg. Er kann nur noch ein respektloses Lächeln von Gesichtern auffangen, die sehr unordentlich aus den Fenstern gebeugt sind.

2

Sie rollen. Sie sehen noch eine Weile rückwärts und verspüren, wie die mächtigen Hallenbögen des Bahnhofs zusammenschrumpfen. Mit ihnen schrumpft zur Mausefalle die ganze Stadt, der sie entkommen sind, entronnen aus Draht und Gitter. Sie würden vielleicht noch ungehemmter an Freiheit glauben, wenn sie nicht jetzt in stärkerer Fahrt an den großen Brauereien vorbeiklapperten.

«Ja ja, mein Lieber», seufzt der eine. «Aber ein Bier haben die da draußen manchmal auch.»

«Jetzt geht's dahin», sagt der andere.

Doch der Trambahnschaffner, der Holzer, weiß was Besseres. «Ihr seids ja wie die Jungfern beim Beten», schilt er. «Vermehren wir lieber die Wursthäut'.» Und er packt sofort Proviant aus. Er fängt zu essen an, obwohl sie erst vor einer Stunde in der Kaserne ausgiebig gefüttert worden sind.

Bald beschäftigen alle drei ihr Gebiß. Man ist doch an irgend etwas geklammert, wenn man einen Brotlaib umfaßt hält, man hält noch ein Stück Heimat fest. Und außerdem ist Zeit ausgefüllt, solange man kaut.

Es dunkelt, es wird Nacht, es dämmert von neuem, sie rollen an großen Städten vorbei, immer um sie herum, nie in die Personenbahnhöfe, stets ins Gebiet der Güterverladestellen. Sie werden getränkt und gespeist, zusammen mit Herden anderer, die auch unterwegs sind, und hier schon geht die rasselnde Wirtschaft mit den Feldkesseln los, die noch endlose Jahre dauern soll – mit den Kesseln, die nie mehr richtig sauber werden, die bald verbeult und muffig sind und bleiben.

Sie erleben, wie heftige Sonne nicht enden wollend herunterknallt auf ihr niederes Wagendach, und wie in nächtlichen Gewittern ein johlender Regen ihre kleine Behausung fast ersäuft. Die Ritzen der Türen sind Quellen für kleine Rinnsale, langsam fangen die leeren Zigarettenschachteln zu schwimmen an. Sie ziehen die Beine vom

Boden auf die Bänke. Im Hieb der Blitze, die zu den schmalen Fensterchen hereinpoltern, sehen sie ihre Gesichter maskenhaft gegeneinander gerichtet, grünlich und starr. Es sieht nicht schön aus, und der Holzer will über dumme Verlegenheiten hinweghelfen, drum sagt er: «Mir scheint, wir ham a kleine Nachtübung, Vorübung für da draußen – mit Überschwemmung und Donnerkrach.»

Er weiß nicht, wie grauenhaft er die Wahrheit spricht, wenn er betont, daß diese «Übung» nur «klein» ist.

Dann wird es ruhiger, das Unwetter zieht ab, und der Zug läuft sanft wie auf Watteschienen – nach all dem Spektakel. Sie schlafen strumpfig ein, zusammengeknüllt, den tranigen Stiefel über sich im Gepäcknetz, den ungewaschenen Kopf auf dem Kalbfell des Tornisters. Sie schlafen, mehr ermüdet von den vielen Gedanken ins Leere als körperlich erschöpft.

So kriechen sie tagelang dahin. Manchmal stehen sie auch einen halben Tag. Dann wieder schleichen sie eine Stunde rückwärts; darüber zerbrechen sie sich den Kopf. Der Trambahner, der über Geleise und Rangieren am meisten Bescheid weiß von den dreien, vermutet, man müsse aus plötzlichem Grund die Strecke frei machen. «Wißt ihr, die brauchen vielleicht Platz für einen Hofzug, für einen Zug vom Großen Generalstab.»

Aber der Bader Stöger sagt zaghaft und lächelnd mit einer vom Glück verklebten Stimme: «Am Ende ist gar der Krieg schön stad zu End' gegangen, und sie fahren uns wieder heim.»

Alle drei bekommen ein Leuchten in ihre verschmutzten Gesichter, sie glauben nicht an das, was der Bader spricht, aber es ist so verlockend, daß die lächerliche Hoffnung einfach mit ihnen durchgeht.

Der Zug geht nicht durch. Er trödelt immer verlorener. Da steht er abermals. Und steht so lange, in den Abend, in die Nacht hinein, daß man ihn und seine Insassen überhaupt vergessen zu haben scheint.

Vergessen zu sein, ganz heimlich von dieser gefahrvollen Oberfläche des Krieges weggesunken zu sein, wäre auch ganz schön. Nutzlose Überlegung – um Mitternacht kommen sie jählings in Schwung, heftiger denn je nach «vorn», kälter, härter, scheppernder, als gelte es eisern, sämtliche Verspätungen dieser Tage einzuholen.

Wenn sie einmal an einer Fütterungsbaracke, zwischen hundert rußigen Geleisen, einen Heeresbericht angeklebt entdecken, sehen sie nach, ob der Krieg nicht doch mittlerweile aus ist. An den ersten drei Worten erkennen sie, daß er eifrig weiter geht – und sie stellen das Lesen ein, denn das übrige interessiert sie nicht recht.

Später, wie sie wieder rollen, kommen sie auf den Heereszettel zurück. Eigentlich muß die Schweinerei ja bald zu Ende sein, denn – und nun beginnen die Debatten. Sie werden so geführt, unabänderlich logisch, mit den krampfhaften Argumenten für das nahe Friedensbedürfnis der Feinde, wie sie wachsend verzweifelt drei weitere Jahre hindurch von Millionen Mündern geführt worden sind.

Sie überschreiten die Grenze nach Belgien hinein. Der Schaffner fühlt sich halb als Held, halb freilich auch immer unerbittlicher von den Brauhäusern der Vaterstadt getrennt. Immerhin dünkt man sich jetzt wichtiger als je zuvor im Leben, hie und da bekommt man auch jemanden von der Zivilbevölkerung zu sehen, wenn der Eisenbahnwagen günstig irgendwo neuerdings ins Stocken gerät, vor einem Hause – häufig hier im Lande, wo sich Haus an Haus zu reihen scheint – eine fremdglotzende Arbeiterfrau, ein verschüchtertes Kind, und da wäre es angebracht, ein wenig stattlicher dreinzuschauen als man es tut, denn man ist seit Tagen nicht nur ungewaschen, das wäre nicht so schlimm, man ist auch unrasiert.

Doch wozu fährt ein Bader mit? Der Bader muß sein Messer aus dem Tornister holen. Ein Kaffeerest im Feldkessel ersetzt das Wasser für die Seife – und die Schaberei kann beginnen. Sie währt lange, denn sie wird durch das Fahren des Zuges unterbrochen; nur wenn er steht, kann man das Messer ansetzen. So erleidet der Schaffner das Schicksal, drei Stunden eingeseift dazusitzen. Er hat es unglücklich getroffen.

Ernstlich mit sich zu Rate gehen muß man aber erst, als man vom Belgischen ins Französische gerät. Schau an, die Franzosen haben Bahnhöfe und Stellwerke gebaut, die nicht viel anders aussehen als die unsern. Und Schienen und Weichen scheinen sie genau so zu legen wie wir. Warum vertragen sie sich eigentlich nicht mit uns? Warum meinen sie, auf uns schießen zu müssen, so daß wir auch auf sie schießen?

Der Schaffner sagt: «Daß die Menschen auf dera Welt sich net vertragen können. Wie schön könnt's jetzt hier sein, wenn die, wo hier sonst leben, einen Verstand hätten. Aber einen Verstand hat halt der Franzmann durchaus net. Streiten muß er mit uns, der Bazi. Da kannst nix machen.»

Auch die beiden anderen finden, daß es «hier schön sein könnt», obwohl gerade nichts weiter zu sehen ist als eine graue, berußte Mauer, ein verwahrlostes, unbenutztes Stellwerk mit zerbrochenen Scheiben und ein Berg von rostenden Konservenbüchsen in einer schwarzen Lache, die aus schadhaften Wasserröhren ungewollt gespeist wird.

3

Endlich landen sie in Lille. Sie landen in einer Halle, die Ähnlichkeit hat mit jener, aus der sie abgefahren sind. Ist am Ende gar nichts Besonderes geschehen? Will sich sozusagen nichts ins Kritische verändern? Wär's möglich, daß der Krieg sich noch einigermaßen harmlos anließe? Man gilt als Frontsoldat, man ist einer – und spürt von der Front kaum mehr als die daheim, dank einem glücklichen Zufall, der einen in die taube Ecke geschmissen hat, bis endgültig Schluß ist? Denn Schluß muß ja bald –

Da ist – zum erstenmal wieder – irgend so ein Vorgesetzter und schreit: «Alles aussteigen!» Und man sieht in den Abteilen nach, ob keiner die Ankunft verpennt hat oder gar unter die Bank gekrochen ist oder verborgen im Abtritt hockt, denn was kann man wissen? Hier hört man nämlich – hier hören die Neulinge zum erstenmal Artilleriefeuer; und wenn es auch ganz gedämpft detoniert, als habe man um ihretwillen den Himmel mit Tüchern verstopft –: sie wissen, daß es echt ist, daß es keinen unschädlichen Übungen dient, daß es nur ein inbrünstiges Ziel hat: Menschen zu töten oder wenigstens so weit zu verstümmeln, daß sie ihrerseits nicht mehr töten können.

Der vertrauenerweckende Eindruck des Bahnhofs, der fast heute noch ein Heim der einst gesitteten Welt sein könnte, liefen nicht verdächtigerweise nur feldgraue Gestalten durch ihn hin, hält nicht lange vor, denn gleich draußen, unterm Portal, überfällt sie die drohende, wüste, langweilige Fratze des Krieges: zum Geripp zerfressene, verstümmelte Häuserreihen, eine theatralische Fassade des großen Zerstörerwillens, ein läppisch-düsterer Straßenzug aus Schutt, den man geschichtet und geordnet hat, und der in seiner Wohlanständigkeit doppelt schauerlich wirkt.

Sie sagen nichts, die drei. Sie denken nur daran, daß das auf Abbildungen viel weniger eindringlich war. Vorläufig sind sie noch so etwas wie Vergnügungsreisende wider Willen. Sie haben keine Arbeit zu verrichten, sie tun keinen Dienst, sie sind unterwegs; auf eigene Verantwortung dem Ziel zu, das immer noch unbekannt ist. Sie genießen einen Stadtteil in sortierten Trümmern, sie betrachten die Sehenswürdigkeit – und dann betrachten sie einander. Sie entdecken, wie sie sich heimlich mustern, einer will dem anderen die Folgen dieses Anblicks vom Gesicht ablesen: Erstaunen, Entsetzen, Befriedigung oder Gleichmut?

Der immerdar beredte Schaffner zieht den Mund ganz unter den Bart zurück. Der Friseur Stöger, mit ewig leidenden großen Kinderblicken, er, der selber zu Hause neun Kinder hat und das zehnte erwartet, läßt die allzu weichen braunen Augensterne hilflos umhergehen. Der dritte aber, der wortkarge Funk, sagt, nachdem sie lange genug geschwiegen haben: «Wenn hier einmal wieder aufgebaut wird, müßten eigentlich alle zusammen helfen.»

«Wer: alle zusammen helfen?» fragt der Schaffner mißtrauisch. «Meinst uns auch?»

«Alle, die beim Spiel des Über-den-Haufen-Schießens mitgemacht haben, also auch wir.»

«Du kommst mir recht. Ich für mein Teil geh heim, wenn der Schwindel aus ist. Wie käm' denn ich dazu, den Franzosen die Häuser aufzubauen?»

«Nicht weil du sie zusammengeschossen hast, Holzer, oder weil unsere Landsleute das getan haben, für die wir hier stehen, sondern weil nach dem gemeinsamen Spaß des Zerstörens, zu dem die Kriegführenden einander verhelfen, doch die gemeinsame Freude des Aufbauens kommen müßte.»

«Wer red' denn vom gemeinsamen Spaß des Zerstörens?»

«Ich. Den muß es doch geben. Den gibt es im letzten und innersten. Sonst wäre ja das alles nicht möglich. Man jagt doch nicht jahrelang hinter Unlustgefühlen her, ohne daß es Lustgefühle wären.»

«Du spinnst. Schaun wir lieber, daß wir unser Quartier finden.»

Sie hatten in einem Bureau des Liller Bahnhofs ihre Frachtbriefe, unter denen sie befördert worden waren, abgenommen bekommen. Auf neuen Zetteln stand die Adresse ihrer Unterkunft für die Nacht und der Hinweis, am nächsten Morgen auf der Stadtkommandantur weiteren Befehl entgegenzunehmen.

Sie fanden ein Haus in einem hübschen Stadtviertel – so eine Art Reisendenhotel für durchkommende Frontsoldaten.

Über eine kleine verwahrloste Treppe ging es hoch hinauf in ein Zimmerchen, darin standen drei bettartig zusammengenagelte Gestelle, auf denen Matratzen lagen. Über die Matratzen erstreckten sich Leintücher, sie waren recht mitgenommen, aber es waren doch einstmals weiße Tücher. Auch eine blecherne Waschschüssel fand sich vor, auf lehnelosem Stuhl. Man war also in der Tat in eine Art Hotel garni geraten, mit Blick über die Dächer einer anscheinend friedlichen Stadt – Blick in einen zahmer durchsonnten Herbstabend hinein, durch den die Schwalben flitzten –, wenn nur der ferne Donner, verstopftes Geschützgrollen nicht gewesen wäre. Das Grollen mit dem Anspruch auf schrecklich ernst gemeinte Tat war zum jubelnden Geschrill der Schwalben so widersinnig, daß man es fast mit Erfolg leugnen konnte.

Es dunkelte schon, als die drei das Treppchen wieder hinunterpolterten. Ihr Herbergsvater, ein Gefreiter, der nicht mehr voll frontdienstfähig war, verkündete, sie könnten sich von der Madame, die mit im Hause wohnte, etwas kochen lassen – selbstverständlich für ihr Geld. «Im übrigen müßt ihr mit eurer Ration auskommen – ihr seid ja für drei Tage von Haus aus verpflegt.»

«Die drei Tage sind aber mit dem heutigen herum», sagte der Bader bekümmert.

«Euer Pech, wenn man euch so lange spazierengefahren hat. Ich kann euch nichts geben. Schaut, daß ihr morgen von der Kommandantur was bekommt, eh' ihr abgeschoben werdet zur Truppe.»

«Zur Truppe, Kamerad», griff der Bader auf und zog seinen Zettel hervor. «Könnt jetzt ihr entziffern, wohin man uns einteilt?»

«Weiß nicht», sagte der Gefreite gleichmütig und sah gar nicht erst auf das Geschriebene. «Die Kommandantur gibt euch Bescheid. Ihr werdet halt angefordert worden sein, ihr werdet Lücken ausfüllen.»

«Lücken?»

«Rindvieh, für solche, die weggeschossen worden sind. Ihr seid Krankenträger, vielleicht kommt ihr zu einer Sanitätskompagnie.»

«Wie ist's dort?»

«Faules Leben. Faule Köppe. Bessere Drückeberger. Ich hätt' nicht mögen dabei sein. Ich hab' meinen steifen Arm ehrlich erworben.»

Die drei schielten einander an, halb gedemütigt, weil sie die Genfer Binde trugen. Aber strahlte nicht der Bader versteckt? Er sagte vorfühlend: «Da sind die wohl ein bisserl besser daran – die von der Sanitätskompagnie – als die Infanterie im Graben? Aber wieso gibt's dann dort auch Lücken?»

«Weil die Artillerie weit reicht und überall hintrifft, Schafskopf. Die Artillerie hat schon Feldlazarette zusammengeschossen. Manchmal müssen sie auch vor in die Linie, die von der Sanitätskompagnie. Ist ihnen gesund, den faulen Köppen. Da erwischt's dann manchen, gerade manchen von ihnen, weil sie unerfahren sind, was Schuß und Deckung anbelangt.»

Jetzt wird er wieder ganz mutlos, der Bader, und seine schönen Augen flehen die Wand an um Rat. Soll er sich nun besser wünschen, gleich zur Infanterie selber zu kommen?

Inzwischen hat Madame, rundlich und schlampig, aber sachlich gelandet bei den Jahren einer Matrone, etwas Zweifelhaftes in einer Pfanne durcheinander gebraten. Immerhin riecht es nach heißem Fett, und es ist, im Gegensatz zum dauernden Feldkesselsuppengeschlamp, etwas Kompaktes.

Die drei essen von richtigen Tellern, mögen sie auch nur mit einer alten Zeitung abgewischt worden sein; sie trinken etwas dazu, das Apfelwein sein soll, einen Cidre, und der Schaffner kommt in Laune, während er so dasitzt, Rock offen, Hose entriegelt, als wäre er bei Weib und Kind. Er holt sein griffestes Messer aus der Tasche und stochert behaglich die Reste des Essens aus den Zähnen zusammen. Er sagt unter einem Rülpser, den er gut erzogen mit den Fingern zudeckt: «Hurenhäuser soll's ja hier in Masse geben.»

«Warum? Willst du hin?» grinst der Gefreite. «Ich darf euch aber heute nicht mehr aus dem Haus lassen.»

Da wissen sie mit einem Schlag wieder, daß keine Minute ihres Lebens ihnen gehört. Reisende, abgestiegen in einer Art von kleinem Hotel? Keine Spur! Gefangene des Krieges – ehe sie noch der Gegner gefangen hätte. Ist es da – gemessen an der Freiheit, nach der man sich sehnt – nicht eigentlich gleichgültig, von welcher Seite man gefangen gehalten wird?

Der das denkt, ist Funk. Aber der Schaffner Holzer sagt: «Zu die Huren? Ich will weiß Gott nicht zu ihnen, mein Lieber. Ich frag nur, weil ich davon gehört hab und weil ich's nicht hab glauben wollen, weil's eine Schand' ist. – Möchst am End' du hin, Stöger?»

Der kleine Bader schüttelt erschrocken den Kopf. Seine Blicke klagen. «Ich hab ein treues Weib und neun herzige Kinder», sagt er in einem Ton, als lese er den Satz ab aus der Romanfortsetzung seiner Zeitung in Altötting.

Die anderen lachen. Der Schaffner schlägt ihm auf die Schulter: «Neun Kinder? Kamerad, da hast du das deine geleistet. Den schäbigen Rest brauchst du nicht bei den Weibern in Lille zu verplempern.»

Aber von Rest will der Bader nichts hören. «Ein zehntes ist unterwegs», erklärt er mit demütigem Stolz. «Und ich weiß nicht, ob es das letzte sein wird. Unserem Herrgott ist ein schönes Eheleben wohlgefällig.»

Sie lachen noch mehr über ihn. Der Gefreite sagt: «Stimmt schon – nicht das mit dem Herrgott mein ich –: das mit den Weibern. Es gibt Häuser für Offiziere und Häuser für Mannschaften. An guten Tagen stehen sie vor den Türen an, wie unsere Frauen daheim vor den Geschäften, wenn's was Rares zu kaufen gibt. – Was willst du auch machen hier, damit du nicht verreckst vor Langerweile? Ein Späßchen muß der Mensch haben, und ausräumen muß er von Zeit zu Zeit auch einmal.»

«Ich glaub, die ganz vorn sind», sagt der Schaffner angriffslustig, «die brauchen nicht viel ausräumen, weil nicht viel in sie hineingeräumt wird. Aber ihr hier hinten, ihr freßt immer noch gut und reichlich, und ihr schlaft bequem. Das gibt böse Träume.»

«Du kannst dich ja vor die Haustür auf die Steinplatten legen», höhnt der Gefreite.

«Das tu ich nicht. Aber mein Gerstl verläppern, das tu ich auch nicht.» Er wird großartig, er übersieht den Gefreiten, er wendet sich an die zwei Schicksalsgenossen: «Jetzt, wo wir einmal da sind, wollen wir unsere ganze Kraft dem Vaterlande weihen, was Kameraden?»

Der Bader stimmt zaghaft zu, Funk sagt garnichts, aber der Gefreite dreht ärgerlich die fliegenverdreckte elektrische Birne aus der Leitung und befiehlt ins Dunkel hinein: «Jetzt müßt ihr schlafen gehen. Morgen früh um sieben muß ich euch abliefern.»

Madame hatte sich gleich zurückgezogen, nachdem sie mit Einkassieren fertig war. Sie tappen an einer Kammer vorbei, aus der fettige Schnarchtöne quellen.

Sie sind wieder oben in ihrem Zimmerchen und liegen bald auf den Gestellen, die Betten sein sollen. Sie wanken und ächzen schwachbeinig und ausgeleiert umher wie Schiffchen im Sturm.

«Das meine geht auf und ab wie eine Wiegen», meckert der Schaffner. «Du wirst alleweil mehr zum Deppen bei dem Betrieb, hab ich's nicht immer gesagt. Jetzt legen s' dich gar in eine Hutschen, wie einen Säugling. Mein Lieber, wenn s' bei die Huren drüben auch solchene Betten haben, nacha derfst dich aber festklammern am Weib, sonst fliegst aus'm Sattel.»

Niemand antwortet.

Der Bader hat einen Rosenkranz zwischen den gefalteten Händen. Betet er oder schläft er schon?

Funk liegt lange wach. Er hört Geräusche aus Nebenhäusern, Gesang, Gepolter. Er hört den Tritt einer Wache auf dem Pflaster. Er hört einen Hund heulen, erst nah und kurz, dann immer ferner und zunehmend kläglich. Ein Zug pfeift, Bahnwagen rollen, erst verschlafen, dann hastiger, dann prallen Puffer in einem unbeschwingten Klang grell aufeinander. Es folgt ein Stöhnen, als hätten sich die Wagen die Räder verrenkt.

Vielleicht bereitet sich der Zug, der uns hergebracht hat, darauf vor, wieder heimzufahren. Die Wursthäute, die Zigarettenschachteln, um unsere vermehrt, fahren nach Hause. Wir nicht. Wir für lange nicht. Ach was, welch ein Optimismus, sagen wir doch gleich: vielleicht nie mehr.

Er horcht neuerdings. Nun ist die Stadt still. Er hört nichts mehr. Doch – er hört –: mit versteckter Gewalt den nächtlichen Himmel weich erschüttert vom Geschützdonner.

Er hört es in den Schlaf hinein, zu jeder Minute des unerquicklichen Schlummers, als die große, den ganzen Raum erfüllende Drohung, die nicht mehr weichen soll.

Er träumt, aber eigentlich ist es kein Traum, denn es ist ja kein Schlaf, daß der Himmel selber feuert, und daß Gott ein Artillerist geworden ist.

4

Sie sitzen wieder einmal in der Bahn, aber in einer Feldbahn. Es geht sehr provisorisch zu mit den Weichen und den Schwellen und dem kreischenden, wildgeschüttelten Wagenmaterial, das in einer lächerlichen Hast, ohne recht von der Stelle zu kommen, dahinzottelt. Es ist vom Gegner übernommenes ausgeleiertes Zeug ältester Sorte.

«Die Franzosen haben dir ein Gelump im Verkehr!» mißbilligt der Schaffner. «Das wenn wir daheim unsern letzten Bauern zum Umeinanderkutschieren anbieten wollten, die würden uns selber damit in die Hölle schicken.»

Kann sein, daß nun wir darin zur Hölle fahren, denkt Funk. – Also nicht zur Sanitätskompagnie, sondern zur Infanterie!

Denn mittlerweile ist offenbar geworden, wohin sie transportiert werden. Die Liller Kommandantur hat ihnen neue Ausweise gegeben, darauf steht, daß sie einer selbständigen bayerischen Reservedivision angehören und innerhalb dieses Verbandes einem Infanterieregiment.

Die letzte Strecke zu ihm ist nicht mehr lang. Sie sollen noch vor Mittag im Bereich ihrer Truppe sein. Am frühen Morgen, Kaffee und Kommißbrot im Bauch, aber ohne Wegzehrung, sind sie aufgebrochen. «Verpflegt werdet ihr von nun ab von eurem Feldtruppenteil. Und je eher ihr ihn erreicht, umso eher gibts was zu fressen.»

Das soll wohl ansporonen, sich in die Arme der Front zu werfen? In der Tat, es macht Eindruck. Der Bader sagt unterwegs, aus einem großäugigen Vorsichhinträumen heraus: «Ich glaub gar, wenn man ausreißen oder seine Ankunft nur verzögern wollt', man würde glatt verhungern dürfen.»

Der Schaffner gibt ihm recht. «Das ist schon so genial eingerichtet. Du kriegst nix, du kannst dir nix kaufen, ohne daß du nicht irgendwo eingereiht bist.» Er hebt den neuen Kommandanturzettel in die Höhe. «Ich glaub', du kannst keinen Furz mehr lassen ohne Ausweis.»

«Die Sanitätskompagnie hätten wir verpaßt», seufzt der Bader. «Das Essen soll dort gut sein.»

«Das Essen wird immer besser, je weiter du hinten bist», belehrt ihn der Holzer. «Hinten im Operationsgebiet ist's recht, aber noch weiter hinten, in der Etappe, da wird's erst zünftig. Mein Bruder, der in Gent hockt, wird fett wie eine Sau.»

«Sie werden uns auch beim Regiment nicht hungern lassen», beruhigt ihn der Stöger.

Der andere ist empfänglich für Tröstungen. «Es wird überhaupt halb so schlimm werden, wie wir vielleicht meinen. Alte Leut' wie wir sind – man kann von uns nicht gar so viel verlangen. Und verpflegen, das ist wahr, muß man unsereinen da heraußen richtig. Sonst geht's überhaupt nicht.» Er ist offensichtlich bereit dazu, es andernfalls nicht recht gehen zu lassen. Er versagt schon in Gedanken ausgiebig, man sieht es seiner leidenden Miene an.

Es ist ihnen gesagt worden, bis zu welcher Haltestelle sie mittrödeln sollen: bis La Vallée. Das Züglein hält unzählige Male, und der Trambahner ist in einer großen verkappten Unruhe, heftig buchstabiert er drauf los bei jedem Wort, das er vom Fenster aus erhaschen kann, das Französische zerbricht ihm fast die Zunge, aber er will La Vallée nicht versäumen, er will nicht zu spät aussteigen, denn er glaubt, man fahre ihn schnurgerade in die Front hinein. Und da ist möglichst bald aussteigen das Ersprießlichste. Daß sie der Front entlang bummeln in etwa zehn Kilometer Abstand, das wissen sie nicht.

Wie friedlich es ausschaut! Welch schöner Herbsttag, den eine leise verschleierte Sonne umgoldet. Da und dort schwimmen auf der Ebene Baumgruppen, üppige Inselchen, ihr Grün ist noch nicht im mindesten gelblich überhaucht. Es scheint keinen Tod zu geben – hier, wo er doch in jeder Ackerfurche zu Hause sein sollte.

Freilich, der Acker: er sieht merkwürdig aus. Man muß bei ihm an verstaubtes Gerümpel denken. Aber nehmen wir an, er feiert nur, er ruht sich aus. Auch die Kanonen scheinen zu feiern, man hört keinen Laut, wenn der Zug hält und sechs Ohren angestrengt in die Luft lauschen.

Sollte man sich fahrenderweise so weit entfernt haben von der Quelle des gestrigen Geschützdonners? Sollte man doch sozusagen ungeahnten Wonnen entgegeneilen – einem Regimente zu, das aus irgendwelchen, kaum glaublichen Glücksschlägen in Abrahams Schoße ruht?

Fast hätten sie ihre Station verpaßt. Sie halten wieder einmal, neben einer geschlossenen Bahnschranke und einem Wärterhäuschen. «Wir müssen hinaus! La Vallée – dort steht es!» schreit Funk und weist auf ein kleines, halbzersplittertes Schild.

Sie stürzen schwerfällig weg, mit den dicken Tornistern, den schwertlangen Seitengewehren, den großen Pistolen, den Verbandtaschen am Gurt.

«Wo geht es nach Château La Vallée?» fragt Funk einen Soldaten, der herumlungert und die Schranke bedienen soll, die er aber aus Bequemlichkeit geschlossen läßt. Weil links und rechts ein Graben ist, der noch unbequemer wäre, müssen die drei unterm Schlagbaum durchkriechen. Den dünnen Bader zieht dabei die Last des Rückens, die Last der Koppel so sehr nieder, daß er der Länge nach in das zermahlene Erdreich der Straße gerät. Den Soldaten freut es herzhaft; jetzt schafft er die Schranke in die Höhe und gibt Auskunft. «Nach La Vallée? Dorthin.»

«Ist es weit?»

«Nein.»

«Wie weit?»

«Nicht weit», sagt er und kehrt ihnen den Rücken. Sie bieten ihm keine Unterhaltung mehr.

Die drei beginnen durch staubige Erde zu waten. Der Feldweg ist zerfahren und ausgetrocknet. Unter einer sommerlich starken Sonne, die alles Herbstliche der Luft besiegt hat, bricht ihnen nach hundert Schritten der Schweiß aus. Sie bleiben schnaufend stehen, Funk sieht sich um: der Zug, den sie so stürmisch verlassen haben, verharrt immer noch hinter der offenen Bahnschranke. Wie unnötig war ihre schuljungenhafte Eile!

Sie stapfen wieder vorwärts – aber da hat nun doch wohl mit einem dumpfen Prall der Zug sich in Bewegung gesetzt – ganz plötzlich, seltsam plötzlich und umfassend laut – oder was war das?

Im nächsten Augenblick wissen sie, was es war, denn es wiederholt sich: Geschützdonner, viel stärker, viel näher als je bisher. Alle kindischen Hoffnungen versinken. Das schmeißt einen um im ersten Moment, aber im zweiten erkennt man, daß es gut so ist. «Was für ärgerliche Narren wir gewesen sind, in was für alberne Träume haben wir versucht uns einzulullen!» denkt Funk erbittert. «Weg damit! Hinein in die Wirklichkeit.»

Aber die Wirklichkeit selber ist immer noch auf Täuschung erpicht, sie tut sich freundlich auf. Schloß La Vallée wird nach einer

Stunde erreicht – einer Oase gleichend, in einem prangenden Park unter schimmernden Wogen von Grün, ein guterhaltenes Prunkgebäude, das nach Festen, nach Tanz, nach schönen Frauen aussieht.

Mittlerweile, bis jene vielleicht wiederkommen, hausen hier Verpflegungsoffiziere und ähnlich beschauliche Leute von der großen Bagage.

Immerhin des Regiments, zu dem die drei Krankenträger gehören. Insofern sind sie endlich angelangt. Aber nur, um gleich weitergeschickt zu werden. Denn ein Leutnant, vor den sie geraten, sagt ihnen, hier hätten sie gar nichts zu suchen, sie hätten sich unverzüglich zu melden beim Regimentsarzt; der sei in Fournes.

Trotzdem versteckt ein gutmütiger Unteroffizier sie in einem grünen Busch, nahe bei einer Feldküche, die aber nicht arbeitet, sondern repariert werden soll, und füttert sie mit einem duftenden Himbeergelee, mit schmackhafter Büchsenwurst, gezuckertem Kaffee und einer halben Käsekugel.

«Ihr müßt nicht meinen, daß es eilt», flüstert er. «Laßt euch Zeit. Der Krieg läßt sich auch Zeit. Ihr kommt nicht zu spät.»

Die drei bedanken sich und wollen doch weiter, denn zu sehr steckt ihnen die Garnisondisziplin noch in den Knochen.

«Nichts zu danken», sagt der Unteroffizier. «Wir haben's hier ja reichlich, wir versorgen die Stäbe. Aber glaubt nicht, daß ihr das alle Tage kriegt. Was ihr da gefressen habt, war Offiziersfutter. Nichts zu danken, wie gesagt, aber wenn's mich einmal erwischt, hoff ich an einen von euch zu geraten, der mich ordentlich verbindet.»

«Wie soll Sie's erwischen, Herr Unteroffizier?» fragt der Stöger harmlos. «Wo Sie doch hier schön heimlich im Schlösserl sitzen.»

«So? Schön heimlich? Heut und morgen noch. Glaubt ihr, daß wir hier alt werden? Es kommt noch ganz anders.»

«Es kommt noch ganz anders?» forscht Holzer unsicher. «Aber, wie's auch kommt, auf alle Fälle sind wir vor diesem zweiten Winter daheim.»

«Sonst wär's gefehlt», bekräftigt der Unteroffizier zum Abschied.

Sie waten wieder durch eine Landschaft, die unmerklich trostloser wird – sie hätten nicht sagen können, weshalb. Stieg Trostlosigkeit aus ihnen selber? Dort hinten ließen sie, wie eine Fata morgana, Château La Vallée in seiner Vollkommenheit zurück – vor ihnen aber tat sich nach einer Stunde die von Granaten vielfach angenagte, manchmal auch stärker zerbissene Häuserzeile eines Dorfes auf, das Fournes hieß.

Und somit waren sie angekommen.

Genug Soldaten ihres Regiments auf allen Wegen, von denen sie zurechtgewiesen wurden.

Sie grüßten brav jeden Gefreiten – und wurden belächelt. Sie zogen zaghaft ein in einen halbwegs gut erhaltenen Schulbezirk mit Garten, Hof und Gebäuden, darin Revier und Sanität hausten.

Hier gibt es genug Menschen mit rotem Kreuz auf weißer Binde, gleich ihnen. Ein Sanitätsfeldwebel nimmt sich väterlich-streng ihrer an.

«Aha, die Angeforderten vom Ersatztruppenteil. Auf euch warten wir lange. Aber die daheim lassen sich ja Zeit mit dem Nachschub. Habt ihr Hunger? Laßt euch in der Revierküche was geben. Dem Herrn Regimentsarzt werdet ihr morgen vorgestellt, in der Revierstunde. Der teilt euch ein. Für heut könnt ihr ausruhen. Da – in dem Keller ist noch Platz. Dort könnt ihr ablegen. Es sind sogar augenblicklich ein paar Lager frei.»

Sie tappen Steintreppen hinunter in einen muffigen, stockfinsteren Abgrund. Beim Streichholzschein sehen sie ungeheure Franzosenbettstellen mit durchgebrochenen Matratzen, aus denen Seegras heraushängt; ein paar Pferdedecken liegen umher, der Boden sieht aus wie der in ihrem Eisenbahnwagen. Ein Tisch trägt einen klebrigen Überzug von gesüßten Kaffeeresten.

Nachher sitzen sie fremd im Hofe, sprechen leise miteinander und warten auf den Abend. Niemand kümmert sich um sie, und sie geben es auf, hochzuspringen, wenn ein Unteroffizier an ihnen vorbeikommt. Denn jeder läßt ihre Ehrenbezeigungen so gelangweilt und erstaunt beiseite liegen, daß sie sie nicht mehr zu machen wagen.

«Wo ist eigentlich die Front?» erkundigt sich einer gedämpft, als könne man etwas Bösartiges aufwecken, wenn man zu laut ist.

«Dort», sagt der andere.

«Nein, dort», meint der dritte und weist in die entgegengesetzte Richtung.

Es ist schon ganz Nacht, da entschließen sie sich zu ihrem Keller. Aber siehe da, diesmal ist unten Licht, und jemand sitzt am klebrigen Tisch mit nacktem Oberkörper, lacht und beschäftigt sich angeregt mit seinem Hemd.

«Grüß Gott», wünscht der neugierige Stöger. «Was treibst denn du, Kamerad?»

«Ah, ihr seid neu», sagt aufmerksam der Fremde, «sonst könntst du net so saudumm daherfragen, Kamerad. – Meine Läus' zupf ich zusammen.» Und er zeigt eine blecherne Zigarettenschachtel, in der es winzig und ekelhaft schwerfällig umherwimmelt.

«Einundvierzig auf einen Schlag, net wenig, was?» lacht er. «Da, Kamerad Neuling, ich schenk' sie dir.» Und er schüttet sie dem überrumpelten Stöger hinten hinter die Halsbinde.

Der Bader ist sanft verzweifelt, aber er läßt sich von dem Spaßmacher bald trösten. «Kriegen tut sie heraußen unfehlbar jeder. So hast du sie gleich richtig.»

Sie legen sich nieder. Sie löschen die Kerze. Funk hat sich nicht im mindesten entkleidet. Nicht einmal die Haken seines Kragens öffnet er, auch die Mütze nimmt er nicht ab. Heimlich bindet er die Ärmel seines Waffenrocks mit Schnürchen zu, mit Bindfaden von Liebesgabenpaketen, denn er ist fest entschlossen, keine Läuse zu bekommen.

Aber mitten in der Nacht, aus schlechtem Schlaf, fährt er hoch, weil etwas über seinen Schenkel hinwellt, gegen die Brust herauf. Er fühlt unter den Fingern für den Bruchteil einer Sekunde ein weiches Fellchen, er denkt für einen Sekundenbruchteil an eine Katze, denn er liebt Katzen – aber dann wird er nadelscharf in den Handballen gestochen, gebissen wird er, und er begreift in eiskaltem Schreck und Ekel, daß eine Ratte sich die Störung durch seine Hand verbeten hat.

Für den Rest der Nacht, den er schlaflos verbringt, hört er ihrer viele rascheln, polternd rennen, plump springen, nagen, schlürfen, quieken, sich raufen und sich begatten.

5

Sie sind eingeteilt worden.

Morgens um acht haben sie zusammen mit Leichtkranken und obenhin Verwundeten, die bei der Truppe verbleiben, zur Revierstunde antreten müssen. Revierstunde wird abgehalten im ehemaligen Turnsaal dieses ehemaligen Pensionates.

Vorher haben sie Gelegenheit gehabt, sich zu waschen, nach vier Tagen zum erstenmal. Im Hof steht ein Pumpbrunnen. Während der eine den Schwengel geschwungen und das Grundwasser heraufgeholt hat, hat der andere den Kopf unter den Strahl gehalten, unter ein brakiges, leise faulig riechendes Wasser. Es trinkend zu «genießen», ist streng verboten.

Nun stehen sie bescheiden erfrischt und überhaupt sehr bescheiden in einem Winkel des Saales, dessen Steinfließen Kühle ausdünsten. Sie sollen ganz zum Schluß an die Reihe kommen.

In Raumesmitte sind etwa vierzig Mann versammelt, die ärztlicher Behandlung bedürfen: Fingerentzündungen, Furunkel, Rheumatismen, Katarrhe, Verstopfungen, Durchfälle, leichte Verletzungen am Drahtverhau, leichte Prellungen und Streifschüsse. Die Wunden sind bloßgelegt, die Mullbinden säuberlich aufgewickelt in den Händen der Kranken, denn gleiches Material wird wiederholt benützt, es gibt nicht täglich eine neue Binde; man muß sparen, schon im Herbst 1915.

Die Brustkatarrhalischen stehen ohne Wickel und frieren leicht, aber alles muß wie auf den Schlag bereit sein, denn im Augenblick, da der Arzt ins Zimmer tritt, läuft die Behandlung ab ohne eine Sekunde Unterbrechung, gleich dem dahinfegenden Schicksal.

Die drei ranghöchsten Sanitätsleute der drei Bataillone halten ihre Namenlisten, ihre Fiebertabellen in den Fäusten. Zwei: der vom ersten und der vom dritten Bataillon sind ehrgeizig wie scharfe Konkurrenten. Jeder will die besseren Heilerfolge aufzutischen haben. Beide sind tüchtig und zuverlässig. Der vom ersten ist obendrein persönlich mutig und kaltblütig, dabei gutartig, ja väterlich zu Untergebenen, jedoch dem Saufen und dem Jähzorn zugeneigt. Er heißt Josef Asam, ist Zimmermann und stammt aus der Moorgegend nahe dem Wendelstein. – Der vom dritten Bataillon war Krankenpfleger in der Chirurgischen Klinik zu München; er bildet sich's nicht nur ein – er hat das größere Wissen, er beherrscht halbwegs ein Dutzend lateinische Bezeichnungen, er läßt sich hie und da in wissenschaftliche Gespräche mit den unteren Ärzten ein, denen er in praxi entschieden überlegen ist, er, Franz Fähnlein. Beim Dienst auf dem Verbandplatz hat er immer gleich heraus, ob eine Knochenfraktur vorliegt oder nicht, während der dreiviertel fertig studierte herummurkst, herumtastet und des Opfers Unbehagen vergrößert. Auch zu schienen verstehen die alten Feldwebel besser, schneller, schmerzloser als die jungen Doktors.

Der dritte, der Sanitätssergeant vom zweiten Bataillon, wird von den beiden anderen gebremst verachtet: er ist ein Schlamper, er hat seine Salbentöpfe, seine Bücher nicht in Ordnung, stets schmiert und schwindelt er da etwas zusammen, ob sich's um Salben oder um Aufzeichnungen handelt, sein Krankenraum ist besonders dreckig, seine Requisiten sind mangelhaft, seine Thermometer meist zerbrochen – aber was das Ärgerlichste ist: seine sanitären Ergebnisse sind eigentlich nicht schlechter als die der beiden andern. Er ist «wissenschaftlich» total ungebildet – ja er glaubt erbärmlicherweise an Wunderkuren und wendet sie heimlich an. Die beiden anderen verpetzen ihn deshalb nicht bei den Ärzten, aber sie empfinden ihn als unwürdigen Kollegen. Was macht er für Sachen? Im Frühjahr, als rätselhafte Darminfektionen leichter Art grassiert haben, hat er seinen Patienten Froschlaich zu schlucken gegeben. Und sie sind rascher mobil geworden als alle anderen Kacker. Feldwebel Fähnlein, der Wissenschaftler, der sogar mit psychischen Einflüssen arbeitet, höhnt: «Eigentlich ist es begreiflich: vor lauter Grausen, wenn du nicht stirbst, mußt du da ja gesund werden.»

Ihm, der mit Froschlaich und Spatzendreck verkappt arbeitet, ist der Kameraden Ablehnung auf geistigem Gebiet gleichgültig. Er wurstelt weiter, im Gehirn wohl nicht ganz richtig, mit gelegentlichen epileptoiden Erscheinungen behaftet, nervösen Anfällen ausgesetzt, daher von den Ärzten nachsichtig behandelt, die zu erkennen glauben, daß er im ganzen doch willig, eifrig und brauchbar ist. Er heißt Anton Malz, er hat bis zum Krieg als Hühneraugenoperateur und Naturheilkundiger in Augsburg gelebt.

Der Regimentsarzt tritt schnellen Schrittes ein – besser sagt man: er tritt auf; seiner wenigen Vorzüge einer ist, daß er pünktlich zu sein pflegt. Man braucht nicht stundenlang zu warten wie bei einem anderen gewissen Herrn vom zweiten Bataillon. Die Feldwebel schreien ihrer Herde zu: «Achtung, stillgestanden!» – und die kranken Knochen deuten wenigstens die Geste einer strafferen Haltung an. Der Regimentsarzt läßt den dicklichen Körper auf einen Sessel vor einem Pultchen nieder, das man aus einem der früheren Klassenzimmer hier hereingetragen hat – einem Schülerpult mit Papier und Tinte, vor dem er nun etwas albern hockt, indes er selber kommandiert: «Rührt euch!»

Und dann beginnt man sogleich und rapide. Es ist üblich, mit etwa vierzig Kranken in einer guten Stunde fertig zu werden. Das sind noch keine zwei Minuten für den Mann. Eigentlich interessieren den Regiments- und Stabsarzt Dr. Nohl nur die Furunkel. Bei den Erkrankungen der Atmungsorgane fragt er lediglich nach den Temperaturen; sind sie nicht besorgniserregend (und wann wären sie es? höchst selten), so erfolgt nichts als die knappe Anordnung, wie bisher weiter zu machen. Aber Furunkel haben seine sachlich-liebevolle Aufmerksamkeit. Denn er liegt da in einem chevaleresken und spannenden Streit mit anderen Sanitätsoffizieren vom Regiment. Sie behandeln so – er so. Er ist für Ausbrennen, jene sind für Schmieren, für Diät, für Baden oder für Luft und Sonne. So brennt er denn eigenhändig mit irgendwelchen glühenden Drähten und Nadeln, hantiert, daß es zischt und stinkt, daß Wehlaute ertönen und den drei Neulingen in der Ecke ganz übel wird.

Aber nun naht der Augenblick ihrer eigenen Angelegenheit. Dr. Nohl hat Zettelchen und Ausweise geschrieben: für einen Zahnkranken zum Divisionszahnarzt, hinter zur Sanitätskompagnie; für einen Bindehautkranken zurück zur Augenstation; für einen Hochfiebernden ins Feldlazarett (mit dem Wort «Typhus» und einem Fragezeichen dahinter, denn hier vorne wird nicht auf Bakterien untersucht); für einen des Trippers Verdächtigen (weiß der Henker, woher er ihn bezogen haben soll). Jetzt erhebt er sich ächzend, steckt eine Zigarre in Brand und wendet sich an die Feldwebel, die eifrig in Salbentöpfen umherstochern und Binden an kranke Beine legen: «Asam, noch was?»

«Jawohl, Herr Stabsarzt, drei neue Mann wären da.»

Sie müssen aus ihrer dunklen Höhle hervormarschieren und in Linie antreten. Der älteste, Holzer mit dem großen Schnauz- und dem kleinen Knebelbart, übernimmt es, für sie zu sprechen.

«Ihr kommt vom Ersatztruppenteil aus München? Ihr seid als Krankenträger ausgebildet?»

«Jawohl, Herr Doktor.»

Das dickliche Gesicht des Arztes schwillt unter der zerknitterten Feldmütze rot auf. Ein Unwohlsein scheint ihn zu befallen, er öffnet am Hals einen Haken der Litewka. «Was bin ich? Wie reden Sie mich an, Sie –?»

Schweigen. Die drei haben noch nie einen Stabsarzt gesehen. Daheim sind sie in jener phantastisch primitiven Weise von einem Unterarzt ausgebildet worden; zu dem haben sie Herr Doktor gesagt.

Der Stabsarzt wendet sich angewidert ab. Er beherrscht sich elegant, er macht eine wegwerfende Handbewegung. «Asam, belehren Sie diese unglaublichen Burschen.»

Der Feldwebel Asam ist noch zorngeschwollener als der Offizier. Er macht ein Gesicht, als sei er verantwortlich für die Dummheit dieser Leute und sei mit abgekanzelt worden. Er poltert, aber durch alle Wut hindurch in gutmütigen Grunztönen: «Ja, habts denn ihr überhaupt keine Ausbildung net? – Stehts net da wie ein Sauhaufen, nehmts gefälligst eure Haxen zusammen! Wißts ihr net, daß ihr vor dem Herrn Stabsarzt steht? Wie redet man den Herrn Stabsarzt an? Und woran erkennt man ihn?»

Dr. Nohl winkt gelangweilt ab. «Lassen Sie es gut sein, Asam. Das weitere, wenn ich draußen bin. – Ist eure übrige Vorbereitung fürs Feld auch so mangelhaft? Besonders kräftig seht ihr nicht aus – bis auf den einen. Asam, daß man uns immer wieder so dürftiges Material herausschickt. Gerade wir brauchen stämmige Leute. Aber die Herren zu Hause haben immer noch keine Ahnung vom Krieg – woher sollten sie eigentlich auch? Sie meinen: Heftpflaster kleben und Aspirintabletten verteilen ist keine körperliche Arbeit. – Was seid ihr von Beruf?»

Sie nennen ihre Tätigkeit im zivilen Dasein. Funk gibt zögernd an, er sei Schriftsteller.

«Was schreiben Sie?»

«Novellen, Romane», sagt Funk mühsam.

«Wie heißen Sie? Ganzen Namen, bitte.»

«Christian Friedrich Funk.»

Der Stabsarzt schüttelt den Kopf. «Kenne ich nicht. Wie heißen Ihre Bücher? Wo sind sie erschienen?»

Funk nennt Namen.

Wieder verneint der Arzt. «Also trödeln wir nicht länger. Wo sind die auszufüllenden Lücken, Asam?»

Der Feldwebel erstattet geläufig Bericht. Er ist ja vorbereitet wie ein Schauspieler aufs Stichwort. Ein Mann fehlt bei der dritten Kompagnie, einer bei der achten, einer bei der dem Regiment angegliederten Pionierkompagnie.

«Also den ältesten da, wie heißen Sie? – ja, den Holzer, er ist bald vierzig, unglaublich – den zu den Pionieren. Ein gutes Pöstchen, mein Lieber, halten Sie sich, sonst fliegen Sie wieder! Wir versuchen es dort mit Ihnen, weil Sie nicht mehr der jüngste sind – obwohl Sie der kräftigste sind. Die beiden anderen nach Belieben, Asam, Sie machen das schon. Morgen!»

«Morgen, Herr Stabsarzt. – Achtung!» schreit der Feldwebel. Aber der dickliche Herr ist schon verschwunden.

6

Der Bader Stöger kommt nach dem Machtwort des Feldwebels Asam zum ersten Bataillon, der «Schriftsetzer» Funk zum zweiten.

«Schriftsetzer sind Sie», hat Asam entwölkt eine kleine Unterhaltung begonnen, nachdem er sich noch ausgeschimpft hat, als gälte es lästigen Schleim abzusondern. «In welcher Druckerei haben Sie zuletzt gearbeitet?»

«In keiner. Ich bin Schriftsteller.»

«No ja, Steller oder Setzer, das kommt doch wohl aufs gleiche hinaus», verteidigt Asam verhüllt unsicher seine Kenntnisse.

Eigentlich hat er recht, denkt Funk. Für hier draußen hat er recht. Hier verwischen sich bis zum Unkenntlichen alle zivilen Kategorien. Sie aufrechterhalten zu wollen, mutet grotesk an. – Und er widerspricht nicht, niemals wieder. Für die Mannschaften bleibt er auf Jahre hinaus der Schriftsetzer; darunter können sie sich wenigstens etwas vorstellen.

Aber für die drei, die miteinander hierher gepilgert sind, schlägt jetzt die Trennungsstunde. So wenigstens drückt sich in gemachter Lustigkeit der verzweifelte Bader aus. Er fürchtet, sich ganz in die Fremde zu verlieren. Dabei hat er Grund, zufrieden zu sein, denn sein Bataillon ist vorläufig in Ruhe. Um es zu erreichen, muß er freilich den langen Weg zurücktappen, den er gestern mit den beiden anderen zusammen hergelaufen ist – zurück und noch weiter nach hinten, denn sein Bataillon liegt in Santes, einem Fabrikvorort, unfern von Lille. Vielleicht, bis er eintrifft, steht seine Kompagnie bereit, um wieder nach vorn zu marschieren – und so kann es mit ihm hin- und hergehen. Doch was tut's? Immer mehr verliert sich das Gefühl, ein Soldat sei da, um Sinnvolles zu leisten. So viehmäßig ist das Ziel alles Soldatischen, der Krieg, daß er gewissermaßen nur ausbalanciert werden kann durch vollkommen sinnwidriges Dahinleben in den Mordpausen.

Funks Bataillon ist in der vordersten Linie, demnach hat er Dienst zu tun auf dem Verbandplatz. Wo ist der? Vorn bei Fromelles, eine gute Wegstunde von hier. Es kommt im Lauf des Vormittags einer von dort herein, um die Post für alle Sanitätsleute, mit denen der Verbandplatz augenblicklich besetzt ist, aus den Kompagniekanzleien in Fournes abzuholen. Dem soll er sich anschließen.

Während also die beiden, Stöger und Holzer, sich in Bewegung setzen, muß Funk weiterhin warten. Holzer hat eigentlich nur querüber zu gehen, zu den Holzbaracken der Pioniere, die hinter der Dorfstraße – aus mehr als ihr, der langgestreckten, besteht ein nordfranzösisches Dorf kaum –, hinter der Straße also in einer Erdmulde liegen.

Mit weichem Friseurhandschlag und großem feuchten Kinderblick verabschiedet sich Stöger, um jenen langen Weg, den nun noch längeren, allein zu wandern.

«Wir sehen uns bald, Kameraden, wir gehören ja zum gleichen Verein», ermuntert sie der Trambahner.

Sie ahnen nicht, wie lange es dauern soll, bis sie wieder zusammentreffen, nicht weil's drunter und drüber ginge, sondern aus gegenteiligen Gründen: weil alles so eingeteilt, ausgewogen und reibungslos laufend in Schwung gehalten wird, daß sie, die ja verschiedenen Gruppen angehören, niemals gleichzeitig am selben Platze stehen können. Es ist wie im Theater: indes die einen abgehen, treten die anderen auf, keine Minute früher. Als Funk das Uhrwerk, laufend im Turnus von Stunden, Tagen und Wochen und wieder von vorn, zu begreifen anfing, schauderte ihn ob dieser Pedanterie und wüsten Schulmeisterei, gepaukt unter der ständigen Fuchtel des Todes, gepaukt im Rachen des Elends.

Eines befremdlichen, eines im Augenblick unheimlich schläfrigen Elends allerdings. Geplänkel, kleine nächtliche Streifzüge, spärliche «Artilleriegrüße», jäh loskeifendes Gewehrfeuer, das ebenso jäh verstummte: das war alles. Im übrigen herrschten «stabile Verhältnisse» mit einem Trott nach Kalender, Tabelle und Uhr.

Während Funk, von den beiden Reisegenossen nun endgültig verlassen, wartend umherlungerte, machte sich Feldwebel Fähnlein an ihn heran. Er hatte aus der Ferne die Unterhaltung zwischen Asam und Funk mit angesehen, war aber nicht herbeigekommen: aus Stolz. Um wen der Asam herumschmuste, ob's nun ein Kranker oder Gesunder war, um den bemühte er sich nicht gleichzeitig.

Aber jetzt stellte er den Neuling, um ihn merken zu lassen, daß auch er jemand sei. Zudem hatte er gespürt, es mit einem Städter zu tun zu haben, einem Gebildeten gleich ihm selber; nicht mit einem Bauernrammel, aus denen das Regiment fast ausschließlich zusammengesetzt war.

«Funk, Sie kennen Ihnen noch wenig aus, gell», sagt er wohlwollend. «Es wird schon werden.» Er ist ein großer Mann mit guter Gesichtsfarbe, die breite Brust ist in einen leidlich sitzenden Waffenrock hineingewölbt, an den kleinen Fingern beider Hände blitzen üppige Ringspiralen mit Steinen, wie auch die Offiziere es lieben – hier freilich nicht ganz frei von Messingglanz und Glasblindheit. «Funk, wenn ich recht verstanden habe, Sie sind ein gebildeter Mensch, was ich sehe, drum wird es Ihnen interessieren, in großen Zügen ein Bild der Lage zu gewinnen. Sehen Sie – dort – in etwa sechs Kilometer Entfernung ist vorderste Linie und unser Regimentsabschnitt. Ein Kilometer hinterm vordersten Graben liegt unser Verbandplatz Fromelles; Sie werden heute noch dort sein. Er ist zur Zeit besetzt von den Trägern der vornliegenden Kompagnien, von sechzehn Mann, einem Unteroffizier und einem Arzt. Ein zweiter Arzt – jedes Bataillon hat nämlich zwei – ist vorn im Graben zusammen mit drei Unteroffizieren. – Ja, Sie werden Ihnen vielleicht wundern und meinen: da sind die Sanitätsunteroffiziere im Graben vorn schlechter dran als die Krankenträger auf dem Verbandplatz. Wie man's nimmt. Ich weiß nicht, was ich wählen möcht'. Die Krankenträger müssen nämlich hin und her laufen über freies Feld zum Teil, wenn was los ist, und los ist auch in unseren ruhigen Zeiten immer etwas. Die im Graben sitzen, sitzen für sechs Tage fest und gedeckt. Sie hocken zwar ganz vorn, aber sie brauchen sich doch nicht zu rühren, es sei denn – no ja, wenn ein Angriff ist, dann geht's keinem gut, ob Graben oder Verbandplatz. Aber Angriffe: die haben wir ganz verlernt, und die Engländer – uns gegenüber sind nämlich Hochländer – offenbar auch. Wissen Sie, wann wir hergekommen sind? Vor einem halben Jahr. Da ging's wild auf – Preußen haben wir abgelöst – und von der Ablösung müssen die drüben was gemerkt haben. Denn sie haben geschossen wie narrisch, damals erst hat das Dorf bös gelitten. Aber dann ist's ruhig geworden und immer ruhiger. Schön ausgebaut ist unsere Stellung; wie stattlich unser Revier ist, sehen Sie selber. Die Offiziere haben behagliche Quartiere hier; nicht einmal im Keller, ganz frech in ersten Stockwerken: der Kommandeur und andere Herren vom Regimentsstab, der Ortskommandant, der Grabenoffizier, der Herr Stabsarzt und so fort. Wir bauen Gemüse an und Obst in weiten Gärten. Daß noch ein wenig Zivilbevölkerung herumkraucht, werden Sie schon bemerkt haben: der Bürgermeister, ein paar alte Männer und ein paar Weiber, die auch nicht schön sind – halt, bis auf etliche junge, die für uns waschen; die sind heilsam noch in anderer Richtung.»

Er lacht, er sieht zum Himmel auf und sagt belehrend: «Sehen Sie, Funk, da ist ein Flieger. Beachten Sie die weißen Batzerln, die Wölkchen hinter ihm, neben ihm, das sind explodierende Schrapnells, hören Sie, wie's windig rumpelt; ganz schwächlich kracht's, und treffen tun die nie was.»

Fähnlein ist unzufrieden. Funk ahnt nicht – und es beschäftigt ihn auch seltsam wenig –, wer da auf wen schießt, ob der Engländer feuert und der Deutsche im Flugzeug sitzt, oder ob es umgekehrt ist. Er fragt auch nicht, und Fähnlein weiß schon wieder Neues.

«Sie meinen, es wär' kompliziert? Merken Sie sich die Dreizahl: vorderster Graben, Reservestellung, Ruhe. Dadrauf hinauf verteilen sich im währenden Wechsel die drei Bataillone, aus denen das Regiment besteht. Die drei Dinger sind hintereinander gestaffelt, und der ganze Raum hat so seine Tiefe von zehn Kilometern, aber eine viel geringere Breite. Gar nicht schwierig. – Und wir hier in Fournes? Wir sind Regimentsstab und Revier und was so drum und dran hängt mit Kanzleien und Kasinos. – Das wär' alles.»

7

Pause. Fähnlein scheint sich erschöpft zu haben.

«Und Sie, Herr Feldwebel, wann müssen Sie nun vor?» fragt Funk, nur um höflich zu sein.

Fähnlein wird unwillig. Er versteckt Verlegenheit hinter Ungnade. «Ich? Grad' hab' ich Ihnen gesagt, daß ständiger Platz des Reviers Ortsunterkunft Fournes ist. Ich muß dauernd hier sein, und es gibt mehr zu tun als irgendwo anders.»

«Das glaube ich», heuchelt Funk achtungsvoll, und Fähnlein ist versöhnt.

«Na ja», verkündet er. «Lang' kann es sowieso nicht mehr dauern. – Nein, ich mein' jetzt nicht, was Sie feixend meinen, Funk. Daß Sie lachen können, seh' ich übrigens zum erstenmal, aber Sie lachen zu früh. Ich mein', wir werden nicht mehr viel älter im bisherigen Gang. Eine leise, eine ganz leis zunehmende Unruhe ist beim Gegner zu verspüren. Was mich betrifft, ich glaub', da bereitet sich was vor. Der Asam weiß es ja natürlich besser, der ist immer gegenteiliger Ansicht, ob das einen Sinn hat oder nicht. Aber ich bin sicher, die Erkundungsflieger, die nächtlichen englischen Patrouillen, die haben was zu bedeuten. Da rumpelt's demnächst kräftig.»

Er tritt plötzlich einen Schritt zurück. Er räuspert sich und nimmt eine steife, halb dienstliche Haltung an. «Funk, haben S' schon einen Toten gesehen? Passen S' auf, Sie sollen Ihren ersten Kriegstoten sehen. Ich hab' seit heut' morgen einen gefallenen englischen Offizier in Verwahrung.»

Funk hat das Gefühl, jemand sagt: ich habe seit heute morgen frische Ware auf Lager. Er ist verwirrt, er fragt: «Hier getötet? Wie kommt denn der Engländer –?»

Fähnlein lacht. «Ah nein! Man sieht, Sie kennen Ihnen noch immer schlecht aus. Er ist vor drei Nächten auf einem Schleichgang herübergekommen mit ein paar Mann. Im Schein der Leuchtkugeln sind sie aber von den Unseren rechtzeitig entdeckt worden. Er ist im Feuer geblieben. Die nicht getroffen worden sind, haben sich und Verwundete zurückbringen können. Ihn haben sie liegen lassen. Er ist bis gestern in unserem Drahtverhau gehangen. Dann haben ihn die Unsern in den Graben geholt. Von da haben ihn die Krankenträger auf den Verbandplatz geschafft. Von da hat ihn heut' morgen, wie's noch dunkel war, der Totenwagen hierher gefahren.»

Funk überlegt, weshalb man sich um den toten Gegner wohl so sehr bemüht. Aus Ehrerbietung, aus christlichen Gründen?

Der Feldwebel setzt sich in Bewegung auf einen äußersten Zipfel des Pensionatbaues zu, er zieht ein Schlüsselbund aus der Tasche und hält es wichtig in der beringten Faust. Er führt aus: «Sie müssen nämlich wissen, man läßt Leichen höchst ungern im Drahtverhau liegen – obendrein bei dem warmen Wetter. Was eine einzige Leiche den Graben verpesten kann, das glauben Sie gar nicht. Es ist unhygienisch. Wenn der Wind zum Gegner hinüberweht, ist's ja gut, dann hat der den Gestank in der Nase. Aber damit kann man nicht rechnen – zudem haben wir fast immer Wind von drüben. Das ist im ganzen recht, denn wir hören so den Feind, und er hört uns weniger.»

Sie sind vor einem Tor angelangt, das in eine Art Remise führt. Fähnlein sperrt auf.

Hier sind leere Hüllen, die Sandsäcke werden sollen, gestapelt, hier ist Stacheldraht in Rollen aufgeschichtet, hier stehen spanische Reiter geordnet bereit, und zwischen dem allem, auf der freien Mitte des Steinbodens, liegt der Tote.

«Ein Oberleutnant», belehrt Fähnlein. Er gibt vor, das aus irgendwelchen Abzeichen zu erkennen. «Wir haben ihn auch deshalb hereingeschafft, weil der Regimentsstab darauf aus war, ihn genau auf Papiere zu durchsuchen. Manchmal tragen sie was bei sich, Dienstanweisungen oder gar Korpsbefehle, die für uns aufschlußreich sein können. Aber die Kerle sind schlau geworden: sie lassen neuerdings alles daheim, ehe sie anfangen, Indianer zu spielen. Ich selber hab' ihn untersucht und um und um gewendet: nix war zu finden.»

Funk wundert sich im stillen, wie sorgsam des Engländers Uniform sitzt; Fähnlein muß den letzten Knopf und Haken und jede Schnalle wieder geschlossen haben. Die Ordnungsliebe hat nirgends haltgemacht.

Der Getötete hat einen Gewehrschuß durch den Kopf. Die Kugel ist zur einen Schläfe hinein, zur anderen herausgegangen. Der Einschuß ist glatt, aber der Ausschuß hat ein halbfaustgroßes Stück Schädel mitgenommen. Es ist, als sei gewaltsam das halbe Gehirn ins Freie durchgebrochen. Die Stirn ist graublau, die Augendeckel sind grün, und wächsern wird das Gesicht erst um das Kinn herum.

Fähnlein beobachtet den Untergebenen, wie er's aufnimmt. Aber er kann nichts Besonderes entdecken. So ist die Expedition eigentlich überflüssig. Er sagt: «Tot ist der gleich gewesen. Ein feiner Hund. Schauen Sie, wie gut er gepflegt ist, die Hände, die Nägel an den Füßen! Der hat noch am Tag, wo er hat ins Gras beißen müssen, Fußpflege, Pedicure nennt man's, gemacht.»

«Weshalb ist er nackt da unten?»

«Die unsern sind wie narrisch auf englische Schuh' und englische Socken aus. Das Zeug hat er bereits vorn im Graben verloren», lacht Fähnlein.

Es ist seltsam, wie man ganz ungehemmt über den Toten plaudern kann, indes er zuhört und doch nichts hört. Die grünen

Augendeckel sind halb über den Pupillen, die nach oben gedreht sind, als denke er nach und begreife nicht, was mit ihm geschehen ist.

«Wer hat ihn erschossen?» fährt es plötzlich aus Funk heraus.

Der Feldwebel staunt, dann grinst er nachsichtig. «Wer ihn –? Ja, Funk, eine Kugel hat ihn erschossen. Welcher Hannes die in der Dunkelheit abgefeuert hat, das weiß kein Herrgott mehr.»

«Ein Unglücksfall also oder ein ganz dummer Mord», sagt Funk vor sich hin.

«He – hallo – Funk, schlafen Sie?» ruft Fähnlein, auf dem Wege, sehr unsicher zu werden.

«Oder hat er sterben müssen, weil jemand englisches Lederzeug, weil jemand Schuhe gebraucht hat –? Ich begreife auf einmal nicht ganz –», flüstert Funk, es sieht aus, als wolle er zu wanken beginnen.

«Aha, jetzt hat es Sie doch angegriffen», stellt Fähnlein freudig fest – und beruhigt, weil er den Grund für des anderen Merkwürdigkeiten zu fassen bekommt. «Da gehen wir lieber gleich an die frische Luft.»

Wie sie draußen stehen und Atem schöpfen, denn der Engländer hat süßlichen Geruch ausgeströmt, kommt ein fremder Krankenträger auf sie zu.

«Da ist der Renoth, der führt Sie hinaus, Funk», befiehlt Fähnlein. «Das ist der, mit dem Sie auf den Verbandplatz gehen sollen. – Glückliche Reise», scherzt er und entfernt sich.

8

Sie ziehen miteinander los: Renoth und Funk. Es ist wieder heiß wie im Sommer. Sie wandern die Dorfstraße entlang; es begegnen ihnen ein paar Frauen, barhäuptig und in blauen Schürzen, die Brotlaibe tragen. Die Brote lächeln braun und duften, aber die Trägerinnen, die gerade mit ihnen von ihrem Franzosenbäcker kommen, stürzen vorbei wie auf der Flucht. Renoth legt beruhigend zum Gruß einen Finger an die Mütze und sagt: «Bonschur Mädam!»

«-jour m'sieur», erwidern sie ängstlich und laufen.

«Wie gut das Brot riecht», meint Funk. Es befriedigt ihn zu sehen, daß die Zivilbevölkerung offenbar solide verpflegt wird.

«Riecht gut, taugt aber nichts», erläutert Renoth. «Ich bin auch schon drauf hereingefallen, im Tauschhandel. Das ist Mais und Häcksel und schmeckt, als ob du Papier kaust. Da ist unser Kommiß, der auch alleweil schlechter wird, noch zehnmal besser.»

Und damit rennen die Weiber, denkt Funk, als trügen sie Millionenschätze nach Hause. Eine spaßige Sache, der Krieg – jawohl, ein brüllender Spaß, der Krieg, jetzt will ich ihn mal so ansehen – nach dem im Gehirn zerfetzten Engländer.

Sie stoßen zum Dorf hinaus und geraten auf einen Feldweg. Zwischen verwahrlosten Äckern waten sie durch Staub, und die Äcker sind in einer gigantischen Weise besiedelt von Unkraut, von verfilztem Gespinst, von Resten in den Halm geschossenen Getreides, von Verdurstetem und Verdorrtem. Man erwartet – sagt sich Funk – Riesenraupen und Spinnen von Hundsgröße darin umherkriechen zu sehen.

Renoth pfeift sich eins. Er sieht das alles nicht mehr, er hat es zu oft schon gesehen. Aber er sieht die unbeholfene Ausrüstung des Neuen – und sein Hohn wird wach. «Du trägst den Helm, als ging's zur Parade vorm Kaiser. Ich hab überhaupt keinen mehr. Wozu? Meinst, das Dreckzeug schützt vor der Kugel? Ich hab in meinem eine junge Katze den Bach hinunterschwimmen lassen.»

«Und wenn Appell ist?»

«Appell, was, da leihst du dir schnell einen. Irgendwo treibt sich immer einer herum.»

«Und was war mit der Katze?» fragt Funk, den das Tier mehr beschäftigt als alle Helme der deutschen Armee.

«Mit der? Weiß nicht», sagt Renoth gleichmütig. «Was für ein Seitengewehr du hast! Von anno Toback. Da fällt man ja drüber, so ellenlang ist es. Uns von der Sanität hängen sie immer den ärgsten Mist auf. Ein Glück, daß wir ein bißchen für uns selber sorgen können. Dem nächsten Toten, den wir haben, nimmst du das Seitengewehr und gibst ihm deins mit ins ewige Leben. Ins ewige Leben grad net, denn die Waffen werden ja gesammelt und eingeliefert.»

Er schwätzt weiter, Funk denkt über die Katze an seinen Rattenbiß. Der Handballen schmerzt, wie ihm scheint, mehr als er schmerzen dürfte für diese kleine nadelscharfe Verletzung. Aber was soll er beginnen? Ist es nicht widerwärtig, am ersten Tag des Dienstes gleich mit Kranksein aufzuwarten – und lächerlich, gestehen zu müssen:

mich hat eine Ratte gezwickt! – Er betrachtet verstohlen die Hand: sie ist angeschwollen, sie spannt, sie ist hochrot. Er muß daran denken, der Nager könne an stinkigen Küchenabfällen oder an Aas sich gelabt und gleich darauf ihn gebissen haben. Es schüttelt ihn.

Renoth bemerkt es. «Du bist noch net ganz heimisch hier. Aber der Mensch gewöhnt sich an alles.»

Er ist beladen mit vielen kleinen Paketen, die um ihn her baumeln, den braunen Pappschachteln, die fettig durchschlagen, in denen Schmalznudeln, Butter, Geräuchertes, Eier aus der Heimat herbeigereist sind.

Sie passieren verdeckte Geschützstellungen. Feldartillerie hat ihre Kanonen unter vereinzelte Bäume postiert, halb eingegraben. Wo kein Baum war, hat sie selber einen wachsen lassen. Leere Munitionskörbe liegen umher. Die Rohre gleißen im Blätterschatten schläfrig und verschwiegen. Ein paar Artilleristen sagen mit gelangweilter Miene Grüß Gott – halblaut, als gälte es, jemanden nicht zu wecken. Schläft der Krieg – oder hat er hier überhaupt noch nicht recht begonnen?

Aber hundert Schritte weiter stoßen sie auf eine gallertartige Masse hart am Weg – auf eine ansehnliche Pfütze, die dunkelrotölig ins Violette schillert: da schillert, wo der heitere Himmel blau sich spiegelt. Ein Fliegenschwarm summt drohend auf, als wahre er sich gegen Zudringlichkeit.

«Was ist das –?» fragt Funk stockend. Öl –? denkt er – es ist, als habe Meister Krieg, Viechkerl Krieg seine halbe Lunge hingespuckt. Vielleicht ist er doch am Verrecken, denkt Funk.

«Was wird's sein? Eine Blutlache», sagt Renoth. «Die liegt schon länger da. Jetzt trocknet sie ein.»

«Von wem? Wer ist denn hier –?»

«Weiß nicht. Vielleicht von den Artilleristen einer. Eher noch ein Gaul. Denn so viel Blut kann ein Mensch allein gar net verlieren. Einen Gaul wird's erwischt haben.»

Sie trösten sich beide damit – wenn es ein Trost ist. Funk verspürt wachsend, es sei keiner. Und wenn ein Geschoß in den Boden fährt und nichts ermordet als die Wurzeln von Grashalmen: es ist kein Trost. Denn die Dummheit bleibt. Die Gemeinheiten, die Vergewaltigungen, die sturen Brutalitäten, die ohne einen Schimmer selbst von dem sind, was man «ritterlichen Zweikampf» nennt – sie bleiben. Funk erkennt es unverlierbar.

So rücken sie ihrem Ziele näher. Es taucht auf in Gestalt des ehemaligen Dorfes Fromelles, in Gestalt eines wüsten Steingebrodels, eines erstarrten Kataraktes von Trümmern. Daß sie einst zu Häusern zusammengefügt waren, ist ganz unglaubhaft. Heute sind sie nichts als ein Erguß der großen Bestie, die die Welt umkrallt hat.

9

Der Verbandplatz Fromelles ist in Kellerräumen eines Bauerngehöftes untergebracht, dessen Gebäude karreeartig einen Hof umschließen. Das Gehöft ist erstaunlich gut erhalten, gemessen an der völligen Vernichtung des Dorfes. Kommt es daher, daß es – schon wie eine Ferme – abseits liegt und sein eigenes Dasein führt – oder daß es, als Sanitätsstation seit langem eingerichtet und durch die Genfer Fahne kenntlich gemacht, von den Kanonen geschont wird?

Man hat sich in der Schußrichtung verstärkt und verdickt mit Sandsäcken, Balken und Erdreich. Man hat zu den verfügbaren unterirdischen Behausungen neue gebohrt und gegraben im Schutz des Karrees: eine Flucht von kleinen, schmutzigen, dumpfen, feuchten Löchern für Krankenträger, Unteroffiziere und Arzt. Ein paar Räume sind auch oberirdisch, die festesten und geschütztesten, die zu haben sind, als «Warteräume» für die Verwundeten, denn man kann mit ihnen nicht in die winkligen Löcher hinab, abgesehen davon, daß drei Tragbahren dort unten allen Platz ausgefüllt hätten.

Oben liegen auch: ein Schlafraum für Mannschaften, gleichzeitig Verbandraum, eine Küche, eine Latrine, eine Totenkammer. Die Totenkammer ist am unsichersten; wer tot ist, kann am ehesten ruhig noch einmal erschossen werden.

Wer abtransportiert werden muß, wird, wenn er lebt, von hier durch die Sanitätskompagnie in Pferdewagen, alten Stellwagen ähnlich, davongefahren; wer nicht mehr lebt, den holt der Leichenkutscher nächtens ins Gräberfeld nach Fournes.

Bis zum vordersten Graben sind neunhundert Meter zurückzulegen – erst über freies Feld, dann möglichst bald in Gräben, weil der Engländer alles abschießt, was sich heranbewegt. Zeitweise, Tage hindurch ist das flache Gelände unablässig überstrichen von Gewehrgeschossen wie von pfeilschnellen Hummeln. Die Träger schleppen tags und besonders nachts durch den zähen Lehm ihre Lasten. Und es reißt eigentlich nie ab, es tröpfelt weiter, es tröpfelt weg –: ein Soldat nach dem anderen und mehr an solchen, die in die Erde als die später in das Bett eines Lazaretts gelegt werden. Fast immer knallt es da vorn, wenn auch kein «Angriff» ist; die klatschenden Peitschenhiebe fallen von einer Stunde in die andere, man hört sie schon nicht mehr – und immer wieder zieht einer dabei das schwarze Los.

Der Telephonist pflegt herbeizurennen vom Regimentsunterstand, der weiter hinten liegt und trotzdem nur selten vom Kommandeur bezogen wird. Der Oberst bleibt in Fournes, dort ist es geradezu herrschaftlich, dort gibt es ja noch Villen, die kaum einen Schuß bekommen haben, und Kasinoräume mit Teppichen, gedeckten Tischen und Polstermöbeln, von den feinen Betten ganz zu schweigen. Dort hocken auch die maschinenschreibenden eingebildeten Kompagniefeldwebel und tun ihren aufgeblasenen Kanzleidienst – kaum anders als ehemals in der Kaserne zu Hause.

Die Sanität aber weilt hier vorne, mehr als eine Wegstunde ist es bis zu den Kanzleipalästen – und andere sind noch weiter vorn: sie, die ständig im Arm des Todes liegen. Doch da braucht der Kommandeur nicht mitzuhalten, er hat ja seine Meldegänger und Telephonisten.

Ein solcher kommt also zu den Sanitätern gerannt und bringt Nachrichten. Sie wissen immer schon genug, wenn er nur auftaucht, stolpernd über die finsteren Stufen hinuntertaucht ins Kellerloch: «Abschnitt I A zwei Tote, Abschnitt II D ein Schwerverletzter. Drei Tragbahren müssen hinaus.»

Drei Tragen, das heißt zwölf Mann; an jeder Trage vier. Ist es hell, so muß man auf noch mehr Hummeln gefaßt sein, als wenn es finster ist. Ist es finster und regnet es, so wankt man in das pure Nichts. Gut, daß viele Bauern unter der Mannschaft sind, Leute vom Lande; sie wittern die Richtung. Man tappt vorwärts, fällt ratlos in Gräben, in Granatlöcher, steht auf, tappt weiter, zäh überzogen vom nassen Lehm, eiskalt und klebrig durchweicht.

Aber der Rückweg! Nur zwei können die Last auf der Trage durch die engen Gräben zerren, die zwei andern trollen leer hinterdrein und lösen ab nach ein paar hundert Metern. Der Fuß versinkt in Teig bis über den Spann unter dem Gewicht von anderthalb Zentnern, jeder Schritt will keuchend erkämpft sein. Das Kreuz geht schier in

Trümmer, die Achseln scheuern sich wund. Schweiß bricht so sehr aus, daß er die Augen überschwemmt, doch man hat ja schon vorher nichts gesehen. Das Herz stürmt und wirft das Blut brausend in die Schläfen – man hört keine Schüsse mehr und versteht nicht das geschrieene Wort der Kameraden.

Wie? Und nun auf einmal Tage, ohne daß der Telephonist gelaufen käme? Die da vorn scheinen einen kleinen Separatfrieden gemacht zu haben. Man ist wie erlöst und will kaum glauben, wie gut es einem geht. Man befürchtet nur immerfort, daß mit einemmal alle gewohnte Schrecklichkeit, die rätselhafterweise ausbleibt, nachgeholt werden wird.

Man lungert vorsichtig umher. Man schießt mit dem Revolver, den der Sanitätsmann statt des Gewehres trägt, auf Ratten, die den Graben ums Gehöft bevölkern, aber man trifft keine. Sie sind sehr zahlreich und gut genährt, denn man wirft allen Käse und allen Speck von sich, weil man ihn nicht mehr sehen kann; man bekommt ihn täglich zu essen. Und weil wir erst das Jahresende 1915 schreiben, deshalb tun wir in Nahrungsfragen überhaupt noch recht großartig.

Die meisten liegen unten im Kellerloch auf den Pritschen, die mit altem, stockigen Stroh bedeckt sind. Kolonnen von Läusen marschieren lautlos herbei; der Schillhofer hat die meisten und die größten; wer die größte Laus fängt und vorzeigen kann, gewinnt eine Mark. Der Schillhofer gewinnt immer; aber niemand will neben ihm liegen, weil er Läuse förmlich ausstrahlt.

Da kommt der Spohr und sagt, daß er eine lebende Maus im Trinkbecher hat. Der Becher ist auf einer Kiste gelegen, mit einem Rest von gelöstem Zucker im Hintergrund, und da hat die Maus sich hineinbegeben. Der Spohr hat auf einmal bemerkt, daß sich etwas aus dem Becher ringelt wie ein Regenwurm, hat schnell begriffen, daß es ein Mäuseschwanz sein kann, ist hingeschlichen und hat die Hand davorgedeckt.

Nun steht er da und lacht gekitzelt, wenn die Maus auswegsuchend mit dem Schnäuzchen an seine Finger stößt. Kameraden kommen heran, kaum aus echter Neugier, eher aus Langerweile. Mäuse gibt's hier so viele wie Sand am Meer, man beachtet sie garnicht, man sorgt höchstens dafür, daß sie nicht ins Essen geraten und nicht in den Kaffee fallen. Aber diese Maus im Becher kann vielleicht einen kleinen Zeitvertreib abgeben.

«Im Hof droben steht eine große Pfütze. Da könnt' man sie hineinspringen lassen», schlägt einer vor.

«Damit sie ein Bad nimmt», ergänzt jemand.

Sie sind schon unterwegs, doch ohne rechten Antrieb. Aber immer ist es besser als garnichts. Einer hinter dem anderen bücken sie sich durch den Schacht nach oben: grau, wüst, verwirrt und verblödet von dem grauenhaften Gesicht des Krieges, in das sie fortwährend starren, ohne es recht mehr zu sehen.

Oben tritt der Spohr an die Pfütze, die schon fast ein Tümpel ist, streckt den Becher hoch von sich und nimmt die Hand weg. Heraus springt die Maus und im Bogen ins Wasser, daß es aufspritzt über ihrem kleinen Leib. Das sieht komisch aus, und die Leute lachen. Aber nun wird es ein wenig ernst, denn die Maus beginnt zu schwimmen, und sie schwimmt erstaunlich flink, sie fächelt so dahin und wird bald das Ufer erreicht haben: Bezwingerin der Fluten.

Natürlich strebt sie weg von den Menschen, die gegenüberliegende Seite sucht sie zu gewinnen. Das muß verhindert werden; zu früh wär es aus, das Spiel. Zwei Leute sind schon hinübergelaufen, und als sie landen will, wird sie zurückgescheucht. Sie kehrt um und rudert abermals hinaus auf hohe See, dort schlägt sie einen Haken und nimmt eine ganz neue Richtung.

Aber auch das nützt ihr nichts. Sie ist umstellt; wo immer sie aufs Trockene will, von dort wird sie vertrieben. Man sieht ihrer steigenden Hast an, daß sie erkennt: es geht ums Leben. Und auch die Soldaten begreifen, daß jene es begriffen hat. Vielleicht haben sie zuerst garnicht daran gedacht, sie dem Tode zu überliefern, – jetzt wollen sie es. Da sie die Auflehnung des Geschöpfes sehen, wollen sie es. Sie lachen nicht mehr, sie sind gespannt, wortkarg und fast ernst. In kurzen Rufen machen sie einander aufmerksam, was zu tun ist, um die Verzweifelnde nicht entwischen zu lassen – sie, die zudringlicher wird. Man kann sie nur noch dadurch im Wasser halten, daß man ihr Steine und Zweige entgegenwirft – für sie sind es Felsblöcke und Baumstämme.

Sie pritschelt mit tiefersinkendem Kopf in der Mitte der Lache ermattend in der Runde.

Von ferne schaut der Sanitätsoffizier zu. Er hat seinen eigenen Unterstand; dort verharrt er im Rahmen des Loches, das hinabführt. Wird er nicht sagen: laßt doch die Tierschinderei. Nein, er sagt nichts. Er langweilt sich auch und hat nun ein wenig Ablenkung.

Es liegt ihm vielleicht ein Befehl, ein Verbot auf der Zunge, aber er unterdrückt das. Er hat ein maskenhaft starres Lächeln im leeren Gesicht.

Wie soll man das fassen? Hier wird von Menschen, die stündlich der Tod belauert, eine Kreatur spielerisch in den Tod gehetzt. Haben diese da noch nicht begriffen, was es heißt für jegliches Lebewesen: gewaltsam zu sterben? Sie schleifen die Toten und die Zerfetzten seit endlosen Monaten fast aus den Händen des Gegners in eine halbe Sicherheit – und sind noch nicht so weit, gelernt zu haben, daß wir nichts inbrünstiger wollen als leben! Wir alle – auch diese Maus da. Was hat das teuflisch-tolle, das harmlose, das fürchterliche Schauspiel zu bedeuten?

So fragt sich Funk – nicht weniger untätig als jener Offizier vor seinem Unterstand – – da kommt die englische Granate.

Die englischen Granaten kamen früher immer um diese Abendstunde, sie erteilten den «Segen», die Soldaten wußten es und verkrochen sich schon vorher in die Löcher; aber jetzt war eine stille Woche vergangen – und außerdem hat der Jux mit der Maus alles vergessen lassen. Die Granate kommt und fährt ins Gehöft. Es war fast immer verschont – es war noch nie so getroffen worden. Ein brüllender Donner, der voll bösartigen Irrsinns den ganzen Himmel herunterreißt auf die Erde, fegt die Männer um. Gemäuer kracht, spaltet sich, stäubt, prasselt und stürzt.

Funk ist unverletzt, er ist auf den Knien und blickt umher. Sucht sein Auge dort, oder fällt es zufällig hin: er sieht gerade noch die Maus mit wankenden Schrittchen dem Wasser entsteigen und sehr langsam, taumelnd, weil völlig erschöpft, einem Versteck zustreben.

Ehe sie's noch erreicht, wird er anders beschäftigt. Es gibt Verwundete, sie ächzen, sie müssen hinweggeschafft werden, man hat es eilig, denn weitere Schüsse sind zu erwarten.

Aber es kommt keiner mehr.

10

Der Schuß ist Auftakt zu neu einsetzender Tätigkeit des Gegners. Vorbei ist es mit schläfrigen Tagen – und in der Nacht gibt es erst recht keinen ungestörten Schlaf mehr.

Immer sind Krankenträger unterwegs: zu viert, um die völlig Hilflosen und die endgültig Unbeweglichen in Gewahrsam zu bringen, – und zu zweit, um Leichtkranke oder Leichtverwundete zurückzubugsieren.

Der Neuling Funk tut seine ersten Gänge.

Da stellt sich sofort heraus, wie sehr er fehl am Platz ist. Die Ahnungslosigkeit der Garnisonen daheim, der Rekrutendepots im Hinterland hinsichtlich des schweren Dienstes der Infanteriesanitätsleute rächt sich wieder einmal. Man nimmt fälschlich an, daß die Fingerfertigen: die Kleider- und die Haarschneider, die Schreiber und die Heilkundigen bereits eine Vorstufe zum Sanitätsdienst von Haus aus absolviert haben. Nachher im Felde zeigt sich, wie sehr man mit diesen körperlich in Friedenszeiten niemals Angestrengten danebengegriffen hat. Denn worum geht es: um manuelle Geschicklichkeit? Ach, keineswegs. Im Dreck des Grabens, im Schutz irgendeines Winkels ein oder mehrere Verbandpäckchen auf eine Wunde festzubinden, lernt jeder. Aber einen ausgewachsenen Mann mitsamt Gepäck dann zu tragen, das vermag am besten der Holzarbeiter, der Müllerbursch, der Mehlsäcke zu schleppen gewohnt ist, der Möbelpacker. Ist der Unsinn, Friseure für einen denkbar schweren Dienst leichthin vorzubereiten, aus den Erfahrungen des Feldes heraus nie in die Heimat gemeldet worden? Scheinbar nicht. Jedenfalls hat man sich nicht um die Mahnung gekümmert. Man hat ja so vieles besser gewußt als die, die draußen Mann gegen Mann gestanden sind.

Der Krankenträger – wie seltsamerweise der Sanitätsmensch bei der Truppe heißt, obwohl er selten Kranke, öfter Tote und am häufigsten Verwundete aus der Stellung fortschafft – er schleppt und zerrt auf der Trage (so heißt, was man gemeinhin Bahre nennt) unbrauchbar gewordenes Soldatenmaterial von dannen: durch Lehm, zähen Kot, Wasser. Über freies Gelände, das uneben ist, aufgerissen oder sumpfig. Es geht kilometerweit so, und immer können in den Gräben nur zwei gleichzeitig tragen – nicht vier, wie es Vorschrift ist, und wie es schön sauber daheim im sauberen Kasernenhof maßvoll (je ein Trüppchen immer dreimal durch die Runde) geübt wird. Nämlich wegen der Schmalheit der Gräben tragen nur zwei Mann keuchend auf ihren Achseln an die zwei Zentner stolpernd, wankend, halb niederstürzend unter dem Gewicht, beim Jammergeschrei des unsanft behandelten Passagiers wieder sich hochstemmend. Die beiden andern tasten hinterher, bis man ablöst.

Die Achseln der Träger werden gereizt, denn die Trage ist unpraktisch; manchmal sind sie durchgescheuert, wund, vereitert. Viele haben unterm Uniformrock dicke Verbände, um den Druck zu mildern, aber es hilft nicht viel. Und das Ende? Sie können den Dienst nicht durchhalten, sie wandern ab in die Kompagnien, sie legen die Genfer Binde beiseite, sie müssen zum Gewehr greifen.

Am brauchbarsten sind bedächtige breite Männer vom Land oder Schwerarbeiter aus der Stadt. Die sind erst erschöpft, wenn sie drei-, viermal in einer Nacht hinausmüssen und drei-, viermal ihre drei, vier, fünf Kilometer weit Zentnerlasten an den Arzt herangebracht haben.

Funk hat sich zum Krankenträger ausbilden lassen, weil er heimlich geschworen hat, den Irrsinn, auf Menschen zu schießen, nicht mitmachen zu wollen. Gegen die Darlegungen, sein ganz unschuldiges Land sei von Mordgesellen meuchlings überfallen, es gälte den Verteidigungskampf oder Versklavung und Tod – gegen solch pathetisches Gerede instinktiv mißtrauisch in einer Zeit, die ihm Beweise für oder wider sein Mißtrauen nicht heranbringen konnte, glaubt er nur in der Weise für die sämtlichen Verblendeten und Genasführten sich einsetzen zu können, daß er versucht, die Wunden und Verstümmelungen, die sie einander beibringen, mit heilen zu helfen.

Aber Funk versagt, er ist unbrauchbar.

Wenn er auf Transporten unter den Gewichten, die er bewältigen soll, einfach zusammenknickt, von Schweißbächen schon nach hundert Metern überströmt, mit galoppierendem Atem, ja – man kann sagen: buchstäblich pfeifend auf dem letzten Loch, dann mängeln die Kameraden mit Recht: «Du hältst uns auf. Mit dir ist es nix. Du erschwerst uns den Dienst. Wir kommen nicht vom Fleck. Wir brauchen die doppelte Zeit mit dir. Und du selber gehst drauf dabei.»

«Ich werd' es lernen. Der Körper wird es schon lernen.»

«Das lernt sich nicht so leicht. Du bist das Arbeiten nicht gewöhnt. Was warst du denn zu Haus – Haarkünstler, he?»

«Schriftsteller.»

«Aha, Schriftsetzer und Federhalter», sagt einer mitleidig scherzend. «Ja, da braucht man kein besonderes Schmalz.»

Sie geben ihm den Rat, sich krank zu melden. Sie geben ihn gewiß aus eigennützigen Gründen, denn sie wollen Funk los sein. Der sagt sich das selber – er kann sich dennoch nicht entschließen, vor den

Arzt zu treten, obwohl auch der Rattenbiß nicht in Ordnung gekommen ist. Der Handballen schwärt und pocht, und jede Bewegung mit der halb unbrauchbaren Hand tut weh, die er nicht einmal zu verbinden wagt, um mit der Geschichte nicht aufzufallen.

Denn er will nicht weg von der Stelle, an die er nun einmal geraten ist, an der er klebt in einer unheilvollen Passivität. Wohin? Als Kranker ins Revier oder vorübergehend in die Arme eines Lazarettes – und dann wieder hierher, um gewissermaßen von neuem anzufangen? Dann lieber gleich da bleiben. Zudem gestehen: «Ich habe einen eiternden Rattenbiß», – das ist sehr albern. Es macht ihn noch lächerlicher, als er doch schon ist. Sicherlich ist von den Mannschaften nie jemand durch eine Ratte derart attackiert worden. Am Ende glauben sie es garnicht. So etwas passiert nur Säuglingen im unbewachten Kinderwagen. –

Über all dem, und ehe er wirklich zusammenfiel, von Sturm und Stoß total aufgelockert, kam der Tag der Ablösung.

Sein Bataillon ging in Ruhe. Sie marschierten und marschierten stundenlang, er wankte mit. Man kam in Bereiche, die so schön waren, als landete man mitten im Paradies. Freilich war es, nüchtern betrachtet, nichts weiter als eine große Fabrikanlage mit rußigroten Backsteinmauern und schwarzen Schotterwegen. Aus den Sälen hatte man die Maschinen hinausgeschmissen und Pritschen mit Drahtnetz, frischem Stroh und derben Leintüchern hineingestellt.

Man wurde gebadet und entlaust. Am Sonntag gab es etwas, das beinahe ein Schweinebraten geworden wäre. Die Schlafsäle waren geheizt, denn plötzlich im Oktober kam, gleich ins Spätherbstliche hinein, der Wetterumschlag.

Wie märchenhaft schnell die mißhandelten Knochen sich erholten! Schlafen, schlafen, man schlief sich gesund. Wenn man nicht schlief, lungerte man umher, kaufte in der Kantine ein Messer, das gleich zerbrach, ein Pfund Zucker, eine Büchse Pflaumen, die undicht und vergoren war, und andere nutzlose Dinge, denn der Staat verstand es, den kargen Feldlohn des einfachen Soldaten in Höhe von monatlich fünfzehn Mark wieder einzukassieren.

Wie unbegreiflich man an Lebensmut gewann, an närrischer Bereitschaft zu hoffen. Am Ende, während wir hier faulenzen, geht der Krieg –? Das Herz schlägt freier, das Herz will sich wieder zuwenden den Schätzen der Welt. Eine kleine Herde Mädchen wäscht irgendwo Berge von Soldatenunterzeug innerhalb des Fabrikkomplexes. Mittags, wenn man vor der Küche ansteht, um Essen zu fassen, haben auch sie gerade freie Zeit und flanieren vorbei. Wie schön sie sind! Die Männeraugen, die seit langem keine junge Frau mehr gesehen haben, zittern vor Begier. Gibt es das: einen so kleinen Fuß, und wo kommt der kokette Schuh her? Gibt es das: eine so drollig gepolsterte Hand? – Sie lachen sehr keck, denn sie wissen: es kann ihnen nichts geschehen von diesen Frontsoldaten, die heute da sind, keinen unbewachten Schritt tun dürfen, wie Klosterbrüder, und morgen wieder verschwinden. – Wie weiß ihre Zähne sind, sie haben die Gesichtshaut von Baronessen, herrlich ist ihr Haarknoten, die Brüste bewegen sich unter dem blauen Kattun der Arbeitskleider, die prächtigsten Brüste dieser Erde.

Eine brünstige Welle von Verlangen schlägt hinüber zu den jungen Tieren. Wenn die Soldaten vorne sind, zoten sie nie, hier macht Erregung sich in Derbheiten Luft. Sie rufen den Lippen und Schößen Dinge zu, die drüben gut verstanden werden – ohne daß ein Wort verstanden würde. Jene kichern, sie schütten sich aus in willenlosem Lachen, halb hingegeben, einige sogar werden rot. Ein paar Schamlose aber machen mit ihren beredten Fingerchen nicht mißzuverstehende Kunststücke.

Wenn es das gäbe, Frauen zu erobern, zu umarmen durch die pure Intensität des Verlangens – hier würden alle geschwängert werden.

Das geht eine Woche so, dann sind die jungen Weiber mit eins vergessen, denn ungeheuer drängt sich in den Vordergrund das alte, das ewige Gespenst.

Der Abmarsch ist da, der finstere, trostlose Gang nach vorn, durch einen kalten Oktoberregen, lichtlos, stumm, über schlammige Landstraßen in den noch viel ärgeren Lehm der Gräben.

Begleitet von dem Gedanken, immer von neuem verbissen in ihn: wie lange noch?

Die Krankenträger landen wieder auf ihrem Verbandplatz, beneidet von all denen, die noch näher heranmüssen an Mord und Totschlag.

II

Die Erholung hält nicht lange vor. Es geht erst recht bergab; nach ein paar Wochen erkennt der Arzt den reduzierten Zustand Funks.

Die Entzündung des Handballens ist zurückgegangen, aber etwas Fiebriges ist in ihm. Er weiß nicht, ob sein Blut durch den giftigen Biß gelitten hat, oder ob anderes Unheil in ihm steckt. Der Hals sticht, die Brust brennt, er wirft Schleim aus.

Eines Nachts, nach einer Schlepperei durch Wind und Eisnässe sagt Assistenzarzt Model zu dem von Schweiß mehr noch als von Regen Übergossenen: «Sie melden sich morgen bei mir.»

Dann wird der Angeschossene versorgt, den herbeizuholen Funk mitbemüht gewesen ist. Er hat eine Bauchverletzung, die Därme sind durchbohrt. Er blutet nicht, das heißt er blutet wohl nach innen. Sein Gesicht ist weiß unter dem Grau des Schmutzes; es ist, als sei alles Blut des ganzen Körpers in die Bauchhöhle zusammengelaufen. Auf der sterbenden Stirn stehen ölige Tropfen.

Was tut man für ihn? Man kann nichts tun. Er hat ein Verbandpäckchen über dem Einschuß; das bißchen Wundversorgung hat er gleich draußen erhalten. Ihn jetzt in ruhiger Lage zu belassen, ist das Beste. Am wichtigsten wäre, die Sanitätskompagnie schickte sehr schnell ihren Wagen. Aber wann wird der kommen? Bestellt ist er telephonisch, wann kann er da sein? Erfahrung hat gezeigt, daß Darmverwundete verloren sind, wenn sie nicht binnen zwei Stunden operiert werden. Jener ist verloren.

Er bekommt die üblichen Spritzen: Serum gegen den Starrkrampf und Morphium gegen Schmerzen. Aber er liegt apathisch, er hat gar keine Schmerzen. Bis er mit einem Male sich hochwirft in einem tierischen Schrei, sich zur Seite wirft und zu würgen anfängt: was er erbricht, ist nur polternde Luft.

«Eiwei –» sagt leise der Arzt und wendet sich mit einer resignierten Geste zur Seite. –

Am nächsten Morgen untersucht er Funk. Er prüft ihn gewissenhaft; er behorcht und beklopft ihn. Er heißt ihn sich wieder anziehen und schweigt. Er macht ein finsteres Gesicht, das fast unglücklich wird, während er sich niedersetzt, um ein paar Zeilen zu schreiben.

Er versieht das Geschriebene mit einem Umschlag und sagt freundlicher: «Sie haben ein bißchen Brustkatarrh, nicht der Rede wert. Wenn Sie ins Revier gehen wollen –? Aber ich kann Ihnen schließlich auch hier Schonung verordnen. Ihr Herz ist nicht ganz in Ordnung, aber das ist gar nicht schlimm. Ich halte Sie nur nicht recht geeignet für den Trägerdienst. Vielleicht findet sich ein anderer Posten für Sie. Mit diesem Brief gehen Sie in die Ortsunterkunft Fournes und melden sich beim Herrn Bataillonsarzt.»

Funk macht sich auf den Weg. Der Morgen ist neblig. Es hat in der Nacht leicht gefroren und ist noch so kalt, daß über den Pfützen dünne Eisscheiben liegen. Sie zerknacken gläsern, wenn der Stiefel sie durchbricht. Es ist das einzige dünn-scheppernde Geräusch in der Weite der milchigen Ebene, denn geschossen wird nicht. Um so angespannter, um so aufreibender wird wohl gelauscht und gewittert … Können nicht jeden Augenblick Überfall und Mordwillen auftauchen aus dem dicken Dunst?

Funk verläuft sich. Er ist in Sorge, bei dieser ohnehin beschämenden Angelegenheit verspätet einzutreffen. Er braucht zwei Stunden über die Zeit, langt gegen Mittag an und muß erst noch die Behausung von Oberarzt Lipp erfragen.

Dr. Lipp ist nicht in seinem Zimmer, aber er wird drüben im Revier erwartet; ihm als Arzt des zweiten Bataillons ist Sergeant Malz die rechte Hand.

Zu ihm hinunter in den Keller begibt sich Funk. Malz trägt mit fliegender Feder Namen von Patienten und Krankheitsbefunde in ein äußerst dreckiges Buch ein. Er hat es seit Tagen unterlassen; jetzt holt er das Versäumte aus der Phantasie nach. Bei der Aufzeichnung der Temperaturen zögert er nicht einen Augenblick; die Zahlen zwischen siebenunddreißig und vierzig mit weiteren Staffelungen lassen genug Abwechselung zu.

«Krankenträger Funk», meldet sich Funk, immer noch garnisonmäßig diszipliniert.

«Was wollen S' denn?» fragt Malz gestört und unwillig, aber ohne einen Augenblick sein flottes Geschreibsel zu unterbrechen.

Funk berichtet, daß er vom Verbandplatz komme und einen Brief von Assistenzarzt Model für Oberarzt Lipp bei sich trage.

«Was steht denn drin?» fragt neugierig Malz, der immer ein schlechtes Gewissen hat und vermutet, über ihn selbst und seine

Nachlässigkeiten könne von irgendeiner Seite her Klage geführt werden.

Funk behauptet, er wisse es nicht – obwohl er es ja halbwegs weiß.

«Haben S' ihn denn nicht aufgemacht unterwegs?» staunt der Sergeant. «So mit dem Bleistift die Klappe entlang. Die klebt ja immer schlecht.» Er scheint das Manöver für selbstverständlich zu halten.

Funk verneint und sieht Fieberthermometer in einer bräunlichen Flüssigkeit stehen – Flüssigkeit in einem Trinkglas, die Borwasser und «desinfizierend» sein soll. Im Keller ist eine verbrauchte, verschwitzte, von Ausdünstungen und Ausatmungen verpestete, feuchtwarme Luft, die aus etwa fünfzehn belegten Betten aufsteigt.

Malz ahnt wohl, der abgemagerte, übernächtige Krankenträger vor ihm mit der grauen Gesichtsfarbe könne selbst Gegenstand des geheimnisvollen Briefes sein. Er sagt: «Sie treffen's nicht gut. Der Lipp ist elend schlechter Laune. Immer, wenn er so spät zur Visite kommt, statt um neun Uhr morgens um zwölf Uhr mittags, ist er ganz narrisch. Weiß der Henker, wo er sich wieder herumtreibt.»

«Herr Oberarzt Lipp treibt sich herum?»

«Ja, in den Gärten schleicht er umeinander und schaut nach dem Gemüse, in Glaskästen zieht er Salat, oder er fischt und fängt nix, oder er legt Schlingen für die Hasen.»

Der Sergeant will weiteres ausführen, da kommt der Beredete selbst. Funk sieht die Kellertreppe herunterstapfen ein paar leichtgekrümmte eilige Beine in ledernen Reitgamaschen und furchtbar kotigen Stiefeln, dann taucht eine hagere sehnige Gestalt tiefer, zuletzt wetterleuchtet gelblich ein galliges Cholerikergesicht mit schwarzem Bärtchen in den düsteren Raum.

«Rapport, Malz!» verlangt eine hohe, harte, befehlsgewohnte Stimme. «Schauen S', daß wir fertig werden!»

Er sagt es, als sei man schon durch Stunden an der Arbeit.

Und sie werden schnell fertig. Funk ist in eine Ecke getreten; er wird vorerst nicht beachtet. Der Sergeant legt seinem Arzt eine Reihe von bekritzelten Zettelchen vor, die er unterschreibt, ohne sie zu lesen. Sie betreffen Anordnungen für weitere Behandlung einiger Kranker.

«Noch was?» fragt Lipp, während er ein paarmal die gleiche schwunghafte Handbewegung vollführt, um seinen Namen zu formen.

«Der Sonn Michael, Maschinengewehrkompagnie, hätt' vierzig Komma zwei.»

«Lazarett», entscheidet Lipp und unterschreibt ein Papiertäfelchen. «Bauch oder Brust?»

«Brust, Herr Oberarzt.»

«Gut. Pneumonie mit Fragezeichen. Noch was?» Er ist schon auf der Treppe.

«Ein Krankenträger vom Verbandplatz wär' da, mit einer Meldung.»

«Herrgottsakrament! Gell, seids so gut, und halts mi net lang auf. – Wo ist er?»

Funk tritt vor und händigt den Brief aus.

Lipp schaut ihn an. «Wie heißen Sie? Warum kenne ich Sie nicht?»

«Friedrich Funk, von der achten Kompagnie.»

«Ein Neuer, Herr Oberarzt», mischt Malz sich ein. «Ersatz aus der Heimat.»

Lipp hat den Brief erbrochen und überflogen. «Von der achten Kompagnie – und seit Wochen beim Regiment? Was fällt Ihnen ein, sich erst heute bei mir zu melden? Wissen Sie nicht, daß ich Ihr Bataillonsarzt bin? Ich habe Lust, Sie bestrafen zu lassen.»

«Es hat mir niemand gesagt, daß ich mich bei Herrn Oberarzt melden muß.»

«Schschsch», macht heimlich der Sergeant im Hintergrund und läßt verdeckte Winkzeichen zu Funk hingehen.

Aber Lipp wettert schon los: «Das haben Sie nicht gewußt, so? Sind Sie militärisch nicht vorgebildet, haben Sie Ihre Ausbildung auf dem Mond genossen? Freilich, heute können Sie dahergelaufen kommen, weil Sie sich vom Dienst drücken wollen. Einen Monat im Feld, und haben schon endgültig genug, wie? Wir stehen ein Jahr in der Scheiße und machen weiter. Nix da. Mein Lieber, Sie werden auch weitermachen, ich garantier' Ihnen.»

«Ich habe mich gar nicht krank gemeldet. Herr Assistenzarzt hält mich für ungeeignet zum schweren Trägerdienst.»

Der Sergeant winkt verzweifelter.

«Herr Dr. Model soll mich – in Ruhe lassen. Er ist zu nachgiebig euch Burschen gegenüber. Junge Ärzte fallen auf jede jammervolle Fratze herein, auf jedes Komödiantengetu der Drückeberger. Puls!»

Funk reicht den Arm hin.

«Rock auf! – Nein, nicht ausziehen. Unnötig.» Lipp legt das Ohr an die behemdete Brust. «Völlig gesund. Leichte nervöse Erscheinungen. Glauben Sie, daß wir jeden Nervenfatzke in Watte packen können? Felddienst ist für Sie ausgezeichnet. Ab. Macht seinen Kram auf dem Verbandplatz wie bisher. – Malz, morgen um acht.»

«Jawohl, Herr Oberarzt – – und um ein Uhr kommt er dann glücklich», murrt der Sergeant hinter dem Enteilenden drein. – «Sehen Sie, jetzt haben Sie's», meint er nicht ohne Mitgefühl.

«Ich hab' gar nichts, ich habe nur einen Wunsch –» sagt Funk langsam. Er denkt an seinen Revolver, den er auf dem Verbandplatz zurückgelassen hat. – Ich habe nur den Wunsch, den Kerl über den Haufen zu schießen. Sieh da, ich bin ins Feld gegangen mit dem festen Entschluß, niemals zu töten. Nun finde ich hier doch einen Feind, der mir das Blut in die Augen treibt!

Eigentlich macht er sich nur auf den Weg, um die Waffe zu holen und wieder umzukehren. Aber draußen angelangt mit ruhiger schlagenden Adern, muß er sich erst rapportierenderweise und dankenderweise bei dem jungen Arzt melden, der ihm wohlwill. Er hat das Gefühl, jener ist mit ihm zusammen beschimpft und mißhandelt worden.

Dr. Model bekommt bei Funks knappem Bericht wieder seine finstere, seine unglückliche Miene. Dann sagt er heftig: «Herr Oberarzt Lipp irrt sich. Sie sind nicht in Ordnung. Und Sie machen vorerst den Trägerdienst nicht weiter. Sie machen leichteren Dienst. Ich werde bei nächster Gelegenheit mit Herrn Oberarzt über Sie sprechen. Jetzt schicken Sie mir den Unteroffizier Vogel.»

Vogel dirigiert die Krankenträgermannschaft hier draußen. Er teilt die Tragen ein, er regelt den Dienst.

Den abgehenden Funk ruft der Assistenzarzt zurück. Er will unsicher noch etwas richtigstellen, was offenbar gar nicht falsch steht. «Herr Oberarzt Lipp ist ein gerechter Vorgesetzter. Er ist nur – nur vielleicht etwas – überarbeitet. Er meint es ganz sicher nicht schlecht mit Ihnen. Glauben Sie mir das.»

12

Funk erhält vier Tage Schonung und für die Zukunft die Aufgabe, Unbrauchbare, die laufen können, aus der Stellung zu begleiten. Das bedeutet einen häufigeren Gang nach vorn, als ihn im Durchschnitt die anderen machen, aber die kleinere Körperanstrengung.

Immerhin, es bleibt genug übrig. – Die Nacht ist finster, ist so völlig lichtlos, daß man nicht weiß, wo Himmel und wo Erde ist. Es gilt zwei Leichtverletzte zu holen, daher ziehen sie mitsammen los: Funk und der Bauer Billrot.

Die Welt ist zugig, als stünden an allen unsichtbaren Horizonten ungeheure Tore offen, durch die zugleich die Schwärze in den Raum gerissen wird. Ein eisiger Regen sticht ins Gesicht und in die Hände bei Null Grad.

Gewehrfeuer knallt mit nassen Peitschen aus der Richtung, in die sie gehen müssen. Sie kommen bald in seinen Bereich, ohne noch den Laufgraben gewonnen zu haben, der sie auf den Kampfgraben zuführen soll. Sie tappen über freies Feld; bösartig ist das Vorbeisingen der Geschosse.

Billrot sagt: «Sie schießen zu hoch; wenn wir gebückt gehen, sind wir sicherer.»

So schleichen sie in sehr beschwerlicher Haltung, dennoch hastig, erst durch den Brei einer zerfahrenen Straße, dann über Acker oder Wiesengrund, der nicht mehr weich ist und noch nicht gefroren. Er klebt in schweren zähen Klumpen an den Stiefeln. Manchmal stoßen sie an Dinge, die ihnen völlig unbekannt bleiben, denn sie könnten sie nur gleich Blinden durch Abtasten erkennen.

Bei solchen Schwierigkeiten eine halbe Stunde sich tief gebückt dahinzubewegen, ist bloß einem Menschen möglich, der schreiend in seinem Inneren dagegen ankämpft, eine Kugel in den Kopf, in den Hals gejagt zu bekommen, sobald er aufrecht geht.

Schließlich stoßen sie auf einen Graben, nachdem sie wiederholt geglaubt haben, halbwegs geborgen zu sein, aber es sind immer nur Granatlöcher gewesen, in die sie gefallen sind. Sie fallen auch jetzt mehr hinunter, als sie hinabspringen, denn sie erkennen ihn erst, wie sie mit einem Bein über seinen Rand hinausgeraten sind.

Aber sie wären auch bereit, sich kopfüber hinabzustürzen. Nur fort von dieser Fläche, über die unablässig der tödliche Schwarm eiserner Insekten hinschwirrt – hintobt mit dem hohen, metallischen Klang verbissener Raserei.

Sie müssen in einen Graben geraten sein, der nicht mehr benutzt wird. Er steht voll Wasser. Das Lehmwasser hat eine Eisdecke, aber sie ist dünn. Sie brechen gleich durch und plumpsen bis zu den Knien ins Feuchte. Sie gehen in die Richtung, in der sie ihr Ziel glauben; jeder Schritt will erkämpft sein. So tappen sie lange.

Leuchtkugeln, die der Engländer weißgrün, der Deutsche weiß in das gähnende Loch, in das Nichts des Himmels wirft, verwirren sie nur ärger. Erlischt sinkend die Kugel, so ist es ringsum schwärzer denn je. Sie eräugen keine leiseste Spur mehr voneinander, obwohl sie hart beisammen sind.

Die Peitschenschläge der Infanterieschüsse klappen näher. Sie müssen manchmal nach ihren Körpern greifen, um zu wissen, daß sie einander nicht verloren haben.

Ihr Weg mündet auf einen Quergraben, das Wasser hört auf, sie treten trockneren Grund, sie müßten so gut wie angelangt sein – aber sie sind es nicht.

Das Grabenstück ist totes Geleise, vielleicht eine Fehlanlage, eine mißlungene oder aufgegebene Sache, bald führt es überhaupt nicht weiter, es endigt einfach.

Heraus müssen sie, den Schutz verlassen und dort hinüber, schräg voran, wo die Raketen steigen. Dichter streichen die Geschosse der Engländer.

Sie schieben sich auf dem Bauch aus der Deckung und weiter durch lehmigen Grund. Wie lange wälzen sie so sich vorwärts? Eine Stunde? Sie finden den nächsten Graben nicht. Sie wagen nicht einmal den Kopf zu heben, sie wagen nicht zu atmen, ihre Lippen stoßen in den Schmutz, nicht etwa um diesen Boden zu küssen, eher um ihm zu fluchen – ihm, der keinen Trost mehr für sie hat. Da und dort schlägt kurz und heftig zischend der Tod neben ihnen ein, als wolle er sich rasend an ihre Seite betten.

Ja – und Funk, in völliger Verzweiflung schon jenseits aller Vernunft, hinausgeschoben über das Tragbare einer Situation – glaubt nicht mehr an ihre Wirklichkeit. Ist so etwas möglich? fragt er sich. Er verneint es. Vielleicht träume ich schlecht –? mißtraut er. Wach auf, und alles ist vorbei! Sieh, die Kugeln haben Angst; nicht du hast Angst, sondern die Kugeln. Sie verstecken sich im Erdreich, sie schwirren näher zu dir hin, sie wollen sich ja nur in dir verstecken. Ohne Sorge! Das alles ist ein Affentanz, das alles ist läppisch und lächerlich, lache doch, lache!

Nur eine Minute so! Der Wahn weicht. Das Gehirn hat diese Flucht gebraucht; jetzt ist es wieder fähiger, nüchtern zu dulden.

Die beiden pressen den Körper erst recht an den Grund, auch Wange und Hals, und kriechen. Eiskalter Erdbrei kriecht seinerseits in die Ärmel hinein bis über den Ellbogen, den Kragen hinab und über die Brust, der Leib ist kalt übersickert. Und dennoch: muß man die Erde nicht lieben? Zu hassen ist nur die Luft, gleich eine Handspanne über ihnen.

Endlich können sie wieder sich hinablassen – und sind wahrhaftig auf «bewohntem» Grund. Wachen stehen da und dort an der Brustwehr unbeweglich in Mulden, hinter Schutzschilden, das Gewehr zwischen Sandsäcken, hinausspähend, ohne etwas zu sehen, und wenn sie sich kurz nach den Krankenträgern umwenden, um auf eine Frage Bescheid zu geben – die stumme, stumpfe, die niedergekämpfte, die chronische Verzweiflung steht im graugrünen Gesicht, das wie verwest aufschimmert unter dem giftigen Licht der Leuchtkugel.

Sie fragen nach Abschnitt C; dorthin sind sie befohlen. Die Stimme der Wache, ganz fremd, verrostet, vereist, keine menschliche Stimme mehr, sagt etwas. Sie gehen der Auskunft nach, sie müssen noch zehnmal fragen in den Maulwurfslöchern der Unterstände, aus denen ein wenig Glut des elenden Eisenblechöfchens dringt oder der Lichttupfen eines Stearinstummels.

Nach weiterem Irrgang – sie laufen an dem Punkt vorbei, den sie suchen – stehen sie vor dem Sanitätsunterstand, der sie verlangt hat, der vor drei Stunden nach ihnen telephoniert hat.

Der eine Verwundete ist tot. Er ist mittlerweile an der «leichten Kopfverletzung», die offenbar nicht so harmlos war, wie man geglaubt hat, draufgegangen. Aber dem anderen geht es gut. Er hat bloß Löcher durch Ober- und Unterarm, von der gleichen Kugel, er kann marschieren. Nur daß man ihm Gewehr und Tornister tragen muß. Er hat den Arm in der weißen Binde, dem dreieckigen Tuch, das unbegreiflich keusch und sauber aussieht in dieser Umwelt. Blut ist an zwei Stellen von innen her durchgeschlagen, aber das macht sich geradezu appetitlich. Wenn die Mutter in früheren Jahren, als noch die Erde stand, die Sonne gütig schien und Früchte reiften – wenn sie in diesen endlos fernen, auf ewig verlorenen Jahren Johannisbeersaft durch eine Serviette tropfen ließ, dann sah es ganz ähnlich aus; schön sah es aus, eßlusterzeugend, das Wasser lief einem im Munde zusammen.

Das Wasser läuft einem im Munde zusammen, aber man bekommt nur einen Becher kalten Kaffees, der den inneren Frost stärker wachrüttelt.

Ein wenig übergraut sich der Himmel. Daß nach einer solchen Nacht ein Tag überhaupt erwartet werden darf – ist es nicht ein ganz zager Trost? Es gibt einen weiteren: die «Tätigkeit» des Gegners hat nachgelassen, die Engländer sind müde geworden.

Weshalb haben sie eigentlich so viel geschossen? Ins Blaue hinein. Ins Blaue? Ins Stockfinstere hinein, immer drauflos, kindisch drauflos. Sind sie ungeduldig, haben sie Angst, glauben sie, der Deutsche könnte herüberkommen in solcher Nacht und plötzlich da sein, wie aus dem Boden gewachsen? Oder rechnen sie mit Zufallstreffern, mit ganz langsamen Schädigungen des Gegners? Auf zehntausend Schuß ein zerschmetterter Arm, ein durchbohrtes Hirn? Möglich; sie scheinen mit Munition und Material nicht im geringsten sparen zu müssen. – Die Deutschen sparen bereits.

Es wird still, es ist, als hörte man förmlich, wie sie sich drüben schlafen legen.

Hat nicht auch der bitterkalte Regen nachgelassen? Oder ist man nur bereit, weitere Vergünstigungen des Himmels zu entdecken? – Es wird losgezogen. Der Rückweg, eindeutiger, birgt kaum die Gefahr, sich zu verlaufen.

Der Verwundete lächelt, sobald sein schmerzüberzucktes Gesicht für einen Augenblick es erlaubt. Er sagt nichts, er ist selig. Hier draußen lächeln nur noch Verwundete, sie sind die Beneideten, sie sagen kein Wort, aber sie sehen das Lazarett vor sich: ein weißes Bett, ein trockenes Bett, ein heiles Dach über dem Kopf, eine saubere Tasse, eine Schüssel, aus der es dampft.

Sie stolpern zu dritt in eine sich lichtende Finsternis hinaus.

13

Drei Dinge von Wichtigkeit haben sich ereignet.

Der Regimentsarzt Nohl ist in Urlaub gegangen und kehrt nicht zurück. Er liegt als toter Mann in der Heimat.

Der Oberarzt Lipp ist zum Stabsarzt befördert und bald darauf zum stellvertretenden Regimentsarzt ernannt worden.

Und drittens taucht Lipp eines Tages auf dem Verbandplatz auf, zum fluchenden Entsetzen aller Krankenträger. Er will nicht bloß inspizieren, er will den ärztlichen Dienst für eine Woche übernehmen.

Die Pflichten des Regimentsarztes, die plötzliche, engere Verbindung mit dem Kommandeur scheinen ihm so zuzusetzen, daß er aus Fournes flieht. Er beordert für die dortigen Geschäfte einen Bataillonsarzt.

Mit seiner galligen Miene, den Raubvogelaugen, dem schwarzen Spitzbärtchen, das vom bleichen Gesicht wegsticht, durchschnuppert er die Mannschaftslöcher.

Der diensthabende Unteroffizier windet sich innerlich, weil überall Dreck und Unordnung sich häufen – man ist auf den Besuch nicht gefaßt gewesen, wann geht schon ein Sanitätsoffizier durch die Räume seiner Leute? – Aber Lipp beanstandet nichts. Was er erspäht, ist eine offene Schachtel mit Zigaretten.

Er greift hinein, er nimmt eine Handvoll, er steckt eine in den schmalen Mund. «Wem gehören die?»

Einer springt vor: «Mir, Herr Oberarzt», und er reicht ihm Feuer.

«Woaßt es no net, daß i Stabsarzt g'wordn bin», fragt er langsam, fast verbindlich, mit einem höhnisch gezogenen Ton durch die Hakennase.

«Befehl, Herr Stabsarzt!»

«Also, dann bitte –», sagt Lipp in parodierter Liebenswürdigkeit. «Ihre Zigaretten kriegen Sie morgen ersetzt. Mein Bursch ist noch nicht da, der die Menage mitbringt.»

Er geht weiter – und bricht in breitmeckerndes Gelächter aus. Er hat mit scharfen Augen Funk entdeckt, der sich möglichst verbirgt hinter Schlafgestellen. Er hat ihn sofort wiedererkannt. «No, wie geht's? Macht sich's? Hab ich Ihnen nicht gleich gesagt, daß sich's machen wird? Wenn der Dienst Sie nicht abhält, kommen Sie in einer Stunde zu mir. – Unteroffizier Vogel, der Funk macht keinen Trägerdienst; er wird verwendet als Begleiter und Meldegänger.»

«Längst, Herr Stabsarzt», sagt Vogel obenhin. Wenn wir auf dich hätten warten wollen – heißt das.

Lipp verfinstert sich, er hat Scharfes auf der Zunge – aber dann zieht er vor, nichts gehört zu haben. «Also, auf nachher», nickt er kameradschaftlich und geht.

Die Mannschaft atmet auf. «Deine Zigaretten siehst net wieder», heißt es. «Hat der Lipp schon je was zurückgegeben? Aber das Schnorren versteht er. Die letzte Spreizen zieht er dir aus der Tasche.»

«Wenn man's gut trifft», verteidigt ihn ein anderer, «teilt er schon auch. Wir haben einmal mitsammen einen guten Kuchen gefressen, den hat er von daheim geschickt bekommen. Und erzählt hat er mir dabei von seiner alten Mutter eine Stund' lang. Er ist gar nicht so übel.»

«Er ist ein Viechkerl. Du kennst dich nicht aus bei ihm.»

«Er spinnt. Er ist nicht richtig.»

«Schaut er net aus wie der Gottseibeiuns? Er hat den Teufel in seinem mageren Leib.»

Der, von dem sie raunen, schickt seinen Burschen herüber – nun ist er also doch da? – und läßt um vier Feldkessel ersuchen. Es entspinnt sich ein Kampf, wer seinen Kessel hergeben muß.

«Wozu braucht er denn gleich vier?»

«Weiß nicht», sagt der Bursch. «Ich bring sie euch wieder.»

«Das kennt man. Was der mal in den Klauen hat –»

Schließlich, unter des Burschen Drohungen, wenn er jetzt die Kessel nicht bringe, werde der Stabsarzt selber kommen und heillosen Krach schlagen, schiebt er mit vier erbeuteten ab. Und bald wird es auch für Funk Zeit, zum Arztunterstand hinüberzugehen. Der Unteroffizier ermahnt den Widerstrebenden.

Lipp ist in voller Tätigkeit, als Funk die Erdstufen hinuntertastet. Es brennen fünf Kerzen. Lipp liegt auf dem Boden an der holzverschalten Wand und verstopft Astlöcher.

«Funk, san S' da? Guat. Sie können glei mitarbeiten. Wissen S', was es in dem Sauloch da herunten gibt? Mäus'! Schauen S', mei Bett hab' i schon in die Mitten g'stellt und die vier Eisenfüß' in vier Feldkessel. Die Kessel kann ma glei als Pottschamber benützen.

Hauptsach' ist, daß Flüssigkeit drin ist, nachher können die Viecher net am Bettfuß in die Höh' und zu mir herein.» Er meckert fröhlich: «Was, Funk, die Mäus' nämlich, die wir gern im Bett hätten, die sind weit furt.»

Funk steht in dienstlicher Haltung und schweigt. Aber es pruscht der Bursche los.

«Halt' die Goschen, Lümmel!» schreit Lipp. «Zwanz'g Jahr ist der Lackel und lacht schon höchst ausgepicht. Verschwinde, Roué! Sorg' fürs Nachtessen! Der Funk speist bei mir, also blamier' mich nicht.»

Reisling, der Bursche, geht lautlos.

Der Stabsarzt hockt sich an den Tisch. Er hat den Kanonenofen zur glühenden Röhre erhitzen lassen. Die Luft schwelt feurig. Er zieht die dicken Lederhandschuhe und den Waffenrock aus. Der Geierhals taucht aus einer Leopardenfellweste. Er hat etwas vom Tierbändiger und Tier zugleich. Funks grübelnden Blick fängt er ein. «Was, ein feines Stück, die Weste? Von meinen Reisen als Schiffsarzt anno dazumal. Treten Sie näher, rührt euch, Funk! Weshalb so steif?» Er sagt es scherzend – und geht jäh in Befehlston über: «Darf ich bitten, ich habe es doch schon gesagt, sich der Löcher in der Wand anzunehmen. Dort ist Stopfmaterial, zerstoßenes Glas. Man muß, Funk, hier draußen immer tätig sein. Bummeln kann sich nur die Garnison leisten.»

Funk macht sich an die Arbeit. Er weiß nicht recht, wie er die Glassplitter anpacken soll, ohne sich zu schneiden. Er umwickelt Fingerspitzen mit dem Taschentuch und kommt, so behindert, nur langsam vom Fleck.

Merkt der Stabsarzt den lahmen Gang der Sache nicht, die ohne Handschuhe kaum zu leisten ist? Er lehnt sich zurück in einen zerfransten Bauernpolstersessel mit Ohrenklappen. Er ist in Plauderlaune.

«Wir sind allein, Funk. Auch mein Hannes ist fort. Ich hab' mit Ihnen zu sprechen. Vor allem, daß wir uns verstehen: Sie nehmen die Geschichte neulich in Fournes nicht krumm, was? Ich hab' Ihnen den Kopf zurechtsetzen müssen – schon wegen der anderen Mannschaft. Vergünstigungen ohne weiteres, das gibt's nicht. Hab' auch mit Oberarzt Model gesprochen – ja, natürlich, das weiß ich selber, daß Sie kein Bär sind. Dazu brauche ich die Finessen des Herrn Oberarztes nicht. Wie ist Ihr Dienst jetzt, geht er?»

«Er geht, Herr Stabsarzt.»

«No also. Auf Rosen ist keiner von uns gebettet. Aber ich weiß was Besseres für Sie als das blöde Gelauf' hier draußen. Ich will Sie mir holen. Deshalb bin ich hier. Andere Lockungen hat der Verbandplatz nicht für mich.» Er stößt ein krächzendes Gelächter aus.

Funk erstarrt innerlich. Was wird geschehen? denkt er. ‹Ich will Sie mir holen›, sagt dieser Mensch. Mir ist, als holt' mich der Satan.

Er hört hinter sich des Stabsarztes Stimme, während er kniet: «Sie wissen, das Regiment ist derzeit ohne leitenden Arzt, ich habe vertretungsweise die Stelle. Stabsarzt Nohl hat sich – – er ist tot. Ja, wahrhaftig, ein merkwürdiges Ende. Ich rede zu Ihnen davon unter der Voraussetzung, daß Sie als gebildeter Mensch, als Akademiker, ehrenwörtlich zu schweigen verstehen.»

Lipp macht eine Pause. Funk schweigt und bastelt. Der Vorgesetzte fährt fort: «Nohl hat nämlich selber Schluß gemacht. Hier draußen hat sich keine Kugel für ihn gefunden. Er hat sie sich daheim eigenhändig applizieren müssen. Ein krankhafter, ein überdrehter Mensch. Wir haben uns schlecht verstanden. Sinnlos penibel mit Pünktlichkeit und Aktenkram. Zu Hause aber scheitert er an der Unpünktlichkeit, an der sexuellen Ungenauigkeit der Gattin.» Er meckert in sich hinein. «Ein Mensch mit ungesundem Fett, ein präsumtiver Fünfziger heiratet eine Zwanzigjährige. Was wollen Sie? Liebesblindheit? Man kann sagen: Kriegsblindheit.» Er lacht wieder, von innen gestoßen. «Vor einem halben Jahr sitzt er im Gärtchen von Madame Gollier, in Fournes, an einem weißen Tisch – und tut was? Natürlich essen. Der Mensch hat immer zuviel gefuttert und sein Blut dick werden lassen. Da kommt eine englische Riesengranate, fetzt hart neben ihm ein vier Meter breites Loch in den Boden, schmeißt ihn selbst vom Rand der Grube mitsamt dem Tischchen und der gebratenen Ente über Gartenmauer und Holzschuppen auf die Straße. Der Ente hat's nichts getan, die war eh' schon tot, aber ihm, sehen Sie, hat's auch nicht geschadet. Geschadet hat ihm erst die zwanzigjährige Phryne. Die war unbekömmlich.» Er kichert lautlos.

Funk erhebt sich vom Boden und meldet, sämtliche Löcher seien verstopft.

Der Stabsarzt beachtet das nicht. Er sagt in verändertem Ton: «Ja, und noch was. Also, Schluß mit diesem Nohl. Was anderes: Der

Unteroffizier Bart, der Medizinersäugling, kommt in die Heimat zur Fortsetzung seiner Studien. Diese Kerle werden jetzt in beschleunigter Karriere Feldunterärzte. Das mag ein feines Material abgeben. Bisher hat Bart die Schriftwechsel mit den Bataillonen und dem Regiment und die Meldungen an die Division erledigt. Die Feldwebel, der Asam und der Fähnlein und gar der Malz – die können kaum ihre Namen richtig hinschmieren, die sind unmöglich, die kann ich nicht brauchen für den ganzen Zimt. Da werden Sie, Funk, diese Tätigkeit jetzt übernehmen.»

«Zu Befehl, Herr Stabsarzt», sagt Funk starr.

«Da kommt der Jean mit Atzung. Funk, setzen Sie sich her, es reicht für zwei Krieger.»

Funk gehorcht. Nach dem Abendessen wird der Stabsarzt erst recht gesprächig. Die Nacht bleibt ruhig, keine Verwundeten kommen, es gibt nichts zu tun. Lipp scheint Müdigkeit nicht zukennen, er langweilt Funk mit Reden über Literatur, über Theodor Körner und Jeremias Gotthelf bis zum Umsinken.

Funk hält sich krampfhaft den Schlaf vom Leibe. Gegen Morgen wird er entlassen.

14

Am frühen Vormittag – die Leute schlafen noch, sie schlafen in ruhigen Zeiten fast unausgesetzt, wenn sie nicht gerade essen – schleicht Lipp in den Mannschaftsställen umher. Er ist rücksichtsvoll, er bewegt sich leise. Will er die Krankenträger nicht wecken?

Er langweilt sich. Mit einer Gerte in der Hand schnüffelt er umher. In den Kojen liegen die Übermüdeten und schnarchen mit offenem Mund. Wo der Mund nicht offen ist, tut's auch die Nase. Lipp fährt mit dem Steckchen in die Öffnungen und kitzelt darin herum; er verursacht Geniese, Gehuste und Gewürg. Seine Erfolge, scharf von ihm beobachtet, freuen ihn. Keiner wird ganz wach, sie wenden sich murmelnd, murrend, mit den schweren Händen abwehrend, aus dem Bereich der Belästigungen. Aber einer ist da, der stellt sich nur schlafend und schlaftrunken. Er gesteht es später den Kameraden. Er benutzt den erheuchelten Zustand, um den Vorgesetzten zu beschimpfen.

«Geh», sagt er mit verstellter Zunge. «Kruzitürken, lass' mir mei Ruh', Drecksau, mistige!»

Der Stabsarzt krümmt sich in lautlosem Gelächter; er versteckt sich; am Ende wird der Schläfer ganz wach?

Aber der beruhigt sich wieder. Und Lipp beginnt bei diesem besonders ergiebigen Objekt von neuem. Da taumelt jener hoch, reibt sich die Augen, schreit: «Aber jetzt kriegst eine Watschen, Viechkerl, daß d' an der Wand kleben bleibst!» Er stiert auf Lipp in gemachter Desorientiertheit.

«Was sagst du?» beginnt der Arzt in einem untrennbaren Gemisch von Spott und Vorgesetztenstrenge. «Zu deinem Stabsarzt sagst du Drecksau? Was fallt denn dir ein? Dich lass' ich ins Loch werfen!» Inneres Lachen kann er kaum mehr bändigen.

Der Soldat springt hoch. Er steht stramm. Aber er vermag Hohn und Genugtuung nicht aus der Stimme wegzubannen: «Verzeihung, Herr Stabsarzt, ich habe Herrn Stabsarzt nicht gleich erkannt. Ich hab' gemeint, es ist der Richter.»

«Schon gut», sagt Lipp eisig, plötzlich ganz Distanz und düster grübelnd in einem aufkeimenden Haß gegen den Mann. Er spürt, daß hier er der schlimmer zum Narren Gehaltene ist.

Aus einem mittlerweile wachgewordenen Kreise von Sanitätsleuten entfernt er sich eilig, schweigend und ohne Gruß. Er ruft nur noch zurück: «Funk!» – und Funk, noch todmüde von der langen Nachtsitzung, muß hinter ihm her.

Im Arztunterstand sagt er: «Das ist ein ekelhafter Heimtücker, dieser Pöffel da! Meinen S', er war damisch, oder war er unverschämt, der Hannes?»

Funk beeilt sich zu versichern, der Mann sei gewiß schlafbefangen gewesen.

«Ich kenn' ihn lang'», sagt Lipp sinnend. «Er ist ein verbitterter Mensch. Er ist seit Anfang dabei. Er hat Pech gehabt. Im Herbst vierzehn wird er schwerverwundet – durch einen Unfall: im Ruhequartier läßt beim Putzen der Nebenmann sein unentladenes Gewehr losgehen. Der Schuß schlägt dem Pöffel durch die Brust. Aber er wird völlig wiederhergestellt und kommt wieder ins Feld und macht wieder Dienst. Wär' die Kugel eine englische oder eine französische gewesen, so hätt' er längst das Eiserne Kreuz. Das wurmt ihn.»

Zum erstenmal in den Gesprächen mit Lipp horcht Funk auf. «Und weshalb hat er es nicht bekommen?»

«Das begreifen Sie nicht?» fragt Lipp unwillig. «Hier handelt sich's doch nur um ein Unglück. Ebensogut hätte er von einer Leiter fallen oder einen Schuhnagel mit dem Essen verschlucken können. Dafür wird man nicht dekoriert. Wo sollte sonst haltgemacht werden? Weshalb dann nicht auch Blinddarmoperierte oder Furunkelmatadore auszeichnen?»

«Die gehörten freilich alle ausgezeichnet», sagt Funk halblaut.

«Aber Sie sind gut!» gröhlt der Stabsarzt. «Wo bleibt dann der Begriff des Helden?»

«Ja, – wo bleibt der?» erwidert Funk.

Lipp ist baff. «Erlauben Sie, ich selber habe um den Sanitätsorden eingegeben.»

Funk hat schon gemerkt, man kann manches riskieren. «Ich habe die Leistungen des Herrn Stabsarztes selbstverständlich nicht in Frage ziehen wollen», entschuldigt er sich kühl.

«Wieso ist auf einmal von mir die Rede! Ich muß schon sagen …!» schreit Lipp.

Funk beschwichtigt: «Wir sind über den Begriff des Helden auf Persönliches gekommen. Übrigens nicht durch mich, Herr Stabsarzt. Der heutige Held – erleidet er nicht sozusagen immer nur Unfälle? Wenn ich in die Stellung gehe und heil zurückkomme – habe ich Glück gehabt so, wie der Pöffel damals Pech gehabt hat.»

Der Stabsarzt spricht überlegen durch die Hakennase: «Sie sind ein Jesuit, Funk. Ein Sophist, scheint mir. Es bleibt doch immer der Wille zur Leistung – bei denen, die belohnt werden sollen.»

«Nehmen wir's an, Herr Stabsarzt. Aber der Wille zur Leistung war beim Pöffel und bei jedem hier draußen – der Wille, Soldat zu sein, die Bereitschaft, Soldatisches auf sich zu nehmen. Diese Bereitschaft dann in Einzelheiten zu zerlegen, von denen die eine als heldisch, die andere als profan angesprochen wird, geht nicht an.»

«Haben Sie Philosophie studiert, Funk?»

«Nein, ein paar Semester Jus.»

«Gottlob. Sie müßten sich sonst von ihrem Professor das Lehrgeld wieder herausgeben lassen. Sie treiben Silbenstecherei. Nichts können wir im Augenblick weniger gebrauchen als theoretisches Gestrüpp. Ich, sehen Sie – ich arbeite praktisch, und zwar gegen ganz reales Gestrüpp. Haben S' schon was von meinen Gärten in Fournes gehört?»

Funk bejaht aufatmend. Ihm ist es recht, daß abgeschwenkt wird ins Alltägliche.

Lipp kommt hervor aus dem großen Polstersessel, er durchwandert seinen Unterstand, er geht federnd um sein Bett herum, das mitten im Wege steht mitsamt den vier Feldkesseln. Er belebt sich, sein Faunsgesicht beginnt stolz zu grinsen, er reitet sein Steckenpferd in allen Gangarten: «Die Gärten werden Sie ja selber bald kennenlernen. Das heißt, in dieser Jahreszeit ist nicht viel los, ich zieh' nur einiges in Glashäusern, die geheizt werden – jawohl, das hab' ich zuwege gebracht! Aber im vergangenen Sommer und vor einem Monat noch hätten Sie sehen sollen, was alles unter meiner Hand gewachsen ist. – Ich weiß schon: von gewisser Seite her heißt es, ich kümmere mich nicht genügend um den Hannes, wenn er krank ist. Alles Unsinn, zum Beispiel diese Furunkelbehandlung. Man kann mir nicht zumuten, daß ich die Tage damit verbringe, Abszesse wie meine Erdbeeren zum Reifen zu verlocken, sie dann liebevoll zu öffnen und den Eiterbaz zärtlich in Wattebäuschchen zu drücken. Wie mich's ankotzt, das ehrgeizige Getue der Herren Kollegen: der eine brennt sie aus, seine verehrten Furunkel – no, der ist ja jetzt erledigt –, der andere umwickelt seine angebeteten, der dritte hat mal was gehört von Höhensonne und läßt die ramponierten Haxen in die frische Luft betten. Alles Mist – wenn sie Spinnweben darüber breiten, ist für den Verlauf schließlich auch etwas getan. – Wer aber tut wirklich was für den Gesundheitszustand der Truppe? Schauen Sie, ich, Funk! Die ganzen Stoffwechselkrankheiten, mit denen wir zu kämpfen haben, rühren daher, daß der Soldat sich egal Büchsenfleisch in den Wanst schlagen muß und kein frisches Gemüse zu kauen kriegt. Wer baut Gemüse an, unermüdlich, Tag und Nacht? Ich.»

«Herr Stabsarzt liefern an die Feldküchen?»

«An die – vorerst in der Hauptsache an die Stäbe. Es ist nicht leicht, ausreichende Quantitäten zu erzeugen. Dem Feldlazarett habe ich übrigens Obst hintergeschickt, jawohl, Waschkörbe voll Ananaserdbeeren.»

Funk erinnert sich, von den Erdbeerfeldern des Stabsarztes gehört zu haben. Ein Lazarettsoldat ist eines Tages aus irgendeinem Grund nach vorn gekommen und hat den Krankenträgern erzählt: «Ihr könnt euerm Ober sagen: bis seine Erdbeeren hinten bei uns angekommen sind, war die Hälfte weggestohlen und der Rest ein matschiger Brei, der in die Latrine geschütt' worden ist.» – Funk sieht den Arzt grübelnd an, er hat Lust zu reden, aber er findet die Form nicht. Lipp hat ein gutes Witterungsvermögen. Er spürt, daß etwas nicht in Ordnung ist. Plötzlich schickt er Funk fort: er müsse Briefe schreiben. –

Der Tag vergeht, wie sie hier hinzuschwinden pflegen: unendlich langsam, aber auf einmal sind sie doch weg. Eine Art von Zeiteinteilung wird durch die Verwundeten und Toten getroffen, die mit der Trage zu holen sind. Vor oder nach solchem Dienst wird gegessen oder geschlafen, Karten gespielt oder das Hemd nach Läusen durchsucht. Der eine wäscht sich schließlich mal und der andere flickt einen Riß in der Hose. Alle aber langweilen sich, grämen sich, auch wenn sie ausnahmsweise scherzen, sind dumpf nach außen und im Innersten ewig unruhig: wie lange noch –?

Der Abend fällt ein und bringt lebhafteres Feuer da draußen, keinen Kilometer entfernt.

Die Nacht aber bringt ein Ereignis. Die übliche Trage muß hinaus. Vier Mann brechen auf. Sie holen ihren Verwundeten, der eine Halsverletzung hat, ohne daß die große Ader angeschlagen wäre. Aber er kann nur röchelnd Luft einziehen und manchmal scheint er am Ersticken zu sein. Aus einem unförmigen Verband taucht ein von höchster Not gemarterter Schädel.

Auf dem Rückweg – fern schon vom Kampfgraben – an einer Stelle des Laufgrabens, die zu flach ist, ereilt den vorderen Träger ein Hirnschuß, von einem ganz niedrig fliegenden Geschoß. Er schlägt tot zu Boden und über ihn stürzt die Trage, der ganze Transport stürzt zusammen. Auch der hintere Träger rührt sich nicht mehr. Alles liegt in der Finsternis wüst durcheinander – und liegt im Wasser. Die beiden Ablöser suchen entsetzt Ordnung zu schaffen. Sie schütteln die drei Leblosen, der Halsdurchschossene rührt sich. Sie zerren ihn wieder auf die Bahre, aber sie können nicht weiter mit ihr, denn eine Stange ist zersplittert.

So rennen sie, um Hilfe zu holen, auf den Verbandplatz und alarmieren dort. Wie nun drei neue Gruppen hinauskommen, haben sie einen tief Bewußtlosen und zwei Tote zu bergen. Denn auch der mit der Halsverletzung lebt nicht mehr. Er liegt mit dem Gesicht im Wasser. Vielleicht hat er allein weiter wollen, vielleicht ist er dabei von der Bahre gekollert und ertrunken.

Als man dem Stabsarzt meldet, was geschehen ist – er braucht sich um den Bewußtlosen nicht zu kümmern, den hat der Unteroffizier wieder ins Dasein geholt –, sagt er zu Funk mit steifen Raubvogelaugen und heiserer Stimme: «Der Herrgottssakramentskrieg, der ganz elende.» Weiter nichts. Aber er horcht unruhig in die Nacht.

Und hat am nächsten Tag endgültig genug von dieser aufdringlichen Nähe des Krieges und vom Verbandplatz. Er läßt zusammenpacken. Drei jener Feldkessel nimmt er mit. Er verstaut in ihnen handbemalte Porzellanplatten, die er in einem Winkel des Bauerngehöftes aufgestöbert hat, und behängt damit seinen Burschen.

Ehe noch der Arzt, den er an seine Stelle durch Ordonnanz herausbeordert hat, richtig eingetroffen ist, das heißt, sobald er ihn von weitem anmarschieren sieht, rückt er ab, in Begleitung Funks.

15

Ein Wechsel zieht den anderen nach sich. Auch der Kommandeur hat genug. Aber er geht nicht in den Tod wie Dr. Nohl, er geht auf irgendeinen Posten der Etappe. Das ist das Richtige, nicht die Heimat; in der Etappe bekommt man weiter Kriegslöhne und lebt doch als Herrgott in Belgien.

Zwar hier in Fournes hat er ja auch nicht schlecht gelebt, der Oberst Lang. Die weiße Gartenvilla ist gut erhalten, in der er mit seinem Stab gehaust hat. Die läuferbelegten Treppen, die teppichbelegten Zimmer sind schön durchheizt, man kann von üppigem Hausrat und von Vornehmheit reden, ohne die völlig ausgeraubten, verlotterten, selbst der Holzböden entkleideten Häuser gleich nebenan, die zu Truppenunterkünften dienen, als Vergleich heranzuziehen. Ihnen fehlen manchmal sogar weggestohlen die Türen, mit denen man Feuer gemacht hat; da und dort angeschossen, sind sie zugig; die Decke ist durchgebrochen und der Bruch kümmerlich mit Holzwolle verstopft. Düster ist es, denn fehlende Scheiben sind durch Pappdeckel ersetzt. Gewiß sind bei Beschießungen auch in der Villa des Kommandeurs Fenster zerplatzt, aber man hat sich dort besser zu helfen gewußt: man hat eben neues Glas aus den Häusern geholt, die dann mit Pappdeckeln «verglast» worden sind.

Das wäre das wenigste, Oberst Lang war unbeliebt aus anderen Gründen. Die unverschämt bessere Lebensführung des Offiziers hat der deutsche Soldat lange geduldet, ohne aufzumucken. Er mußte erst ganz erschöpft und ausgeplündert sein, ehe er deutlich begriff, welche Dreistigkeit, welcher Hochmut, welch unkameradschaftliche Gier darin lag, selber gebratenes Fleisch vom weißen Teller zu essen und den anderen Rübenmarmelade aus dem Blech des Feldkessels futtern zu lassen – den anderen, der körperlich die größere Leistung vollbrachte und die kräftigste Nahrung verdient hätte.

Lang blieb also nicht deshalb ohne Sympathieen, weil er lebte im Rahmen eines herrschaftlichen Bürgerhauses. Sondern es wurde mehr und mehr abfällig gesprochen unter den Leuten, weil er als Feigling galt. Keiner gebrauchte den Ausdruck Feigling, nicht einmal in Gedanken. Aber nichts schadete ihm so wie das, daß er nie in die vorderste Linie ging. Niemals, auch in den ruhigsten Zeiten, an harmlosesten Tagen nicht. Er besuchte nicht einmal die Regimentsbefehlsstelle, die immer noch einen guten Kilometer hinter dem Kampfgraben lag. Er drang über Fournes hinaus nach vorn nicht vor.

Er ging umher in den Quartieren. Er beanstandete, wenn ein Gewehr nicht ausgerichtet an der Wand hing, wenn ein Feldkessel ohne Deckel da stand oder mit ungleich dicken Riemen an den Tornister geschnallt war. Er ritt in die Ruheunterkünfte, die rückwärtig gelegenen. Er hielt jeden zweiten Mann auf der Straße an: ein Knopf war nicht fest genug genäht, die Achselklappe saß schief, die verhaßte Halsbinde fehlte gar ganz.

Er machte nicht Krach. Sein brutales Bulldoggengesicht auf untersetzter Gestalt musterte kalt den Untergebenen, das vorquellende Auge nagelte sachlich die kleine Verfehlung fest, er kommandierte halblaut und rostig: «Wie heißen Sie? Welche Kompagnie? Vorname? Sie merke ich mir. Sie melden sich bei Ihrem Feldwebel und beantragen selber Ihre Bestrafung. Abtreten. Das weitere wird durch mich veranlaßt.»

Er soll eines Tages an den Unrechten geraten sein. Er ging selten ohne Adjutanten, damals tat er es. Und hatte obendrein das Unglück, weit und breit keinen zu entdecken, der ihm hätte Zeuge für die Unbotmäßigkeit des Soldaten sein können. Sonst hätte der

Rabiate wohl auch geschwiegen, so aber will er gesagt haben: «Dir schlagen wir eines Tages den Schädel ein! Geh lieber in die Stellung, statt die zu kuranzen, die müd und elend aus ihr kommen. Freunderl, merk dir's, es geht nimmer lang so weiter.»

Es ging nicht weiter. Er scheint es selber eingesehen zu haben. Und da kam ihm der gute Gedanke mit dem alten Leberleiden und mit der Etappe, für die er sich noch frisch genug fühlte. –

Sein Nachfolger ist der eine Bataillonsführer. Er wird erst mal stellvertretend ernannt. Ein Notbehelf. Wo soll man die neuen Truppenkommandeure hernehmen, die man braucht, weil immer mehr Stellen leer werden, denn die Tendenz, abzutreten, wird bei der Länge des Krieges wachsend deutlich. Die Herren sagen sich nämlich: haben wir es nötig, bei der Truppe ein doch nicht so ganz bequemes Leben endlos zu führen? Es finden sich unschwer Situationen, die angenehmer sind und in denen man nach seinen kriegerischen Leistungen Atem schöpfen kann.

Der Stellvertretende, Oberstleutnant von Pummer, ist ganz anders als sein Vorgänger. Die Leute mögen ihn. Er ist «ein Viech mit Haxen», ein schneidiger Kerl, ein Saufaus, ein Witzbold. – Er hat etwas vom alten Knaben. Ehemals aktiv, ist er seinerzeit als Major abgesägt worden, mangels höherer militärischer Begabung. Zu Kriegsbeginn, nach langen Jahren grauen Zivils, ist er sofort mit Begeisterung in die spiegelnden Reitstiefel wieder hineingesprungen.

Er reitet übrigens schlecht, aber dafür kühn. Seine sehnige, zähe Figur zappelt mehr, als daß sie ihre noch jugendlichen Fähigkeiten voll ausnützte. Sein energisch erscheinendes, gutartiges Soldatengesicht verrät den Trinker. Die Nase ist blaurot geädert, die stahlblauen, scharf zu blicken gewohnten, schnellen Augen sind gern ein wenig blutgerändert. Unter dem grauen Schnauzbart sitzt ein wohlgeformter Mund mit roten Lippen und schönen Zähnen.

Er trifft, die zerknitterte Feldmütze keck auf dem Ohr, mit der Reitpeische an den Stiefelschaft klappend, vor der Tür seiner Kanzlei den Krankenträger Funk, der, von Schreibstube zu Schreibstube eilend, sich um Berge von Meldungen, Anordnungen, täglichen, fünftägigen, zehntägigen Rapporten, um Berechnungen, Anforderungen und Überweisungen zu kümmern hat.

Funk steht, Papiere an die Hosennaht gepreßt, und wartet das Vorüberschreiten des Gewalthabers ab. Dessen Blick, geübt, in

Hunderte von Männergesichtern zu spähen, ist hier festgehalten und neugierig gemacht. «Wer sind Sie?» fragt er fast im Gesellschaftston.

Funk nennt das Nötige.

«Aha, der Neue, der für den Herrn Regimentsarzt Kanzleidienst versieht. Wir sind beide noch nicht lang auf unseren Posten, aber wir bemühen uns, nicht wahr, sie bis zum letzten auszufüllen.»

Funk beteuert es hastig.

«Ihnen wird's nicht leicht fallen, das Genaue und Exakte im Schriftwechsel. Ich weiß, daß Sie Dichter sind, ein phantastischer obendrein. Ich hab' nämlich mal ein Buch von Ihnen gelesen – halt' ich Sie auf? – es hat geheißen ‹An der Schattengrenze› oder ‹Grenzerschatten› oder so ähnlich. Ein grausliches Zeug – pardon, ich mein': das Grausen überläuft einen, aber höchst künstlerisch. Halt' ich Sie auf, wartet der Herr Regimentsarzt auf Sie? Wo müssen S' denn hin?»

«Ins Revier zurück, Herr Oberstleutnant.»

«Brav, da geh' ich mit, ich hab' schon lang a mal hinüberschaun wollen.»

Sie wandern mitsammen durch die Dorfstraße. Pummer plaudert lebhaft. Er schiebt den Arm halb unter den des Krankenträgers. Leute, die ihnen begegnen, grüßen mit erstaunten Augen.

Der Oberstleutnant wiederholt bewundernd: «Wie ma nur so was schreiben kann! Jetzt verraten S' mir bloß, wo Sie's hernehmen.»

Funk windet sich innerlich. Wie soll man einem Oberstleutnant dichterische Prozesse, von denen man selbst kaum etwas ahnt, klarmachen? «Die Sachen sind mir halt so eingefallen.»

«Mir fallt nix ein. Warum denn net? Warum jetzt grad' Ihnen – und mir net? Ich bin doch geistig auch rege, aber daß ich auf so grausliche G'schichten käm' –» Er schüttelt den Kopf und scheint für den Augenblick in Nachdenken zu versinken.

Was ihn nicht hindert, einen Mann weit über die Straße zu erspähen und durch Geschrei an die Stelle zu bannen: «He, Sie, vielleicht haben S' die Güte, Ihr Hosentürl zuzuknöpfen! Ihr lauft nächstens noch nacket am Kommandeur vorbei!»

Der Mann bringt sich eilig in Ordnung und steht dann wie ein Baum.

«Ein solcher Lackel, was, Funk! – Aber gehen wir dort hinüber, sonst sieht er noch, daß ich lachen muß, und die ganze erzieherische

Wirkung ist hin. – Sie könnten sich übrigens auch ein bisserl besser halten. Sind S' so freundlich und machen S' keinen solchen Buckel. Sie sind jetzt beim Militär und nicht auf dem Parnaß.»

Man ist angekommen bei den Kranken. Der Oberstleutnant federt sofort in einen Keller hinunter. «Ah, der Feldwebel Asam! Was treiben S' denn? Immer hurtig mit die Salbentöpf', wie? Was fehlt diesem Mann, warum liegt er auf dem Bauch? Abszeß am Hintern, aha. Und der dort, weshalb hustet er? Wie sind denn so die Temperaturen der Leute?»

Asam muß auf zehn Fragen gleichzeitig antworten. Er geht zwischen den Bettgestellen durch mit dem Kommandeur und ersinnt Antworten, daß ihm der Schweiß über die Stirne tropft.

Während einer Pause in dieser Galoppade – Pummer studiert eine Fiebertabelle – winkt er einen Mann herbei und heißt ihn zum Stabsarzt hinüberspritzen: er möcht' gleich kommen, der Herr Kommandeur inspiziert das Revier.

Aber der Stabsarzt ist nicht zu finden. Es werden weitere Boten heimlich in die verschiedensten Richtungen gesprengt.

Der Oberstleutnant hat alles eingehend beäugt und ein paarmal nach Lipp gefragt, als der endlich verzerrten Gesichtes, äußerst unsicher, wie er abschneiden wird, geschmeichelt und gleichzeitig gereizt durch den Besuch, angekeucht kommt.

Aber der Kommandeur ist gerade gegangen.

«Hundswirtschaft!» heult Lipp. «Habe ich nicht befohlen, mich in solchem Fall rechtzeitig zu benachrichtigen!»

«Wir suchen den Herrn Stabsarzt bald eine Stunde», sagt Asam ruhig.

16

Flieger sind über Fournes. Zum erstenmal ist es ein richtiger Haufen. Warnende Signale schallen, aber ist es nicht begreiflich, daß die Leute schnell noch ein wenig dastehen und gaffen, ehe sie Zuflucht unter der Erde suchen? Es ist immer dasselbe, immer diese närrische Zuversicht, diese unausrottbare, die das ganze Dasein des Krieges erst möglich macht: es wird doch nicht ausgerechnet mich treffen!

Einmal bietet er etwas Neues, der Krieg: den Anblick eines Luftgeschwaders. Da muß man dabei sein. «Bomben? Möglich, aber nicht sicher.» – «Na, was denn sonst, sie werden doch nicht vierzehn Mann hoch aufklären wollen.»

In ihren Holzbaracken die Pioniere, die dort nicht im geringsten geschützt wären, sind über Wiesengrund auf dem Wege zum Unterstand, der ihnen zugeteilt ist.

Sie haben ihn erreicht, sie drängen sich am Eingang, dreißig, vierzig Mann – da sirren die ersten Abwürfe. Einer fährt mitten in den dick gedrängten Menschenhaufen. Ins Bellen der Geschütze, die Schrapnells hinaufwerfen, ohne zu schaden, mengt sich vielstimmiges Geheul, brüllendes Geschrei der Getroffenen.

Hinüber ins Revier kommen Verschonte gestürzt und melden das Unheil.

Mit Tragen und Verbandzeug rückt aus, was an Sanitätspersonal da ist. Während auf Fournes die Bomben prasseln, rennen sie dahin: die einzigen, die im Augenblick ganz schutzlos sind. Sie kommen heil hindurch zwischen dem Eisenhagel und beginnen die Arbeit, Unteroffiziere und Träger, indes es schon ruhiger wird und das tödliche Gewitter sich verzieht.

Asam ist am umsichtigsten. Mit versteinter, hochroter Miene tut er keinen Griff, gibt keine Anordnung, die fehl ginge. Fähnlein kämpft mit Nervosität, er ist bleich, aber er bewahrt doch Haltung angesichts des heillosen Geschehnisses. Für Augenblicke steht er und horcht, ob die Flieger etwa zurückkommen – bis er Asams verächtlichen Blick auf sich fühlt. Nur Malz hat kapituliert, statt einen Träger zur Ortskommandantur zu schicken, läuft er selbst, um ins Lazarett nach Automobilen zu telephonieren.

Funk sieht zum erstenmal große Verwundungen in Masse. Einem Pionier ist die Bauchdecke weggenommen. Die Därme quellen hervor, blaugrau, träge sich rührend, als wollten sie über die zerfetzte Uniform davonkriechen. Der Mann liegt auf dem Rücken, er blutet erschreckenderweise kaum. Er sagt nur unablässig mit hoher, entsetzlich kläglicher Stimme: «Hu, mich friert – hu, mich friert!» Er hat den jäh einsetzenden Frost der Schwerverletzten. Er selbst scheint nicht zu merken, daß auch seine eine Hand am Knöchel glatt abgeschlagen ist, sie hängt nur noch an einem Hautstück und baumelt leise mit verkrallten Fingern, denn er hält den Arm im

Ellbogen aufgestützt. Auch hier keine Blutung bei in sich gerollten Adern.

Anderen sind die Arme zerschmettert, die Brüste aufgerissen, die Hälse zerfleischt.

Sie verbinden Zerfetztes und lagern Blutendes und geben Spritzen und haben auch ein knappes Wort der Teilnahme – aber seltsamerweise ist kein Arzt unter ihnen. Wo sind Ärzte? Sie werden gesucht, und es dauert lange, bis einer kommt –: nämlich der Regimentsarzt einer anderen Truppe aus der benachbarten Unterkunft.

Eigentlich ist er überflüssig, denn die Sanitätsmannschaft hat inzwischen getan, was sich tun läßt. Er setzt lediglich einen Tintenstift in Bewegung und unterschreibt Verwundetentäfelchen.

«Was ist das dort? Was fehlt den – eins, zwei, drei, vier – den elf Leuten, die dort in einer Reihe liegen?» fragt er zwinkernd und kurzsichtig.

«Tote, Herr Stabsarzt.»

«Oh sapperlot!» entfährt es dem dicken, derben, streng bebrillten Herrn. Er ist sehr fürs Durchhalten. Im Augenblick sieht er auf eine läppische Weise schuldbewußt aus.

Funk mustert die Leichen, voll neugierigen Grimms. Schau es dir an, das Antlitz des angeblichen Heldentums, das Schandantlitz des Krieges!

Ihm fällt auf, wie aus dem Gesicht des einen, reglos Liegenden die halboffenen Augen plötzlich hinabsinken; ein verblüffender unerklärlicher Vorgang. Da entdeckt er, daß der Hinterkopf in geradezu exakter Weise fortrasiert ist. So haben die Augen keinen Druck mehr nach vorn, keinen Halt – und es ist, als entfernten sie sich nach innen, weg von dem abscheulichen Anblick dieser Welt …

Die Leichen, mit Ordnungssinn in zwei Reihen übereinandergeschichtet, als stünden sie noch im Glied und seien nur nach hinten ins Gras gekippt, haben ausnahmslos schwere Hinterhaupt- und Nackenverletzungen. Von vorne sehen sie ganz manierlich aus. Einer hält die Zigarre zwischen den klammen Fingern; sie schwelt noch.

Sie alle waren in fliehender Geste und abgewandt vom sirrenden Tod, der aus der Luft – eine Botschaft des Himmels – auf sie niederfuhr.

Noch einer ist geflohen, aber erst, als alles vorbei war: ein junger Pionierleutnant. Er hat die Verheerungen gesehen, die der Engländer mit einem «glücklichen» Wurf angerichtet hat – jetzt läuft er.

Läuft, kaum mehr bei rechten Sinnen, in sein Quartier, in einen Winkel des Zimmers, setzt sich nieder und zittert. So findet ihn ein älterer Kamerad, der ihm nachgegangen ist, der das Quartier mit ihm teilt. «Voß, was fehlt Ihnen?»

«Mir? Nichts, ich bin unverwundet», sagt der Junge mit rutschender Stimme und tastet sich ab, als brauche er neuen Beweis.

Der andere Leutnant legt ihm die Hand auf die Schulter und redet ihm zu. «Voß, was ist denn los? Warum sind Sie eigentlich ausgerissen?»

Der junge hat die knabenhafte Stirn in beiden Händen. «Ich – kann das nicht sehen.»

«Was können Sie nicht sehen?»

«Diese – Zerfetzungen», keucht er, als wäre einer hinter ihm her. «Ich habe das nicht – nicht entfernt so erwartet – ich –»

Der ältere versucht ihn mit Humor zu kurieren. «Wie? Sie werden auf einmal zum kleinen Mädchen? Sie gelten doch allgemein und mit Recht als ein sehr schneidiger Kerl.»

Der junge Offizier springt auf, er läuft wankend umher wie im Käfig. «Gerade darum, gerade darum, ich will ja die Schneid' nicht verlieren, nein!»

«Na, und?»

«Ich bin in Gefahr – wahrhaftigen Gotts in Gefahr, nicht mehr mitmachen zu können, wenn ich solch schauerliche Schweinerei sehen muß.»

Er wirft sich aufs Bett und weint durch das Taschentuch in langgezogenen, wimmernden, wütend-verstopften Tönen. Er ist bisher der «Held» gewesen, der aus Mangel an Vorstellungskraft über alle Gefahren hinwegvoltigiert ist. Ihm sind die Augen geöffnet, sein unbedenkliches Abenteurertum wird von nun ab versagen. –

Inzwischen sind auf jenem Wiesengrund in der sanften Mulde die Sanitätsautomobile eingetroffen. Die Opfer werden verladen, einige sind schon in Agonie, viele klagen schrill und unaufhörlich, die Wirkung der Morphiumspritzen läßt schon nach. Den mit dem völlig geöffneten Bauch braucht man nicht mehr mitzunehmen, er ist inzwischen gestorben.

So ist das Dutzend voll, und der fremde Regimentsarzt teilt diese Zahl als erstes dem endlich in Hechtsprüngen querfeldein herbeisetzenden Lipp mit.

Lipp ist grünlich im Gesicht vor Wut, seine gepreßten Lippen schlucken mit Mühe Verwünschungen hinunter. Nichts, gar nichts mehr gibt es für ihn zu tun. Der Fremde hat den letzten Zettel für die Verladenen dort im Sanitätsauto gerade ausgefüllt.

Die beiden Kollegen begrüßen einander, als hätte jeder eine Flasche Essig im Leib.

Lipp muß sich bedanken für die stellvertretende Leistung. Die Zunge gehorcht kaum, und der andere nimmt, offensichtlich befriedigt von der Niederlage des Kollegen und ihn hohnvoll beruhigend, sein Wortgedrechsel und fauchendes Gemecker gelassen entgegen.

Auch der Kommandeur, Herr von Pummer, ist zur Stelle und hat gleich heraus, wie die Dinge liegen. «Herr Stabsarzt, man sieht Sie in letzter Zeit merkwürdig wenig», äußert er anzüglich, und das gibt Lipp fast den Rest. Er kann nur albern husten, zischen und Hacken zusammenschlagen. «Werde mich bemühen, Herr Oberstleutnant!» niest er. «Melde gehorsamst, in Zukunft wird aber zweifellos –»

Der Oberstleutnant nickt und grüßt knapp, schüttelt dem fremden Stabsarzt herzlich die Hand, lobt sehr laut und im Namen des Regimentes sein Einspringen, bittet ihn zu einer Tasse Kaffee und entfernt sich mit ihm.

Wenn ihr nur verrecken wolltet –! denkt Lipp. Meldet der Alte die Geschichte am Ende gar dem Divisionsarzt? Was hätt' ich sagen sollen? Daß ich auch für ihn, diesen Schlemmer, abwesend war?

Denn Lipp, wieder einmal unauffindbar, hat fast außerhalb des Dorfes, und von den Bomben ganz ungeschoren, in einem seiner Keller gesteckt, in denen er Champignons züchtet. Was, den köstlichsten Pilz frisch mitten im Winter – ihn gab er zu kosten auch der Tafel Pummers? Und dies war nun sein Lohn!

Vier solcher Keller unterhielt er: mit abgedichteten Luken. Mit mühevoll hinuntergeschafftem Erdreich und mit Pferdemist. Mit elektrischer Lichtanlage und mit Heizanlage. Mit Erzeugung der richtigen Feuchtigkeit und der richtigen Wärme. Dauernd waren ein paar Krankenträger in diesen künstlich ganz verfinsterten Räumen tätig. Sie durften die Öfen auch nachts nicht ausgehen lassen. Er, Lipp, kontrollierte die Temperaturen seiner Plantagen viel interessierter und genauer als die seiner Kranken. Weihnachten stand vor der Tür, da hoffte er, die erste prächtige reichliche Ernte halten zu können. Ein Heiligabend mit frischen, in Butter gedünsteten Champignons!

Aber für den Augenblick hat er doch andere Sorgen. Als das letzte Sanitätsauto fort ist, geht er mit dem Feldwebel Asam voll Verlangen, furchtbar Gericht zu halten, in einen stillen Winkel des Reviers. «Ein bodenloser Saustall! Ihr seid eine Hundsbande, eine miserable, eine unzuverlässige! Man braucht nur die Nase wegzudrehen, da tut jeder, was er mag. Warum ist niemand – nicht einer! – da von unseren Ärzten? Wo ist Herr Oberarzt Schwan?»

«Im Graben vorn.»

«Im – richtig. Ich frag' nur, weil ich sehen will, ob ihr überhaupt noch was wißt vom ganzen Betrieb oder ob ihr schon vollständig idiotisch geworden seid. Wo sind Feldunterarzt Knapp und Dr. Schreiber?»

«Mit dem Bataillon in Ruhe, hint' in Vavrin.»

«Und wo Dr. Fels?»

«Auf dem Verbandplatz.»

«Ah, schau mal an, daß ihr doch noch ein bisserl was vom Dienst in euren Dreckschädeln drin habt. – Aber wo, frage ich jetzt, steckt dieser Dr. Model, dieser –»

«Hat vom Herrn Stabsarzt für heute Urlaub nach Lille.»

«Hat –? Meinetwegen – obwohl – dann hätte doch für Vertretung – die Unterkunft kann doch nicht einfach ohne Arzt bleiben. Da hätte doch dieser Mensch, der einszweidrei zu den Menschern nach Lille fährt, dafür sorgen müssen, daß ein Ersatz bestellt wird.»

Er stampft umher, langbeinig, daß es dröhnt. Asam steht mit seltsam rotgeschwollenem Kopf. Will er platzen? Lipp bricht von neuem aus: «Warum war keiner da, Herrgottmalefiz! Wer hätte heut' in diesem verschlampten Betrieb Dienst machen müssen?»

«Sie, Herr Stabsarzt!» sagt sehr laut, schreit in strammster Haltung, mit blutgefülltem Schädel der Feldwebel Asam.

Lipp erstarrt. Er wird unheimlich weiß im Gesicht. Dann tobt er los: «Was nehmen Sie sich heraus? Sind Sie übergeschnappt? Sie sind wohl besoffen – Sie – Sie richten sich sofort feldmarschmäßig, Sie setzen Ihren Helm auf, Sie gehen augenblicklich mit mir zum Herrn Kommandeur, ihm werd' ich den unglaublichen Fall vortragen – ganz dienstlich – ich werde strenge Bestrafung beantragen.»

«Recht so, Herr Stabsarzt, da bin ich dabei. Nachha komm' ich endlich furt aus dieser Hundswirtschaft, die niemals nicht klappt, aber net durch meine Schuld! Was i mi schon 'plagt hab' um eine

Ordnung – das ist nimmer zum sagen!» Er hat eine kreischende, schluchzende, durch nichts mehr gehemmte Stimme – die des Untergebenen, der im tiefsten spürt, wie schmählich er mißhandelt wird.

Sie toben beide im Saal umher, der Steinboden hallt unter ihren Stiefeln, der eine aschfahl, der andere purpurfarben: so pendeln sie aneinander vorbei.

«Hier in fünf Minuten!» schreit Lipp und stürzt von dannen. –

Er kehrt zurück in Feldbinde und Helm. Asam, ähnlich aufgeputzt, wartet schon geraume Zeit. Lipp kommt schleppend, wie schlafbefangen, zur Tür herein. Er scheint zäh in Gedanken verstrickt, er tastet mit den Raubvogelaugen die Wand ab, er sieht den Feldwebel gar nicht. – «Asam!»

Nach einer Pause eine leidlich normale Stimme: «Herr Stabsarzt?»

«Wir sind beide – mordsmäßig erregt gewesen. Ich will Ihnen die einwandfreie bisherige Führung zugute halten. Ich sehe von einer Anzeige ab.» Schärfer, schon wieder gereizt: «Ich möchte aber damit nicht mißverstanden werden. Sie bilden sich hoffentlich nicht ein, daß ich Sie fürchte, oder daß Sie unersetzlich sind.»

Schweigen. – Auf einmal hat der Feldwebel eines bockbeinigen Kindes Mienen, die weich zu werden beginnen.

«Asam, geben Sie mir die Hand.»

Es geschieht. In den Gesichtern der Männer keimt ein Lächeln auf, ein armseliges, nichtsnutziges, ungutes. Aber sie wissen es nicht.

17

Der Winter ist vorbei. Der Frühling kommt schnell in Frankreich, auch im Norden. Es gibt schon so sanfte, sammetweiche Tage, daß die zunehmende Bösartigkeit der Kampfhandlungen, «der auffrischende Geist», immer unverständlicher wird.

Lipp hat sich mit dem Kommandeur wieder ausgesöhnt. Er hat lange, kalte, schneereiche Januarnächte an lodernden Kaminen der weißen Villa mit ihm durchsoffen. Ein als Gesellschafter überall beliebter Arzt von der Schipperabteilung, die in der Nähe von Fournes Stellungen ausbaut, ein schnapsfester Preuße, hat den Bayern was Neues beigebracht. Er ist zum Budenzauber in der weißen

Villa zugezogen worden und hat seine Gastgeber gelehrt, «einen halben Meter zu trinken», «einen oder anderthalb Meter zu trinken». Die geheimnisvolle Ausdrucksweise bestaunte man zuerst, dann erlag man ihrem Sinn enthusiastisch: die vom einzelnen geleerten Schnapsgläser wurden nebeneinandergestellt in eine Linie und dann gemessen. Der Arzt von den Schippern siegte immer; einmal war ihm der Oberstleutnant hart auf den Fersen, aber mit zwei Metern acht Zentimetern ging der andere schließlich durchs Ziel.

Lipp mochte und vertrug keinen Alkohol, er haßte diese Abende, schimpfte furchtbar zu Funk darüber – und umwedelte an ihnen meckernd den Kommandeur. Wenn er gegen Morgen heimkam, riß er randalierend aus allen Taschen Sacktücher, die er vorsorglich mitgenommen, und in die er heimlich die unverschluckten Schnäpse gespieen hatte, mit denen er dem Oberstleutnant hätte Bescheid geben müssen.

Er weckte Funk und berichtete ihm, voll von Wut und Mitteilungsbedürfnis, «diese blöden Saufereien».

Es war ihm nicht schwer gemacht, Funk aus dem Schlaf zu reißen, denn er hatte ihn in einem Kämmerchen neben seinem Zimmer einquartiert.

Das schuf unter dem Mantel der Vergünstigung, der besseren Unterkunftsbeschaffung bequeme Gelegenheit, ihn jederzeit unbedenklich auszunützen – ja, zu schikanieren.

Funk dachte manchmal in kalter Verzweiflung: ich hätte den Kerl seinerzeit doch mit dem Armeerevolver über den Haufen schießen sollen. – Er mußte stundenlang vorlesen, Zeug, das ihn gräßlich langweilte: «Wanderungen durch Sachsen» von Gottlieb Möhrchen. So, wie der Mann hieß, war das dicke Buch. Oft schlief der Stabsarzt ein, dann wagte Funk zuerst nicht aufzuhören, weil er ja keinen Befehl aufzuhören bekam. Aber wer hätte ihn geben sollen? So endigte er schließlich doch. Sowie er schwieg, wurde Lipp unter den veränderten akustischen Verhältnissen halb wach, krähte verstopft und herrisch durch die Nase: «Ja –? also –? Bitte, nur fortzufahren!» – und Funk las wieder. In der Folge, um nicht toll zu werden vor Ödheit, experimentierte er. Sobald er an den tiefen Atemzügen Lipps erkannte, wie es stand, las er dieselbe Seite zwei-, vier-, zehnmal. Dann ging er, im Ton des Lesenden, dazu über, sinnlose Sätze aneinanderzureihen – wie sie ihm gerade einfielen. Schließlich klappte er das Buch sachte zu und redete mit Lipp, machte ihm Vorhaltungen, verdammte ihn, belegte ihn mit einer Kette von Scheltnamen, immer mit der eintönigen Stimme des Vortragenden. Er lernte es dann, sein Organ zu dämpfen, bis es erstarb. An den allmählichen Übergang in die Stille gewöhnte sich das Ohr des Schlafenden, ohne daß ein Weckreiz sich einstellte. Funk saß noch eine Weile beim geisterhaft wehenden Flämmchen der Kerze, dann schlich er zu seiner Matratze.

Aber diese stillen Siege über den Stabsarzt kamen ihn teuer zu stehen. Am nächsten Morgen taumelte Lipp aus einem miserablen, sitzend absolvierten Schlummer: der Kragen hatte ihm fast den Hals durchgesägt, die auf den Tisch gestützten Arme waren wie abgeschnürt, die Beine eiskalt. Schuld an dem Zustand, der den ganzen Tag verdarb, war natürlich Funk.

So zog es der in der Folge wieder vor, zu lesen und zu lesen, bis Lipp gähnte: «Also – was, Funk – gehen wir schlafen ... Und morgen um fünf Uhr früh – gell – den Kaffee!»

Er hatte herausbekommen, daß Funk besseren Kaffee kochte als sein Bursche, der faul und gerissen war und es verstand, viele seiner Obliegenheiten auf Funk abzuschieben.

Der stand also denn um vier Uhr auf, suchte Holz zusammen, mahlte die Bohnen, braute Kaffee in der Revierküche und trug ihn durch noch stockdüstere Nacht hinüber zum Stabsarzt, brachte auch dort den Kamin in Brand, setzte an eine gute Stelle die Blechkanne mit der braunen Brühe, damit sie warm bleibe, und wartete.

Lipp schlief um sechs Uhr noch, um sieben und auch um neun. Gegen zehn ward er munter und brauchte nun vor allem warmes Waschwasser. Sein Bursche Reisling ließ sich nicht blicken. Er hatte einmal gegen acht herübergeschaut, alles in Ordnung befunden und sich in seinem Stall wieder aufs Ohr gelegt. Funk besorgte heißes Wasser.

Es ward unter Gemurr «kochend» befunden, es mußte auskühlen. Über dem kam Lipp ins Reden; nun war das Wasser wieder zu kalt und mußte von neuem erwärmt werden.

Daß Funk dann am Frühstück teilnehmen durfte und einen Brokken vom Offiziersweißbrot mit Butter bekam, war eine Auszeichnung, die er knirschend verwünschte und hinabwürgte.

Unterm Kaffeetrinken wurde weiter geschwatzt, prophezeit und gedeutet von seiten Lipps. Die Revierstunde drüben beim zornkochenden Asam fand gegen ein Uhr statt – zu einer Zeit, zu der die Leute schon ihr Mittagessen hätten bekommen sollen und mit knurrenden Mägen herumstanden.

Aber im Frühling war mit dem Stabsarzt etwas besser auszukommen. Lipp zeigte sich aufgekratzt, er war aus der Rolle des stellvertretenden – ebenso wie der Oberstleutnant – in der des endgültigen Häuptlings gelandet, er zog auf den Froschfang mit einem Stab von Krankenträgern und erbeutete kübelweise die zarten Schenkelchen. Er ließ im Mai mit Hilfe der Feuerleiter die Spatzennester des ganzen Dorfes durchsuchen, die gerade flüggereifen Jungen ausnehmen und abkrageln. Er leitete die Prozedur des Zurichtens, er half selbst mit seinem medizinischen Taschenbesteck dabei, die Vögelchen zu öffnen und bratfertig zu machen. Dann lud er einige Herren – übrigens auch Funk – zum großen Spatzenschmaus ein.

Aber dann fällt wieder ein schwarzer Tag in den Maienzauber: der Divisionsarzt ruft aus heiterem Himmel an und will Lipp am Telephon wissen.

Lipp flüchtet vorerst. Er galoppiert zu Funk und keucht: «Sie, Herrschaftszeiten! der Divisionsarzt hat angerufen! Gehn S' sofort mit, marschmarsch, weiß der Henker, was der Hammel alles von mir wissen will!»

Sie jagen gemeinsam davon. Lipp steht endlich dem vorgesetzten Arzt an der Strippe zur Verfügung und macht in den Apparat hinein seine Verbeugungen. Dann aber erstarrt er, horcht – und zischt Funk zu: «Er quatscht vom zehntägigen Rapport. Wieso wir unter der Rubrik ‹Ägyptische Augenkrankheit› eine Eintragung haben …»

Funk zuckt die Achseln und schüttelt den Kopf – er sieht Schlimmes herannahen. Er hört Lipp sprechen: «Nein, Herr Divisionsarzt – unmöglich – keine ägyptische –»

Funk bläst ein: «Verwechslung.»

«Lediglich eine Verwechslung! Herr Oberstabsarzt können ganz beruhigt sein, eine unverzeihliche Schlamperei meines Personals – – wie? gewiß, auch mich trifft einige Schuld – – große Schuld, wie Herr Divisionsarzt meinen; es wird bestimmt nicht wieder vorkommen – nein, nur harmlose Bindehautentzündungen – –»

Fauchend zu Funk: «Wie der Krankenstand ist –?»

«Befriedigend; sieben Atmung, neun Haut, neun Darm.»

«Durchaus befriedigend, Herr Divisionsarzt. Wir behandeln zur Zeit lediglich sieben Erkrankungen der Atmungsorgane, neunmal

Furunkulose und kleine Abszesse und ebensoviel leichte Darmaffektionen. Das wäre so ziemlich alles – –»

Zu Funk: «‹so ziemlich› paßt ihm nicht – was noch?»

«Zweimal Nagel, zweimal Rheuma.»

«Ja – bitte gehorsamst, Herr Divisionsarzt, zwei Panaritien wären noch zu nennen und zwei Leute mit rheumatischen Erscheinungen, aber da weiß man nie recht, ob nicht Simulation – ich werde genauestens beobachten – – empfehle mich untertänigst, Herr Oberstabsarzt ...»

Die Audienz ist zu Ende. Lipp reißt die Mütze vom Schädel und wischt mit einem Hemd, das frisch gewaschen gerade in seiner Nähe liegt, über die nassen Haare.

«Funk», sagt er langsam, mit einem Blick, der den anderen morden soll, «wissen Sie, was Sie angestellt haben mit Ihrer verwechselten Rubrik? Die ägyptische Augenkrankheit ist eine höchst ansteckende gefährliche Sache. Sie haben den ganzen Divisionsstab mit Ihrer Falschmeldung in größte Sorge versetzt. Sie sind ein – ein undankbarer, unmöglicher Mensch. Mich so zu blamieren!» Schreiend: «Das kann mich einen Punkt in der Konduite kosten. Daß man sich auf niemanden verlassen kann! Alles – jeden Scheißdreck – müßte man selber drehen! Wozu habe ich Sie aus dem Graben auf das Pöstchen geholt? Damit Sie mich ruinieren!!» Noch lauter kläffend: «Wieso übrigens das Rindvieh hinten einen Augenblick im Ernste denken kann, bei uns sei plötzlich die ägyptische Augenkrankheit ausgebrochen, das ist mir unerfindlich.»

Funk will erst gar nichts sagen, aber dann juckt und brennt es ihn doch: «Herr Stabsarzt haben jenen Truppenkrankenrapport unterschrieben; hätten Herr Stabsarzt nur mit einem Blick die Rubriken kontrolliert –»

Aber Lipp unterbricht ihn: «Halt's Maul! Ich will nichts mehr hören, sonst krepier' ich!» und jagt von dannen.

Es ist ihm nicht vergönnt, wieder in richtige Ruhe zu kommen. In der Nacht werden Funk und er geweckt durch ein Bellen und Geböller in der Luft, das zunimmt. Artillerie auf beiden Seiten im Regimentsabschnitt wird lebhaft wie seit langem nicht.

Jedenfalls hat es da draußen, seit Lipp Regimentsarzt ist, noch nie so spektakelt.

Er haut mit den Fäusten an Funks Tür: «Aufstehen! Sofort anziehen!»

Funk gehorcht und erscheint. Lipp ist wachsgelb im gelben Licht sämtlicher Kerzen, die er besitzt und angebrannt hat. «Hören Sie nix? Mir scheint, Sie hören net gut!»

«Ich höre, Herr Stabsarzt.»

«Reden S' net so gespreizt. Wenn Sie hören, dann dürften Sie auch wissen, was vor sich geht. Das ist der Angriff! Die Engländer kommen!»

«Es könnt' auch lediglich ein Artilleriegefecht sein und Nervosität auf beiden Seiten. Für Trommelfeuer der Engländer scheint es doch zu schwach.»

«Zu schwach, Herr Stratege! Haben Sie Harz in den Ohrwascheln? Merken Sie nicht, wie's minütlich zunimmt? Das ist der Angriff, lang genug warten wir auf ihn.»

Er springt ruckweise durchs kleine Zimmer. Er schnallt das Dolchmesser um, die Pistole. Der Gurt reißt. Er flucht. Er versucht ihn mit fliegenden Händen zu flicken – und feuert ihn in die Ecke. Die Waffe steckt er in den Hosensack.

Er setzt den Helm auf, er befiehlt: «Machen Sie sich fertig. Angriff! Wo haben Sie Ihren Helm?»

«Weiß nicht, wo er geblieben ist. Er muß gestohlen worden sein.»

«Nachha halten S' Ihren Deetz nacket ins Feuer, von mir aus.» Er rast um den Tisch wie ein wildes Tier, aufgelöst, unfähig zu denken. «Wenn der Regimentsstab die Befehlsstelle bezieht, gehe ich auch hinaus. Früher nicht. Keine Minute früher, ich werde mich hüten! – Laufen Sie, alle Leute drüben im Revier sollen sich fertigmachen. Ich komm gleich nach und sortiere die Kranken. Die ganz leichten zur Truppe, die schwereren zurück in die Lazarette!»

Funk läuft. Als er auf der Treppe ist, fängt ein verspätetes deutsches Geschütz, am Ortsausgang postiert, plötzlich zu donnern an.

Es ist eine pechschwarze Nacht. Es rieselt. Ins Dorf fällt kein Schuß, aber als er dort querüber will, wo er die Straße vermutet, hört er Gerassel und rasenden Hufschlag anbrausen.

Er sieht gar nichts, aber er weiß: es klötern so nur die Feldküchen. Sie haben Menage hinausgefahren, sie kommen von draußen zurück – offenbar mit Gäulen, die scheu geworden sind durch das nahe Geschützfeuer.

Funk drückt sich an eine Steinwand ... dicht neben ihm schnaubt es, Raddrehungen jagen knirschend in Zentimeternähe vorbei, er spürt fegende Luft, hört Riemenzeug, Nüstern, klatschendes Leder, als wolle das alles durch ihn hindurch …

Gerät er darunter? Wird er gestreift, zu Boden und hineingerissen?

Er kann nur warten … Er sieht nichts … Er sieht alles riesengroß im gepeinigten Hirn …

Es geht vorbei. Es wird ruhig. Werden nicht auch die Geschütze schon ruhiger? Funk tastet sich mühsam zurecht und hinüber ins Revier.

Der Feldwebel Asam liegt in seiner sauber gehaltenen Bude im Bett. Fähnlein nebenan desgleichen in seinem «medizinisch» ausgestatteten Raum. Sie lachen beide, sie lachen Funk und den Stabsarzt aus.

«Horch», sagt Asam, «wie brav der Engländer schon einpackt! Aber auch die unsern sind müd'. Eh – nichts weiter, als daß sie sich gegenseitig ein bisserl geärgert haben. Sag dem Staberl einen schönen Gruß, und er soll sich aufs Ohr legen.»

In der Tat: es herrscht bereits vollkommene Stille. Der feine Regen wispert mit dünnem Stimmchen …

Als Funk wieder bei Lipp landet, streckt der sich zwischen weißen Kissen. Aber die Kerzen brennen noch. «Geh, blasen S' die Lichter aus», befiehlt er einsilbig und dreht sich zur Wand.

18

Aber vier Wochen später kamen die Engländer wirklich.

An einem strahlenden Sommermorgen, gleich nach der Revierstunde, die Lipp, heftig von einem Schnupfen geplagt, dem Dr. Model überlassen hatte, so daß sie ausnahmsweise gegen neun Uhr beendet war, sagte Feldwebel Fähnlein zu Funk: «Haben Sie eigentlich schon mal vom Dach des höchsten Fourner Hauses, vom Geschäftsbau am Bahnhof, die Gegend betrachtet? Man sieht weit ins Land zu den Engländern hinüber und kann das Feuer der Geschütze beobachten. Mich wundert's, daß sie den großen Kasten so stehen gelassen haben, sie haben nur ein paar Granaten in den Dachstuhl geschickt – damals, als Bahnhof und Bahngeleise durch Artillerie erledigt wurden. Wollen wir hinauf? Es ist unruhig heute morgen. Es gibt sicher was zu sehen.»

Sie gingen hinüber, es war nicht weit, und erstiegen die unversehrten Treppen. Das Haus war unbenutzt, die Zimmer völlig ausgeleert, Fenster und Türen fort. Bewohnen wollte es niemand, die Bahnhofsgegend galt erfahrungsgemäß als besonders unsicher überall; angehäufte Geleise waren immer wieder beliebte Zielpunkte für schwere Geschosse.

Vom Speicher aus, durch ein weit geöffnetes Dach wie bei hochgezogenem Vorhang einer Bühne, sahen sie auf grünes Land, auf üppig wachsende Baumgruppen, im Vordergrund auf Obstbäume, die schon nachdrücklich Früchte ansetzten.

Geste eines friedlichen heiteren Auftaktes zur Reife – – nur daß da und dort, ferner und näher, gelbe, graue, braune Staubwölkchen aus der Erde aufstanden, langsam verwehende Gespenstergestalten an diesem windstillen, blanken Tage.

Fähnlein setzt das Feldglas ab, das er offiziersmäßig elegant mit den Ringfingern vors Auge gehalten hat. «Sehen Sie die Staubfontänen der Einschläge, Funk? Man merkt, es hat lange nicht geregnet. Und mit jedem Tag wird's heißer. Nehmen Sie das Glas, bitte, hier, nur ungeniert, ich erklär' Ihnen ein wenig die Gegend.»

Fähnlein erklärt gern. Er weiß Bescheid und läßt andere teilnehmen. «Dort drüben ist Armentières, nördlich von unserem Grabenabschnitt, und südlich geht's nach Bethune, da stehen schwere englische Geschütze La Bassée gegenüber. Sie wissen, bei La Bassée rumpelts immer. Wetten, daß dort nächstens wieder vom Gegner ein Versuch gemacht wird durchzubrechen? Aber sie bezwecken nach wie vor nichts.»

Es ist seltsam, denkt Funk, alle Welt hier draußen, sogar mancher Offizier, spricht davon, der Gegner bezwecke nichts, wo gemeint ist, er erreiche nichts. Es hat sich eingefressen, unaustilgbar. Sie verstehen dich gar nicht, wenn du das richtigstellen willst. Versuch' es besser nicht weiter. Vielleicht ist die Ausdrucksweise ungeheuer richtig. Die Wahrheit wird ungeahnt – oder im innersten geahnt – ausgesprochen, wenn die blöde Zwecklosigkeit aller Kriegstaten betont wird.

Während Funk so grübelt, hat Fähnlein ihm das Glas heftig aus der Hand genommen. «Hören Sie: die verstreuten Schüsse der englischen Artillerie dorthin, wo sie Stellungen unserer Geschütze vermutet, haben aufgehört. Der Engländer konzentriert sein Feuer – ja, wohin denn? Ich glaub', auf unseren Kampfgraben. Ja – wo will denn das hinaus?»

Die beiden Männer sind noch keine halbe Stunde oben, aber das Bild hat sich völlig verändert. Die Staubgarben da und dort im Land, die eine aufspringend, wenn die andere wegsinkt, sind verschwunden. Statt dessen beginnt eine ockergelbe Wand weiter draußen zu erstehen, anscheinend in einer Geraden von Hunderten von Metern – wohl dort, wo sich der Regimentsabschnitt hinzieht.

«Funk, wie schätzen Sie die Entfernung bis zu der neuen, immer dichteren Staubwand?»

«Fünf bis sechs Kilometer.»

«Richtig. Wissen Sie, was dort ist? Dort ist vorderste Linie, die unsere und die des Nachbarregiments. Wissen Sie, was mir schwant? Die Engländer haben es –»

Weiter kommt er nicht. Ein surrendes, tückisch verendendes Geheul schlägt ihm den Satz in den Hals zurück – und schlägt unter ihnen ein, daß der Sand bis herauf in ihren Speicher spritzt.

«Es geht los, Funk, diesmal geht es los! Schauen Sie schnell noch mal hinüber. Sehen Sie die Konzentration? Hören Sie den heftigeren Takt mit immer weniger Pausen? Hören Sie, wie das Feuer sich rasend verstärkt? Fort! Ihnen wird der hohe Bau hier sicher ein Dorn im Auge sein, sie vermuten Beobachtung, die paßt ihnen heute nicht. Daß nur wir es sind, zwei von der Sanität –»

Aber während sie die Treppen hinunterlaufen, jagen andere Füße herauf: ein Offizier vom Stab in Begleitung.

«Herr Leutnant, die trommeln schon!» ruft Fähnlein, stolz auf seine Kenntnis.

«Das hör' ich selbst», sagt der Offizier unwirsch. «Kümmern Sie sich lieber um Ihren Pflasterkasten. Den werden wir jetzt brauchen.»

Er hat ihn nicht mehr gebraucht. Er ist eine Viertelstunde später unter dem Schutt des Hauses, den Volltreffer verursachen, begraben. Es sind die einzigen Schüsse, die Fournes bekommt.

Während sie dahintraben, zurück zum Revier, wurmt den Fähnlein trotz allen Ernstes der Lage die falsche Prophezeiung. «Es kann ein Ablenkungsmanöver sein», keucht er unterm Laufen. «Ich glaub' immer noch an La Bassée.»

Aber wer ihn mit Hohn und Genugtuung und völlig ruhig bei wachsendem Trubel und Gewimmel in der Ortsunterkunft empfängt, das ist der Asam. «Siehst, Fähnlein, mit deinem La Bassée! Angriff der Engländer bei Fromelles wird morgen im Heeresbericht zu lesen sein!»

Lipp kommt angeschossen, mit triefender Hakennase, völlig unfähig, die Situation zu erkennen, in der Hoffnung, es werde so gehen, wie damals nachts, als man beiderseits geböllert hat.

Aber damals war Asam mit Recht der Optimistische, und heute ist es der Stabsarzt fälschlicherweise.

«Sie trommeln, Herr Stabsarzt», lächelt Asam beschwichtigend zu seiner peinlichen Eröffnung. «Einmal hat's kommen müssen. Wir werden Zeit haben, alles schön herzurichten. Vor Nachmittag wird nicht der Infanterieangriff sein. Wir kommen schon ungeschoren auf den Verbandplatz», tröstet er gutmütig.

«Und ich bin krank, Herrgottsakra, mir ist hundselend. Ausgerechnet!» Da ereilt ihn schon Befehl des Kommandeurs, unverzüglich mit allen verfügbaren Kräften Fromelles zu beziehen. Er putzt sich die Nase in eine dem Fähnlein entrissene Mullbinde und ist entschlossen.

Der Kommandeur kommt zu Pferd vorbei, die Herren vom Stab werden reiten, soweit es geht.

Der Adjutant hat viele Flaschen Rotwein einpacken lassen, die von Ordonnanzen hinausgeschafft werden. Hauptsache ist, daß der Alte was zu trinken hat. Mehr Hauptsache für den Adjutanten selbst, der ein eiskalter, ehrgeiziger, hochfahrender Herr ist und den zappelnden, draufgängerischen, aber wenig fähigen Kommandeur kaltgestellt wissen will, damit er selber die Zügel in die Hand nehmen kann. Was für Anordnungen er zu treffen hat, das wird er dem Alten schon beibringen, der, in eine Ecke gesetzt, plappern wird, besoffen gemacht, ohne zu wissen, wie ihm geschieht.

Die Feldwebel schließen ihre Sanitätswagen auf – zu jedem Bataillon gehört einer – und entnehmen ihnen Material. Sie warten Lipps Befehle nicht ab, der herumrennt und nach einer Rekordspritze fahndet.

Die Sanitätswagen dürfen – Anordnung höherer Stellen! – tunlichst nicht ins Feuer hineinkutschiert werden. Sie müssen – Materialknappheit! – möglichst geschont bleiben, und wenn die Schonung des Menschenmaterials auch darunter leiden sollte.

Träger werden mit Binden, Flaschen, Hartspiritus, Verbandmull, Zwieback, Tee, Medikamenten beladen. Sie schleppen die Dinge davon, in Rucksäcken oder auf Bahren zu Bergen gehäuft.

Lipp ist so weit, um mit seiner Schar abzurücken. Das heißt, die Schar ist fertig geworden ohne ihn, und er muß mit. Er läßt Funk und Malz zurück. «Jemand muß in Fournes bleiben.» Malz ist ihm zu fahrig für die heutigen Aufgaben. «Ein labiler Narr!» Auf Funk verzichtet er wohl, weil er nicht wünscht, seine desolate Verfassung in ihrem ganzen Umfang vor ihm enthüllt zu sehen.

Bei Malz und Funk bleibt der preußische Arzt, der die Meter trinkt. Er übernimmt eine eventuell nötige ärztliche Versorgung des Ortes, erklärt aber, seinen bereits zurückgezogenen Schippern nachzurücken, falls die Engländer unangenehm nah herankommen sollten.

Es wird unheimlich still in Fournes. Außer den paar Leuten der Ortskommandantur und Einzelgängern von der Bagage ist nichts zu sehen. Die Zivilbevölkerung hat sich bebend verkrochen, das Revier ist aufgelöst, wer ein Gewehr tragen kann, wird dorthin gezwungen, wo die Erde tobt.

Funk hat dafür zu sorgen, daß neues Verbandmaterial hinauskommt, daß Meldungen weitergehen, daß Verbindung mit Divisionsarzt, Sanitätskompagnie, Lazaretten gehalten wird.

Aber das bedeutet, daß er und Malz im ganzen, und gemessen an den entsetzlichen Leistungen von jenen da draußen, nichts zu tun haben.

Die Stunden schleichen quälend.

Immer noch trommelt der Engländer. Um drei hört er auf, schlagartig. Für den Laien wäre es ein Aufatmen, für den Eingeweihten ist es das Zeichen, daß jetzt erst das Gräßlichste beginnt.

Funk schweift unruhig, fast mehr noch gelangweilt umher – eine Langeweile, die den Ekel zum Ursprung hat. Im Vorgärtchen um die Rosen surren Hummeln. Die Erde steht noch, aber alles surrende Geräusch, alle schnell bewegte Luft ist unerträglich. Funk schlägt nach ihnen, auch er will kämpfen, sie sind ebenbürtige Feinde, sie haben einen giftigen Stachel … Es ist abgeschmackt, was er tut, aber es ist der wilde Drang nach Beschäftigung.

Artillerie tobt wieder in alter Kraft. Die Engländer haben das Feuer hinter den Graben verlegt.

Um sechs Uhr abends kommt die Kunde: der Feind ist durchgebrochen. Er hat den deutschen Graben genommen. Er ist im Vormarsch. Wann wird er in Fournes sein? Er hat ja nicht weit.

Malz, der Nachlässige, der nie in Ordnung ist, durchsucht jeden Winkel seines verödeten Kellers und findet wirklich noch eine zerrissene Genfer Binde, die er mit vielen Sicherheitsnadeln um seinen Ärmel heftet. – Jetzt mögen sie eintreffen, er wird im Gefangenenlager Sanitätsdienst machen und es ein wenig besser haben als die andern.

Aber jene kommen nicht. Sie dringen vor bis hart an die Befehlsstellen, an den Verbandplatz. Da werden sie aufgehalten. Sie werden «aufgefangen», wie der militärtechnische Ausdruck heißt; er klingt harmlos und anmutig, nach Akrobaten- und Jongleurkünsten. Er und viele andere decken die Wahrheit zu – die eintönige Wahrheit, daß gemordet und gemetzelt wird.

Englische Trüppchen werden «abgeriegelt». Ihre Verbindung nach rückwärts wird unterbunden. Das ist um acht. Dann fällt die Dämmerung ein und mit ihr stärker die Hingabe an Erschöpfungen, Hingabe des Gegners an die Erkenntnis vom mißlungenen Schlag.

«Hab' ich's net gleich gesagt? Sie bezwecken nichts!» triumphiert Fähnlein draußen.

Wie recht er hat! Ein großer Aufwand ist schmählich vertan.

Hunderte von Toten. Sie verwesen sehr schnell in der Julihitze. Sie werden später auf Kippwägelchen der Feldbahn, des Materialbähnchens, wie Stückware verladen und fortgerollt. Zu Hügeln türmt sich in Fournes «der Abfall aus der Werkstatt des Mars», wie ein Leutnant meint, der früher Reporter war. Das unbrauchbare Fleisch, vorgestern noch verwendbar als Gewehrträger, als Bajonettstich und Schuß, fällt in die Grube. Wenn es je hier draußen etwas Würdiges, etwas Sinnvolles getan hat, so jetzt: es düngt die Erde.

Endlose Züge von Verwundeten, von Sterbenden, die erst noch ein wenig mitmachen müssen in Eisenbahnwagen, in Lazarettbetten. Sie sind verstümmelt worden um 3 Uhr 20, um 4 Uhr 3, um 6 Uhr 18 – und sind so zugerichtet für alle Ewigkeit. War es die große Minute ihres Daseins – ein Höhepunkt, der nun bleibend fixiert ist? Das Eiserne Kreuz zweiter und das erster Klasse! Bei manchem ist der Lungenflügel nicht mehr da, über dem es prangen müßte.

Drei Tage später aber – der Kommandeur, wieder in Fournes, hat sich ausgeschlafen und gar keinen dicken Kopf mehr, Lipp ist, ohne Schnupfen, ebenfalls zurück – erscheint ein fulminanter Regimentstagesbefehl:

Ein neues Ruhmesblatt bildet die erfolgreiche Abwehr der starken englischen Angriffe. Schwer waren die Aufgaben, manche Opfer mußten stattfinden, hervorragend aber leuchten die Leistungen. Vorbildlichstes und schneidigstes Verhalten sämtlicher Offiziere, musterhaftes Benehmen der übrigen Dienstgrade wie auch der Mannschaft, bewundernswerte Tapferkeit und zähe Ausdauer, sowie geniales Zusammenwirken aller Führer waren die Grundlagen, auf denen unsere herrlichen Ergebnisse aufgebaut werden konnten. Dafür aber auch den Teilnehmern an diesem Ehrentag des Regiments mein vollstes Lob, meine größte Befriedigung, meinen innigsten Dank im Anschluß an die höheren Ortes uns bereits gewährte, tief zu verehrende Anerkennung.

Es soll in Zukunft und für alle Zeit nicht anders mit uns stehen.

gez. von Pummer.

19

Die Leute untereinander sprechen davon, nach diesem elenden, die ganze Division zerrüttenden Geräufe mit dem zahlenmäßig überlegenen Engländer habe man es endlich verdient, richtig in Ruhe zu kommen, richtig ins Hinterland, ganz herausgenommen zu werden aus der vorderen Linie.

Und schon gehen Gerüchte um, die schnell geborenen Kinder einer unhemmbaren Sehnsucht: die Division kommt nach Rumänien; die Division reist nach Rußland. Wir sollen die Front in Italien verstärken; dort will man bald heftiger in die Poebene hineindrükken. – Aus all dem schreit das Verlangen: nur fort von der Front im Westen! Ununterbrochen sind wir jetzt bald zwei Jahre hier. Fort aus Frankreich, nirgends geht es so höllisch zu, mit so verdichtetem Ingrimm, mit solch unaufhörlicher Bosheit.

Der Sommer läuft in den Herbst, Lipp geht in Urlaub, ein Bataillonsarzt vertritt ihn, und für achtzehn Tage bricht das Paradies an. Dann ist er wieder da, krittliger, sprunghafter, unzuverlässiger, brutaler denn je. Der kurze Blick in die Heimat hat ihn wie viele nur ungeduldiger, unlustiger, verzweifelter gemacht.

Zwei Jahre sind voll, und das Regiment betreut immer noch die Lehmstellungen, dem unablässig schießenden Engländer gegenüber.

Aber da –! Der Tag des Abschiedes kommt, zusammengepackt wird, man beginnt sich loszulösen.

Was darf man mitnehmen, was nicht? Die Glühbirnen müssen dableiben und werden doch heimlich ausgeschraubt, aber die blutdurchtränkten, die dicküberkrusteten Tragbahren müssen endlich einmal ein bißchen gereinigt werden, ehe sie in die Sanitätswagen kommen.

Schon schnuppern die Nachfolger umher, tun sich um, orientieren sich, nisten sich ein. Es sind Preußen. Abends sitzen Quartiermacher und erste Ankömmlinge mit den bayerischen Kameraden in der Fourner Kantine beisammen und trinken Münchener Bier, das, Stiftung einer Brauerei für die Heldentaten der Söhne, gerade eingetroffen ist.

Die Bayern sind überlegen großmütig gegen die Preußen, betonen ihre Kraftproben am Engländer; die Preußen neigen dazu, manches zu verkleinern.

«Überhaupt nennen uns die beim Gegner drüben ‹Les lions de Bavière›; vor niemand haben sie einen solchen Respekt wie vor uns.»

«Weil keener so brüllen kann wir ihr. Det vom Löwen, det jeht nich auf die Stärke, det jeht uffs Maul!»

Und schon ist die Entwicklung nicht mehr aufzuhalten. Die Oberbayern greifen in die hintere Hosentasche, die Preußen hauen mit Biergläsern zu und treten mit den Absätzen den Feind in den Unterleib.

Alle haben in zwei Jahren Feld gelernt, beim Raufen letzte Leistungen anzustreben. Es gibt einen Toten und ein Häuflein ausgiebig Verletzter.

Nachher schämen sie sich dumpf. Sie spüren wohl: nicht genug, daß sie gemeinsam hier von einem Dritten dezimiert werden – sie müssen auch noch einander die Schädel einschlagen.

Es wird Zeit, daß man sich trennt. Wohin aber kommen die Bayern, in welches Land Eden? – Sie sollen an die Somme geschafft werden.

Die Enttäuschung ist kaum erträglich. Sie wird es nur dadurch, daß alsbald eine neue Hoffnung närrisch aufspringt: aber dann – nach der Somme – um so sicherer kommen wir dann ganz weg aus dem Westen und in langandauernde Erholung!

Es wird ungemütlich in Fournes; jetzt erst merkt man, daß es vorübergehend manchmal sozusagen gemütlich war. Man ist hier nicht mehr zu Hause. So viel fremde, norddeutsche Gesichter sind dauernd unterwegs. Es ziehen preußische Abteilungen durch auf dem Weg in andere Ortschaften; die Front in der ganzen Länge des Divisionsabschnittes, drei Infanterieregimenter lang, ist ja gelockert und wird umbesetzt.

Fähnlein kommt zum Herrn Stabsarzt, der gerade dabei ist, einen mächtigen Tiegel mit Schmalz hinten aufs «Wagerl» zu verstauen, auf eine Art zweirädriger Franzosendroschke, die er vor langem zusamt dem Bauernschimmel requiriert hat und außeretatmäßig mit sich führt, denn neben dem Reitpferd ein zweites zu halten, ist ihm nicht erlaubt. Freilich überläßt er die Sorge für die Fütterung ganz seinem Pferdeknecht, der sie zusammenstehlen und erbetteln muß. Lipp reitet übrigens fast nie, nur gezwungenermaßen; er benutzt viel lieber das Wagerl, aber auch da kutschiert er nicht, der Knecht muß neben ihm sitzend die Zügel führen.

An die Somme muß er reiten, zu Seiten des Kommandeurs. Er weiß es. Das allein will ihm schon jede Laune nehmen. Aber wenigstens hat er eine Kiste mit alten Bibeln und Büchern und eine zweite mit handbemaltem Bauernporzellan gut versorgt und vor allem diesen wichtigen Schmalztiegel wohl befestigt und hat nun eigentlich in Fournes nichts mehr verloren, doch da kommt Fähnlein und sagt: «Herr Stabsarzt, drüben sind ein paar Preußen, die nur durchpassieren und nach Herlies wollen, die haben einen zu uns hineingeschafft, der marschunfähig ist.»

«Geht mich nichts an.»

«Preußische Ärzte sind noch nicht da.»

«Kruzitürken! Malefiz!» Er entschließt sich, mit langen Schritten hinüberzusteigen, einfach deshalb, weil er es doch für zu gewagt hält Vorgesetzten gegenüber, sich um diese Sache garnicht zu kümmern.

Im Revier sitzt auf einem Sessel, links und rechts von zwei Kameraden gehalten, ein junger Soldat, der von innen gestoßen wird, als hocke er auf schnelltrabendem Pferd. Der ganze Körper fliegt, die Schultern flattern, der Kopf ist ein fortwährendes Geschüttel. Wie der Arzt erscheint, merkt man jenem an, daß er sich trotz seines Zustandes bemüht, aufzustehen und den Vorgesetzten pflichtschuldig anzusehen. Es gelingt nicht. Das Geflatter im ganzen Leib ist ihm überlegen.

«Was haben S' denn?» fragt Lipp mit gemütlicher Stimme bagatellmäßig. Er probiert eine psychische Einwirkung, eine Beruhigung.

Versucht der Junge zu sprechen? – Es mag so sein, aber er bringt keinen Laut hervor. Er ist schweißüberglänzt; während er sich umherwirft, spritzen die Tropfen von seinem Gesicht. Den Zustand zu überwinden, strengt ihn offenbar mehr an als der Zustand selbst. Man hat ihm den Rock ausgezogen und das Hemd geöffnet.

«Ist was geschehen unterwegs?» fragt Lipp die anderen Preußen. «Hat er sich arg erschrocken?»

Sie verneinen. Sie kennen den Mann nicht näher. Sie sind nur jetzt auf dem Marsch mit ihm zusammen.

«Also ab ins Lazarett, Fähnlein», entscheidet Lipp, schon wieder sehr ungeduldig. «Krankentaferl! Was schreiben wir denn? Schwere Hysterie mit Fragezeichen.»

«Befehl, Herr Stabsarzt.» Aber während Fähnlein das Täfelchen ausfüllen will, belebt sich der Kranke noch heftiger. Er hat mit angehört, was Lipp über ihn bestimmt hat. Diesmal gelingt es ihm aufzustehen. Er zerrt seine beiden Helfer mit sich, die ihn weiter stützen müssen, sonst würde er von seinen Zuckungen zu Boden gestoßen. Er nimmt Richtung auf seinen Rock, der auf einer Bank liegt.

In grotesken Tanzsprüngen gelangt er bis zu ihm und greift – ein Dutzendmal flattert die Hand daneben – in die Brusttasche.

Aus der Tasche zieht er ein Stück Pappdeckel, er hält ihn sogleich in die Richtung des Arztes. Der Pappdeckel ist weiß überklebt, er ist zerschabt und mit viel schmutzigen Fingerabdrücken versehen, er wird zweifelsohne lange schon herumgetragen und gebraucht.

Auf ihm steht in unbeholfener Schrift zu lesen: «In einer Stunde geht's wieder.»

Lipps Gesichtsausdruck wechselt; vom Gereizten schwingt er ins Nachdenkliche. «Also, legt ihn da drinnen auf eine Matratze», sagt er still. «Gebt ihm vorerst nix. Aber wenn er besser beisammen ist», – er greift in die Tasche – «da ist ein Kognak», – und in die andere – «und da ein Stück Kuchen.»

Er steht auf und nickt dem jungen Soldaten zu. «Brav, mein Lieber; es wird schon wieder.»

Funk staunt. Lipp hat in den Mienen einen echten Ausdruck von liebenswürdiger Hochachtung. Sein Mephistokopf hat plötzlich etwas Bestrickendes. Das verweht schnell. Immerhin bleibt ein Nachhall.

«Funk», sagt er draußen, «Donnerwetter, so ein Kerl! Wenn wir mehr solche hätten, ich glaube, wir gewännen noch den Krieg.»

«Wird es ihm gedankt?» fragt Funk bitter. «Wie wird es ihm gedankt!»

«Und übrigens – daß wir den Krieg verlieren, ist gar nicht gesagt», verbessert Lipp sich sorgenvoll.

«Jedenfalls darf man es nicht sagen», schließt Funk. «Herr Stabsarzt haben recht.»

20

Sie sind auf dem Marsche. Sie marschieren in Richtung Lille. Einer bringt heraus, daß man somit doch der Somme den Rücken kehre – und sogleich glauben sie, der mageren Stimme Gehör geben zu dürfen: am Ende bleibe ihnen jener Kelch erspart. Vielleicht ist der Befehl an die Division geändert worden, vielleicht hat Ludendorff in letzter Minute eingesehen, daß sie einfach endlich – vielleicht – –

Ja, sie sind bereit, wie immer an das Wunder von morgen zu glauben, denn sonst ginge es ja überhaupt nicht weiter.

Hierbei geschieht es, daß Stöger, Funk und Holzer zum erstenmal nach einem Jahr einander wiedersehen. Holzer ist mager und gelblich geworden und recht gealtert, sein Bart ist stark verblaßt, aber die Augen in ihren grauen Höhlen glitzern unhemmbar verschmitzt. Er hat Grund zu seiner fiebrigen Fröhlichkeit. Er verläßt die große Bühne des Welttheaters. «Ab durch die Mitte!» sagt er immer wieder mit ausgehöhlter Stimme. Er tappt nur mit, um sich alsbald in einen Zug setzen und in die Heimat fahren zu können. «In Permanenz nach Hause!» gröhlt er albern. Er ist jetzt vierzig; er hat ein rheumatisches Leiden und ein Darmleiden; er hört immer schlechter, wenn etwas anbefohlen wird; er hat Plattfüße bekommen – ihm fehlt alles, was du dir nur wünschen kannst. Er ist dem Arzt mit eiserner Energie so lange in den Ohren gelegen, bis der nachgegeben hat. Er ist nicht mehr felddienstfähig.

«Das wäre ja ganz schön», sagt der ängstliche Stöger, «wenn sie dich daheim net wieder kavau schreiben würden.»

«Das passiert nicht, Freunderl», versichert Holzer mit leiser, hoher, schlauer Stimme, «dafür sorg' ich. Bei uns von der Straßenbahn brauchen sie so wie so Wagenführer. Da ist ein Mangel, und er wird alleweil größer. Den Schaffnerdienst können Weiber zur Not versehen, Geld einkassieren und Zettel hergeben, das haben sie ja schon immer verstanden, aber einen Wagen führen – da müssen sie schon ihre Fingerl davon lassen.»

«Wenn Not an Mann geht», beharrt Stöger, voll von düsterer Zukunft, «tun sie dich doch wieder hinaus.»

«Mich net, mich net», betont Holzer flüsternd in der Fistel und umwittert von solch geheimnisvoller Gerissenheit, daß man überzeugt ist.

Stöger versucht es noch einmal: «Aber mit Plattfüß' kannst doch du keinen Führerdienst machen. Mußt ja stunden- und stundenlang auf der Plattform stehen.»

«Daheim dressier' ich sie schon wieder um, die Haxen.» Er lacht. «Die machen mir nur da heraußen zu schaffen.»

Stöger läßt ab von ihm und berichtet, wie's mit ihm selber steht. Er seufzt gewohnheitsmäßig. «Oh mei Mensch!» sagt er mit der verwundeten Sanftheit seines Kinderblickes. Die Augen sind noch größer geworden. Aber die Wangen blühen wie ehedem. Er ist vor einem Vierteljahr auf Urlaub gewesen, um das inzwischen geborene zehnte Kind zu beschauen. Nun schreibt die Gattin – da, im letzten Brief! – sie fühle sich abermals Mutter.

Ob es ihn daraufhin nicht grause, nächstes Jahr in die Heimat zu fahren?

Er lächelt stolz und traurig. «Ihr werdet sehen, das Dutzend muß noch voll werden», prophezeit er gottergeben. Fruchtbarkeit ist gut und unabwendbar.

In Haubourdin, einer Art Vorstadt von Lille, werden sie getrennt. Hier wird der Regimentsstab einquartiert, also auch Lipp, also auch Funk. Sie werden nicht gleich verladen. Sollen sie noch einen halbwegs ruhigen Atemzug tun, eh' sie zur Hölle fahren?

Die Bataillone finden Unterschlupf in den ringsum dicht gedrängten Ortschaften. Stöger entschwindet aus den Augen Funks und vierzehn Tage später verschwindet er vollständig. Eine Granate zerreißt ihn so, daß nichts mehr übrig bleibt, was man mit einem Menschennamen belegen könnte. Es ist ihm nicht vergönnt, das zwölfte Kind zu zeugen. Holzer aber hält sich in München. Er klebt sich fest mit dem Leim seines Willens, vorn auf dem Führerstand, und durchrasselt mit immer schäbiger werdenden Motorwagen eine immer kränker schnaufende Stadt.

Funk hat Quartier in der Villa, die Pummer zur Verfügung gestellt ist. Er hat ein sauberes, helles Zimmer, ein reguläres Bett zum erstenmal seit einem Jahr, einen großen festgefügten Schreibtisch, aber zu schreiben gibt es Gottlob einmal nichts. Die Vergangenheit ist abgeschlossen, und die Zukunft muß erst neues Unheil schaffen, das registriert, rubriziert und nach zehn Seiten hin gemeldet werden kann.

Funk lungert umher. Der Abend ist weich. Ein schöner Herbst – wie damals, als er herausfuhr. Den Stabsarzt hat der zappelnde Kommandeur dauernd mit Beschlag belegt, die bevorstehenden Aufgaben setzen ihm zu, er will von Lipp bald ein Schlafmittel und bald ein Kräftigungsmittel und in der Hauptsache Ablenkung. Lipp kaut an zerbissenen Flüchen und ist beschäftigt, und Funk hat Ruhe vor ihm.

Die Straße mit der vornehmen Villa beherbergt gleich nebenan ein paar alte verschrumpfte Häuschen, die zurückgekrochen sind hinter Vorgärten mit Gemüse. Aber es geht laut und jung in ihnen zu; durch ihre Fenster, durch die beiden offenen Haustüren sieht Funk, wie drinnen gewaschen und gebügelt wird. Hellen, schnellen, melodischen Gesang, der fast unablässig den beiden Häuschen entströmt, hat Funk schon während des ganzen Nachmittags in seinem Zimmer vernommen.

Er bleibt stehen am Gitter, er lächelt über Kohlköpfe hinweg Frauenköpfen zu, die mit schnellen dunklen Augen und weißen Zähnen lachen und kleine lustige Schreie einander und ihm zuwerfen. Wieder sind es Wäscherinnen, aus denen der ganze überwältigende Reiz des anderen Geschlechtes aufdunstet. Wissen sie nichts vom Krieg? Ist denn überhaupt noch Krieg, wenn das da – solch ein Mund, solch ein Augenlid sich entfalten kann? Wie weit ist man mit einem Schlage fort vom blutig-langweiligen Geschäft des Tötens, des Zerreißens von Leibern, des Zusammenflickens!

Winken sie ihm? Oder fahren sie mit den nackten Armen nur in die Höhe, um einander zum Scherz ein bißchen hin- und herzustoßen? – Funk zögert sich durch das Vorgärtchen an eins der Fenster heran.

Ob Monsieur gewaschen und gebügelt werden wolle? – Sie platzen hinaus, sie jubeln über ihre Keckheit.

Gewiß! Doch das nehme leider wohl zu viel Zeit in Anspruch. Er sei zu sehr zerknittert vom Krieg, als daß er rasch wieder glatt werden könne – (da rührt sich also doch jener Krieg, denkt er angeekelt).

Die Frauen und Mädchen sprühen matter; sie lächeln artig, aber gezwungen. Die Ausdrucksweise des deutschen Soldaten ist ihnen fremd. Sie kehren zurück zu ihren Bügeleisen.

Funk will schon gehen, eh er sich völlig kaltgestellt sieht, da hält ihn der Anblick der einen noch fest, die als letzte verweilt am Fensterkreuz.

Sie hat ihn wohl überhaupt nicht verstanden, denn sie sagt: «Bringen Sie mir getrost Ihre Wäsche, mein Herr!»

«Sie wollen für mich waschen?»

«Si, monsieur.»

Vor Funk steigt ein Bild auf – eine Möglichkeit, die ihm den Atem einengt. Das Mädchen ist klein und üppig, es hat strahlende, blaue Augen zum pechschwarz glänzenden Haar. So schöne Augen, den Schmelz einer solchen Wange, solch straffen Haarknoten gleich kunstvoll gedrechseltem, poliertem Ebenholz glaubt er noch nie erlebt zu haben. Er sagt: «Ich will mich erkundigen, wie lange wir hier bleiben. Je nachdem. Wann könnte ich meine Wäsche wiederbekommen, wenn ich sie heut bringe?»

«Bei diesem warmen Wetter fix und fertig in zwei Tagen.»

Funk weiß, daß er eine Rolle aufsagt – in einem Stück, das eben begonnen haben soll. Er äußert: «Gut. Ich will sehen, ob es sich machen läßt. Um zehn Uhr stehe ich dort an der Gartenmauer, im Schatten der Holunderblätter und geb' Ihnen meine Wäsche.»

Schauspielert auch sie? «Es wird sich machen lassen», geht ihr Geflüster. Die blauen Augen halten ihn verheißend fest, «obwohl –» zögert sie, «die Deutschen haben verboten, daß wir die Straße nach acht betreten.»

«Sie betreten die Straße nicht. Sie huschen durch Ihren Vorgarten bis hierher, bis unter die Mauer der Villa. Au revoir, demoiselle.»

«Revoir, monsieur.»

Wie sollst du diese zwei Stunden ausfüllen bis zu der süßen Minute, der unsagbar langentbehrten, in der du dicht neben einem hübschen Mädchen stehen wirst. – Einem hübschen Mädchen? Einem schönen – bildschönen Weib! Dem reizendsten Geschöpf!

Funk packt aus Langerweile den Tornister zweimal um (für die Somme). Er will Postkarten an Bekannte, einen Brief an die Mutter schreiben; es ist schon zu dunkel, und Licht zu machen getraut er sich nicht, in Sorge, unerwünschte Aufmerksamkeit zu erregen. Er will für Lipp und jedermann schon schlafen gegangen sein.

Er horcht hinüber zu dem Häuschen. Es ist ganz still. Einmal schleppt und schlurft ein Schritt über Steinfließen, das kann die Erhoffte nicht sein, es ist der Fuß einer Hundertjährigen. Einmal klappt eine Haustür – so, als setze sie einen Punkt hinter diesen Tag – als besage das: niemand mehr wird aus diesem Bau ins Freie treten …

Auch sie nicht?

Er heuchelt Ruhe und legt sich wirklich aufs Bett. Und als es nach den schlagenden Uhren Zeit ist aufzustehen, kann er sich kaum dazu bringen, so wenig glaubt er noch an eine Erfüllung.

Aber wie er aus dem Fenster steigt, sieht er, daß unter dem Baum eine Gestalt sich klein macht. Sie ist da, sie ist es.

«Ihre Wäsche, mein Herr?» Sie lächelt. Um es zu sehen, muß er ganz nahe zu ihr heran. Es ist gut. Ihr Lächeln sagt ihm Bescheid.

«Meine Wäsche, ja …» wispert er sinnlos. Er umfängt sie; und ihre Küsse sind ohne weiteres da.

Ist das möglich – so paradiesisch einfach – ich träume – denkt er.

Er streichelt ihr über den Kopf, er nimmt in die Schale seiner Hand ihren Haarknoten, diese kühle elastische Wölbung, die nach Weib duftet. – Ein Jahr lang nichts als kurzgeschorene Schädel und stachelige Backen – denkt er. Nie noch hat er so heftig das Gefühl gehabt, sein halbes Leben sei vergeudet in ödem Schmutz und ödem Irrsinn.

Er zieht sie stürmischer an sich, er drängt sie unter das Fenster. Wissen beide nicht, was sie tun? Wenn sie es halbwegs wissen – sie wollen sich dadurch nicht aufhalten lassen.

Funk steigt als erster in sein Zimmer, beugt sich von innen tief über den Sims und kann sie gerade noch unter den Achseln fassen, um sie heraufzuziehen.

Sie stehen im dunklen Raum. «Wie heißt du?»

«Angélique.»

Gibt es einen schöneren sanfteren melodischeren Namen? Er sagt ihr sein Entzücken unbeholfen in der Sprache ihres Landes.

Sie lacht spitz und gekitzelt von seinen ungeschickten Worten – ach, viel zu laut! – drum hält er ihr erschrocken den Mund zu.

«Leiser!» wünscht er.

«Ganz leise», sagt sie und beginnt mit scherzhaft übertriebener Vorsicht Sicherheitsnadeln loszulösen, mit denen eine blaue Arbeitsschürze über ihre ganze Gestalt gesteckt ist.

Und wie er nun nach ihrem Körper dringlicher greift, öffnet sie rasch ihre Bluse und überläßt ihm ihre volle Brust, auf die sie stolz und mit der sie zu siegen gewohnt ist. –

Nach einer Stunde wollen sie sich trennen. Sie steht schon am Fenster, da sagt sie: «Ein bißchen Geld, mein Herr! Meine Mutter ist krank, Vater gefallen, schlechter Verdienst, nicht viel zu essen.»

Sie sagt es ganz einfach. Sie macht den Vorschlag: «Eine Mark vielleicht, oder zwei.»

Funk ist nicht im mindesten enttäuscht. Sie läßt sich nicht bezahlen. Sie äußert eine Bitte einem Freund gegenüber, der er nun doch geworden ist.

Sie haben erst kürzlich Löhnung erhalten. Er gibt ihr alles, was im Beutel steckt.

«Dafür wasche ich Ihre Wäsche sehr fein, oh blütenweiß», verspricht sie dankbar.

Er versichert, sie morgen zu bringen, und beschleunigt den Abschied, denn der Gedanke an «morgen» und das Fernere verjagt alle Freude.

Es ist leichter, in ein Parterrefenster hinein- als aus ihm herauszusteigen. Wie sie es endlich vollendet haben – er hat voranklettern müssen, mit dem Rücken gegen die Straße – und sich umdrehen, steht da im Finstern eine glimmende Zigarre.

«Funk –» sagt der Kommandeur halblaut. «Schau mal an!»

«Herr Oberstleutnant!» ruft Funk aus, in dienstlicher Haltung.

«Ssss», macht Pummer, als sei er der Ertappte.

Die Kleine wittert den höheren Offizier und will sich eilig davonmachen.

«Halt!» kommandiert Pummer verstopft. «Halt-là! Qui vive!»

Kann er's nicht besser? Was will er eigentlich? Wenn er mich verdonnert, so genügt es doch. Wozu braucht er das Mädchen? Oder will er sich über uns lustig machen? zweifelt Funk.

Er und die Kleine suchen Zuflucht beieinander. Geteiltes Pech ist halbes Pech.

«Seid S' vor allem gedämpft, sonst sind wir zu dritt blamiert», äußert der Kommandeur unverständlich und in einer erregten Freundlichkeit. Er kommt näher heran, er riecht nach seinem geliebten Rotwein. – Als gehöre er zu uns, als wolle er sich zum Spießgesellen machen, empfindet Funk.

«Ich hab' auch nicht schlafen können», beginnt der andere. «Weiß der Henker, was einem bevorsteht. Sie haben ja recht gehabt, Funk. Morgen geht's nämlich schon weiter. Wie – was? Am Ende wird einmal jeder von uns noch dran glauben müssen, in diesem endlosen Tanz. Am Ende diesmal – dort unten an der Somme – was?»

«Herr Oberstleutnant, ich bitte gehorsam um Verzeihung. Ich bin seit über einem Jahr im Feld, ich habe auf Urlaub verzichtet, ich –»

«Geschenkt! Es ist ja eine Unverschämtheit, was Sie da gemacht haben, und eine noch größere, sich von mir erwischen zu lassen, aber nett ist der Käfer, soweit ich sehe, man kann Ihren Schritt verstehen. – Komm her, du, laß dich anschauen.»

Angélique versteht offenbar so viel Deutsch, daß sie weiß, was gemeint ist. Sogleich tritt sie zu dem Offizier.

Er hebt ihr das Kinn hoch. «Süßer Racker», sagt er. Man sieht im Schein der heftig aufglühenden Zigarre seine breitlächelnden schönen Zähne.

Pause. Pummer hält immer noch die Hand an der Wange des Mädchens. Was nun? Wie soll es weitergehen? Ist man festgefahren?

Die Kleine möchte ein Ende machen. Sie dreht mit sanfter Wendung ihr Gesicht aus der Männerhand und will sachte davon, als lasse sie Schlafende zurück – aber der Kommandeur hält sie am Arm.

«Funk, Sie können nur straffrei bleiben», sagt er gewaltsam und in einer unmöglichen Mischung von Strenge und Ulk, «wenn Sie nichts vor mir voraushaben. Verstehen Sie mich? An die Somme wollen Sie gehen, gestreichelt und getröstet von einem solchen Prachtvögelchen, während ich – nein, das gibt's nicht.»

Funk ist erstarrt.

«Sie halten mich für verrückt, wie? Vielleicht sind wir alle nicht mehr normal», sagt der andere leise und heftig, fast wie aus einem Fieberschlaf heraus.

Da kann Funk ohne weiteres zustimmen, das kann er einsehen.

«Haben Sie sie bezahlt?» erkundigt Pummer sich vorsichtig.

«Ich glaube, sie läßt sich nicht bezahlen. Aber ich habe ihr etwas geschenkt – auf ihre Bitte hin.»

«Dann ist alles in Ordnung. Helfen Sie dem Weiberl hinein in Ihr Zimmer. Sie werden hier – warten auf mich – auf uns. Allons!» flüstert er heiser gegen das Mädchen.

Funk kommt nicht dazu, sich über das alles zu wundern. Er muß Angélique dort hinaufheben, von wo er sie eben heruntergeholt hat.

Dann turnt der Fünfundfünfzigjährige behend seiner Sehnsucht nach.

Funk geht lauter, als es angebracht ist, unter dem Fenster hin und her. Er will nicht hören, was drinnen sich abspielt. Ich bin noch nie auf Wache gezogen, denkt er, dies ist die erste, seit ich beim Militär bin …

Nachher ist es so, daß nur Angélique aus dem Fenster schwebt, von Männerarmen hinausgehoben, von Männerarmen unten aufgefangen.

«Revoir», haucht sie ein wenig bedrückt ihrem Funk zu, ehe sie flüchtet. «A demain!»

«Kommen Sie herein, Funk», verlangt der Kommandeur mit gewohnter lauter Stimme. Er steht am Fenster, er hakt den Kragen der Litewka zu.

Er ist sehr aufgekratzt, er dreht das elektrische Licht an, er hat das Bedürfnis, alles sehr hell und laut zu haben.

Kaum steht Funk wieder vor ihm, sagt er sehr laut: «Was, wenn sie nun einen strammen Soldaten zur Welt bringt, weiß sie nicht einmal, von wem sie ihn verehrt bekommen hat.» Er scheint für den Augenblick vergessen zu haben, wer er ist und wer der andere.

«Einen strammen Soldaten, der ein Franzose wäre, also einen Feind. Wir haben einen Feind erzeugt.»

Pummer ist trotz dem eigenen scherzhaften Ton auf einmal peinlich berührt. «Nicht gesagt», rettet er sich. «Vielleicht bleibt Lille und alles drum herum deutsch.»

«Das wäre – ein besonderer Glücksfall in unserer Angelegenheit», meint Funk mit undurchdringlicher Ironie. «Viel eher ist anzunehmen, daß wir leichtsinnig dem Gegner einen Vorteil verschafft haben. Das wäre Landesverrat.»

«Hören Sie auf! Geistreich zu faseln ist nur Ihr Zivilberuf», lacht der Alte, beinahe zornig.

«Ich meine es vollkommen ernst», sagt Funk still und feierlich.

Der Oberstleutnant lenkt kurzerhand ab. «Sie haben vorhin erzählt, Sie fahren nie in Urlaub. Warum nicht?»

«Weil ich nicht wiederkäme, wenn ich einmal heraus wäre aus diesem – diesem – » er findet nicht das passende Wort.

«Sie enthüllen sich heute von schönen Seiten», höhnt Pummer. Und plötzlich herrisch, plötzlich orientiert über das für ihn Unmögliche der Situation: «Passen Sie auf, daß Sie's nicht zu weit treiben!»

Funk ist für den Moment jenseits aller Vorsicht und kein Untergebener mehr. Er fühlt, daß er wohl nichts zu fürchten hat. Jetzt ist er es, der ablenkt. «Ich habe ihr zwei Mark geschenkt», lügt er.» Und wieviel haben Herr Oberstleutnant –?»

«Fünf», sagt der, befriedigt davon, in gutem Abstand voraus zu sein, wie es sich gehört.

Da hast du ihr dreimal weniger gegeben als ich, denkt Funk.

In diesem Augenblick wird die Tür geöffnet, und Lipps gelber Schädel geistert herein. Er macht sofort meckernde Verbeugungen gegen von Pummer. »Ich höre sprechen, hier drinnen beim Funk», entschuldigt er sich, «und sage mir, da mußt du doch mal nach dem Rechten schauen –»

«Ja, Herr Stabsarzt, ich kann nicht schlafen trotz Ihren schlecht schmeckenden Tabletten. So bin ich ins Schwatzen gekommen hier mit unserem Philosophen.»

«Hoffentlich haben sich Herr Oberstleutnant gut unterhalten», wünscht Lipp servil.

«Wir haben uns – eigentlich ausgezeichnet unterhalten, so alles in allem, was, Funk?» sagt der Kommandeur etwas angespannt und etwas zu laut, grüßt burschikos, zwinkert mit dem rotgeränderten Auge und geht.

21

An gepolsterte Abteile, in denen die Offiziere sitzen, schließen sich Güterwagen, in die man die Mannschaft gepfercht hat.

Sie rollen lange. Manchmal schleicht der Zug, dann wieder scheint er sich zu einem Dahinjagen aufraffen zu wollen – um kurz darauf gänzlich stillzustehen. In solchen Pausen bewegen sich die

Offiziere den Bahnkörper entlang. Die Mannschaft darf die Wagen nicht verlassen. Fürchtet man, es könnte sich einer in die Büsche schlagen?

Lipp tritt an den Viehwagen, in dem sein Diener und Funk verstaut sind, und dessen Schiebetüren halb offenstehen.

«Mögts ein Taferl Schokolade?» lächelt er und reicht es hinauf. Er entblößt freundlich und breit sein falsches Gebiß, das bei solchen Extravaganzen manchmal ins Wanken gerät. Er ist voll versöhnlicher Stimmungen, beinahe gütig, beinahe onkelhaft. Funk sagt sich, dies Gehaben darf man sogar für echt ansprechen, es entquillt der Erkenntnis, den festen Sitz im Sattel von Fournes vertauscht zu haben mit einer höchst ungewissen Zukunft, die das Niveau des kameradschaftlichen Aufeinanderangewiesenseins wieder mächtig herstellt. Zudem: weshalb sollte nicht auch Lipp warmer Regungen fähig sein? Kein Mensch ist bekanntlich ganz kalt und schlecht. Schon deshalb nicht, weil er sonst unmenschlich vollkommen wäre nach einer Seite hin …

Sie fahren wieder. Eine Nacht hindurch, eine nicht endende. Willst du auf einer der schmalen Bänke, die wüst im Viehwagen durcheinanderstehen, ausgestreckt einnicken, so fällst du bestimmt nach links oder rechts hinunter, noch ehe du schläfst.

Im Morgengrauen werden sie ausgeladen. Eine Feldküche ist mitgerollt und serviert fertigen Kaffee. Auch die Offiziere, fröstelnd zu so früher Herbststunde, lassen ihn sich in den Trinkbechern ihrer Diener reichen. Aber der Abscheu, mit dem sie diese Mannschaftsbrühe, nur weil es etwas Heißes ist, hinunterschlucken, wird von ihnen recht unvollkommen verborgen.

Dann marschieren sie. Wo sind sie wohl? Das Wort «Somme» ist nicht mehr gefallen, aber sollte es deshalb aus dem Programm gestrichen sein? Ist es nicht so, daß nur ein jeder es vermieden hat und ferner vermeidet?

Sie ziehen in Trüppchen. Das Regiment marschiert nicht in einer großen Heerschlange. Man täte sonst spionierenden Fliegern, die neuerdings mit Maschinengewehren die Landstraßen abpfeffern, zu viel Gefallen.

Mit den Leuten vom Regimentsstab, und was so drum und dran hängt, bewegt sich Funk. Vor ihnen reiten der Kommandeur, Lipp und andere Herren.

Der Stabsarzt, dem Pferderücken ganz entfremdet, nur ans Wagerl gewöhnt, das im Augenblick Gottweißwo ist, macht nach fünf, sechs Stunden ein sehr bitteres Gesicht; offensichtlich hat er Schenkelschmerzen; dennoch, sobald der nach innen brennende Blick den Augen Funks begegnet, lächelt er. Der Wille, gut zu sein, hält an.

Es kommt wirklich ein Flieger querüber; niedrig heranschmetternd, in brausendem Tempo, ganz unbehelligt taucht er herbei wie aus einem Hinterhalt, kreuzt die gepflasterte Landstraße und feuert, daß die Steine splittern.

Ehe das Häuflein auseinanderspritzen kann, ehe man noch überblickt, daß er keinen Schaden angerichtet hat, ist er schon wieder verschwunden. Aber der hell und scharf tickende Prall des Metalls auf den Stein war ein böses Signal.

Es kommen weitere Signale. – Sie stoßen an einer Wegbiegung auf eines ihrer Bataillone, das in gemuldeter Wiese, von Bäumen umstanden, rastet und Essen faßt. Sie sind halbwegs gegen Sicht geschützt oder glauben es zu sein. Hier, während sie aus dem Feldkessel die ewige Rollgerstensuppe mit faserigen Fleischbrocken, die wie Pappe schmecken, herauslöffeln, – hier horchen auf einmal alle auf: der Himmel fängt zu rollen an. Wie? Nein, kein fernes Gewitter. Anders. Ein Wasserfall, der weit dort hinten den ganzen Horizont umspannt – er donnert nieder. Es ist ein pausenloses, emsiges, beinahe weiches Poltern, ein rauschendes Gepumper, ein Sturz von gewaltiger Ausdehnung im unablässigen Schwung.

Es ist das Trommelfeuer im Raum der Somme. Die Soldaten lassen den Löffel sinken und sehen einander an. Ihre Blicke befragen sich, ihre Augen schleichen vorbei aneinander, ihre Münder bleiben stumm.

Sie erinnern sich daran, wie der Engländer vor Monaten bei Fromelles getrommelt hat. Es war Kinderei, spielerisches Beginnen auf einer Puppenbühne. Hier, jetzt, vibriert die Luft, nach welcher Seite man sich auch wendet, jedes Baumblatt, jeder Grashalm vibrieren. Die Erde selber trommelt. Die Erde ist eine Scheibe geworden, an deren Rand Stürze von Wasser, die aus Eisen sind, niedergehen.

Es hilft nichts, man muß einen Fuß vor den anderen setzen und diesem Eisensturz entgegen. Hier zum erstenmal verschwinden ein paar. Sie gehen verloren. Sie drücken sich. Sie unterliegen dem Zwang: nur nicht dorthin, nur nicht vorwärts! Sie brechen aus wie scheuende Pferde vor dem Hindernis. Ach, sie kommen nicht weit. Wo sollten sie auch bleiben? Sie irren umher, niemand füttert sie, niemand gibt ihnen Obdach. Ein paar Tage schlagen und schleichen sie sich so durch, schlafen auf Bäumen, in denen sie sich festbinden, versuchen zu betteln oder zu stehlen. Dann werden sie aufgegriffen oder haben genug und lassen sich aufgreifen, werden dem Regimente nachgeschafft und ausgeliefert, und wenn gerade Zeit und Ruhe herrscht, werden sie abgeurteilt und bestraft, nicht ohne vorher ärztlich untersucht und für das Desertieren voll verantwortlich gemacht zu werden.

In der Nacht erreicht man ein mitgenommenes Nest unfern Bapaume. Man ist völlig ausgepumpt nach einem Marsch von siebzehn Stunden. Aber wo die ausgeleierten Beine niederlegen? Der Ort ist überfüllt wie am Vorabend zu großen lockenden Festlichkeiten. Schließlich findet man einen Stall, der so brüchig und halbmeterhoch mit angestautem Mist ohne Stroh überschwemmt ist, daß niemand ihn haben wollte. Hier legt man sich, in Mantel und Zeltbahn gehüllt, mitten auf den Kot und ganz eng nebeneinander, denn die Nächte ziehen schon kalt und die Ratten, in überlegener Zahl, spüren und pfeifen weniger dreist zwischen zusammengeschlossenen Körpern umher und über sie weg, als wenn man einzeln gelagert ist.

Voll wie zu Festlichkeiten – ja, und unruhig gärend wie auf dem Lande im Herbst nach der Ernte, oder wenn Viehmarkt ist. Auch Illumination ist da. Revolverkanonen werfen ein glimmendes Band von Geschossen nach Flugzeugen in den Nachthimmel. Und so zahlreich brausen hier die feindlichen Flieger, daß etliche sogar getroffen werden, mit brennendem Benzin blutend auflohen und weiter dahinschießen durch Finsternis, immer mehr zum Glutschiff werdend – oder zum glühenden Riesenbügelstahl, der zischend über den schwarzen Samt des Himmels plättet und platzend niedergeht – Abschluß eines Schaustückes, kühn erdacht für staunende Gaffer von einer unbedenklichen Pyrotechnik.

Der nächste Morgen schon bringt den Einsatz des Regiments. Ohne daß sie zur Besinnung kämen, sollen sie hineingeschmissen werden mitten ins Gebrodel. Man scheint sie da draußen in der Linie mit brüllender Ungeduld zu erwarten. Wer erwartet sie? Die «Abgekämpften» – womit die Zerstampften, die innerlich Heulenden, die von Schwäche Geschüttelten gemeint sind? Oder wartet einfach auf sie der große Töter und Leiberzerreißer, wie er schon Zehntausende erwartet und empfangen hat?

Lipp geht mit seinen Sanitätsleuten auf einen Verbandplatz bei Bapaume. Er reicht Funk die Hand. «Wenn wir uns diesmal wiedersehen, mein Lieber, können wir beide von Glück reden.» Er ist sehr bleich, die schwarzen starren Raubvogelaugen hinter dem gekrümmten Nasenschnabel haben noch nie so viel Menschliches gehabt. Funk drückt ihm die Finger und liebt ihn beinahe.

Er und Fähnlein bleiben im Ort. Sie sollen Verbandzeug nachschicken, Fühlung nach rückwärts mit Division und Sanitätskompagnie halten, sie sollen vor allem Leichtkranke auffangen und irgendwie kurieren. Überflüssige Belastung der Lazarette, in die mit breitem Strom unablässig zerstörtes Fleisch fließt, muß durchaus vermieden werden.

Fähnlein und Funk – sie wählen notgedrungen den mistüberladenen Stall als Krankenraum. Es findet sich nichts anderes. Ein paar Malade sind schon in ihren Händen. Sie nageln den weißen Deckel einer Schuhschachtel ans Scheunentor, mit einem mit Rotstift gemalten roten Kreuz, schreiben auf einen zweiten Deckel daneben: Revier des soundsovielten Infanterieregiments, und sind installiert.

Aber nicht einmal hier dürfen sie bleiben. Ehe die Nacht kommt, haben ein paar fremde Offiziere mit ihren Pferden und Burschen sie hinausgeworfen, ihr Protest hilft gar nichts. «Sucht euch was anderes. Ab. Glaubt ihr, wir wollen unsere Gäule im Freien stehen lassen?»

Sanität ist Nebensache für die, die noch heile Knochen haben. Funk und Fähnlein ziehen umher mit ihrer kleinen Schar von Fiebernden und Hinkenden.

Die preußische Ortskommandantur, belagert von Petenten, fieberhaft telephonierend, zuckt nur die Achseln. Kein Platz. «Da hätten eure Ärzte, ehe sie weiter sind, besser für euch sorgen müssen.» Zudem handelt es sich um Bayern, die stehen ihnen sowieso ferner, sie sollen sich selber helfen.

Fähnlein entdeckt eine geräumige Nische unter einem Torbogen. Miserabler Platz, es zieht, und eine Zeitlang scheint er als Latrine benutzt worden zu sein. Fähnlein läßt ihn einigermaßen säubern durch die sehr widerwilligen Hände der Kranken – da kommt der Wagen einer Maschinengewehrkompagnie und behauptet, hier wohne er, hier habe er immer gewohnt und jetzt rücke er wieder ein.

Abermals spricht ein Offizier ein Machtwort, und Fähnlein muß weichen. Es dunkelt schon, er geht, gedrängt von den Umständen, unbedenklicher vor, bricht einfach in Häuser ein, klinkt einfach Türen auf und entdeckt eine leere Stube, einen sauberen großen Raum mit nichts als ein paar Tischen und Stühlen. Das übrige Drumherum ist längst zusammengeschossen und verkommen.

Ein unerhörter Glücksfall! Er dirigiert die Seinen hierher, deren schon weniger geworden sind, denn ein paar Kranke haben es vorgezogen, auf eigene Faust nach Unterschlüpfen zu suchen.

Was er hier wolle mit seiner Hammelherde? Hier werde ein Kasino eingerichtet und heute noch in Betrieb genommen. Er solle sich schleunigst verziehen mit seinen Drückebergern! – Ein Verpflegsoffizier steht da und verwehrt ihm den Eingang.

Funk und Fähnlein geben es auf. Sie ziehen zum Wagenpark und legen ihre Kranken zwischen die Räder der Sanitätskästen. Da liegen sie feucht, kalt, ohne Decken, manche haben nicht einmal einen Mantel.

Funk und der Feldwebel verbringen die Nacht sitzend auf der Wagendeichsel; sie schlafen gegen Morgen trotzdem ein und entdecken beim Wachwerden, daß die meisten ihrer Schützlinge sich verkrümelt haben.

Es kommen neue, von draußen hierher geschickt, aber sie finden schon gar nicht dieses fliegende Revier, und wenn sie doch darauf stoßen, bleiben auch sie nicht lange. Sie gehen eigenmächtig wieder. Wohin? Es bleibt dunkel. Infolgedessen ist kaum etwas zu tun für Funk. Er schweift in der Nähe des Wagenparkes umher. Fähnlein und er lösen einander ab in der «Sprechstunde». Die hintere Wand des Pflasterkastens ist aufgeklappt wie die Platte eines alten Schreibsekretärs. So werden die Schubfächer frei, in denen einige brauchbare und viel unbrauchbare Dinge pedantisch verwahrt sind. Zaghafte Dinge, viel zu zimperlich für die Tilgung der Spuren, die hier von den Faustgriffen der Tobsucht geprägt werden: Baldriantinktur und Aqua destillata ; milde Salben in vielfacher Zusammensetzung und Kamillenpäckchen; wer benötigt eine Präzisionswaage, mit der man genau nach Gramm dosieren kann, wo nicht fern Eisen tausendzentnerweise explodierend verabreicht wird?

Fähnlein verarztet wenig Leute des eigenen Regiments und viel fremde Soldaten, die im Gequirl dieses Vorraums zur Hölle vorbeigetrieben werden: Humpelnde mit zerschabten Zehen, geschwollene

Knie, krampfhaft sich entleerende Därme, eiternde Finger, triefende Augen. Er hat nicht die Macht, sie ins Hinterland in irgendein Bett zu schicken, er kann sie nur ambulant behandeln. Wenn ein Fall ihm lebensgefährlich erscheint, übermittelt er ihn einigen Ärzten, die in der Kirche des Ortes eine Sammelstelle für schlimmstes Elend eingerichtet haben. Von da schaffen Vehikel unablässig zurück, was gerade noch lebend den zermalmenden Kiefern des vorwärtsfressenden Angriffs entrinnt.

Funk geht durch das Kirchenschiff. Der Boden ist in unzählige schmale niedere Boxen, in Rabatten, eingeteilt, darin verwest das Leben, darin blüht der Tod.

Funk sieht gelbe Gesichter, blaugraue, grünliche, blutüberkrustete, hochrot geschwollene. Manche, die unruhig sind, die Hirnverletzten, als wollten sie das Stroh, auf dem sie sich wälzen, schlagen und es dreschen, manche, die still daliegen und keuchen. Manche, die einen tiefen schnarchenden Ton des Schmerzes, ein qualentpreßtes Gebrumm im Tempo des Atmens von sich geben.

Manche, die alles aufgesteckt haben. Sie wirken irreführend. Die Toten scheinen hier heimlich die Zahl der Verwundeten größer hinstellen zu wollen, als sie in Wirklichkeit ist. Diese Vollendeten haben sich eingeschlichen unter die Mangelhaften. Hinaus mit ihnen, sie nehmen unnötig Platz weg. Aber man muß sie liegen lassen, man ist der Arbeit und dem Andrang nicht gewachsen.

Funk entfernt sich wieder aus dieser Kirche, in der unter anderem auch gebetet wird, und in der es im ganzen merkwürdig still zugeht, als rase die geballte Pein der Masse unter einer dämpfenden Schicht: unter den dicken Dünsten des Fiebers, unter der schwebenden Schwäche, die den ausgebluteten Körper einlullt.

Draußen ist der immerwährende donnernde Katarakt des Horizontes, gespieen aus Tausenden von Geschützen gleichzeitig. Man ist gedrängt, den Mund zu öffnen; so erträgt das Trommelfell ein wenig besser jenes schrecklich jagende Gehämmer. Man schnappt nach Luft wie der Fisch auf dem Trockenen nach Wasser. Rätselhaft schlägt manchmal etwas Tückisches mit zischendem «Tick» in den Schlamm der Dorfstraße. Diese Teilchen müssen von weither kommen, von fernab krepierenden Granaten. Ihrer sind so viele, daß, obwohl kein Schuß in den Ort fällt, er dennoch dünn überschleiert ist von solchen Sprengstückchen.

Wie Funk sich aufmachen will, um Fähnlein abzulösen, sieht er auf einem der vielen Wagen, Materialwagen, die leer aus der Richtung Bapaume kommen, etwas höchst Ungewohntes. Die Wagen haben alle vorerst jene Kirche zum Ziel, denn sie bringen Menschen mit, die draußen verwundet und verbunden worden sind, also vermutlich sehr stille Menschen.

Hier aber naht, langsam von Gäulen durch die zur Suppe zermahlene Straße gezogen, ein Gefährt mit breiter Plattform, das Lemuren der Somme, Ausgeburten eines Wahnsinns – oder was sonst? – mit sich führt: wippende Damenfrühlingshüte in zarten Farben mit mächtigen Krempen, Mode 1914; eine flatternde Federboa um hüpfende Schultern; tanzende Weiberröcke, teils Tuch, teils seidenes Unterzeug; Korsette um Soldatenhüften, den leeren Raum für die Frauenbrüste vollgestopft mit Tüchern.

Sie taumeln umher, sie umfassen sich und machen Tanzschritte, sie johlen gleich Betrunkenen – ein Gegröl, das plötzlich in schmerzliches Gestöhn übergehen kann, denn sie alle sind verwundet.

Leichtverwundete mit Fleischschüssen durch Arm oder Bein; jawohl, durch die Beine, und sie hüpfen dennoch. Einem löst sich der durchblutete Verband vom Schenkel, er zieht die Binde als weiße, rotgesprenkelte Schlange hinter sich her.

Sie haben, versehen mit ihren Ausweisen fürs Lazarett, irgendwo da draußen gewartet auf Fahrgelegenheit. In einem Keller an einer Straßenecke von Bapaume. Und haben dabei ein Warenlager, ein Kleiderlager und auch Schnaps entdeckt.

Das ist alles.

Und nun sind sie gerettet, sind der Somme entronnen, haben ihre Schüsse weg, durch die sie dem Dasein wiedergegeben werden, sind neugeboren.

Kommen mit heilerer Haut davon, als wenn die Haut heil wäre. Da weiß man sich freilich vor Jubel nicht zu fassen.

Dennoch kann es sein, daß mancher zuletzt ein Glied verliert oder selbst noch das Leben: die verschmutzten Wunden mit vom Schuß hineingerissenen Uniformteilen sind eine Gefahr. Aber davor fürchtet sich freilich keiner. Wie käme er dazu, jetzt einen anderen Gedanken zu denken als: gerettet.

Einer hat die blaue, kokett geschnittene Kattunschürze einer Arbeiterin an – und Angélique steht vor Funk.

Noch mehr aber erstarrt er, als der Wagen dicht an ihm vorüberwuchtet, und gleich hinter dem Kutschersitz ein Häuflein Toter enthüllt wird. Die Grölenden, die Taumelnden stoßen, ohne es zu merken, mit ihren Absätzen gegen die Leichname.

22

Das Regiment, aufgefrischt mit zweifelhaften Kräften aus der Heimat, notdürftig zurechtgebürstet, bezieht Winterstellung bei Vimy. Das Revier ist in Méricourt, der Regimentsstab aber in Avion. Diese Einteilung ist dem Lipp sehr willkommen. Er ist hier Diktator, ist ranghöchster Offizier, wenn sich nicht gerade auch ein Bataillon in Méricourt ausruht und sein Führer etwa Major ist. Aber diesem kann man so ziemlich aus dem Wege gehen, zur Tafel wird man nicht zugezogen, man ist ja nur Sanitätsoffizier, man kann daher ganz seinen Passionen leben. Er zieht durch den Schnee auf die Hasenjagd, mit einem Treiberaufgebot von zwölf Krankenträgern und drei Unteroffizieren, und bringt zwei Stare mit heim. Er beginnt hier wieder seine Champignonzucht, man muß gestehen, mit mehr Glück als in Fournes; eine komplizierte, aufreibende, viel Arbeit anderer verlangende Tätigkeit erzeugt einige Prachtexemplare des Pilzes.

Manchmal besucht ihn sein Freund, der Kommandeur. Sie verstehen einander immer besser, je länger der Krieg dauert, je laxer die Anschauungen über Mein und Dein, über Gut und Böse, über Gewalt und Verzicht werden, je unbedenklicher man sich einer leidlich bequemen Stunde hingibt.

Pummer bewältigt den Weg von dem ganz zusammengeschossenen Avion, einer Arbeiterkolonie mit vielen unfertigen Häusern, die wieder umgelegt wurden, ehe der Dachstuhl oben war, zu Pferd auf trostloser Landstraße durchs Kohlenrevier in einer knappen halben Stunde bis zu dem viel besser erhaltenen Méricourt.

Er wird vom Stabsarzt eingeladen – diesmal wird er mit stolzem Feixen gehorsamst gebeten, – das Revier zu besichtigen. Lipp ist sehr erbaut von seiner Schöpfung. Der schwach belegte Ort, der noch Zivilbevölkerung birgt, hat ihm reichliche Auswahl an Örtlichkeiten gelassen. Er wählt ein langgestrecktes Gebäude mit saalartigen

Zimmern im Parterre und ersten Stock. Öfen, Bettgestelle, Tische, Stühle läßt er mit wenig Skrupeln zusammenholen, zusammenhämmern, aufbauen und einbauen. Leise kreischende Proteste der enteigneten Eingeborenen – es sind in der Hauptsache Frauen – besiegt er mit Hilfe des Ortskommandanten, eines verbitterten, trotz dreifacher Verwundung undekorierten Schullehrers, der voll stolzem Vergnügen dem Herrn Stabsarzt dienlich ist. Die beiden Offiziere pflegen zusammen zu speisen.

Das Revier wird immer musterhafter. Zur heimlich fluchenden Verzweiflung seiner Untergebenen hat Lipp in einem Winkel – er läßt keinen des Dorfes undurchstöbert – einen Haufen gerollter Tapeten gefunden. Eine prächtige – hochrot mit Gold – ist darunter und in reichlicher Menge vorhanden. Ein Unteroffizier, von Beruf Tapezierer, muß sich der Sache annehmen; er kleistert drauf los, daß der Mehlbrei über den Boden trieft. Das nötige Mehl ist von der Feldküche nach Kämpfen mit dem Koch, dem immer dürftigere Rationen zur Verfügung stehen, erbeutet worden.

Mit dem goldrot tapezierten Raum im Parterre hat Lipp etwas Besonderes vor. Er macht aus ihm eine richtiggehende, elegante Friseurstube mit großen Spiegeln, Armsesseln, Marmorplatten, Flakons und Aschenschalen. Es ist ja noch alles vorhanden in diesem Nest, man muß nur Machtworte durch den Ortskommandanten sprechen lassen, der sie gern spricht. Und wenn wirklich etwas nicht aufzutreiben ist, wie die genügende Zahl von Spucknäpfen, so setzt man sich ins Wagerl und requiriert in der Nachbarschaft.

Übrigens hat das Wagerl, als man es nach der Somme wiedersah, eine böse Enttäuschung herangefahren. Der mächtige Schmalztiegel sollte eines Tages in Aktion treten. Er war da, nicht weniger als die Bibeln und die Porzellanteller, er war wiederholt kontrolliert worden, indem man seinen Deckel losband und hineinschaute. Stets war die gelbe, glänzend starre Oberfläche unversehrt. Aber wie man ihn nun vom Wagen hob und Fett zum Backen von Pfannkuchen entnehmen wollte, da brach man sogleich mit dem Löffel durch dünne Oberschicht ins Leere: von unten her, nach kunstvoll zerschlagenem Boden, war der ganze Innenraum ausgehöhlt worden – Ergebnis gewissenloser Diebereien, wie der Stabsarzt schäumend meinte – Schamlosigkeit des Hannes, dem es an soldatischer Zucht immer mehr gebreche.

Über diese Enttäuschung findet er sich am besten weg durch Ablenkung, durch den ganzen Einsatz seiner Person für das herrlich gedeihende Werk des Reviers, dessen Höhepunkt jener komfortable Rasierraum ist, mit einem Kabinett – einem Juwelenkästchen! – für Offiziere und Offiziersaspiranten.

Nun sitzt also der Soldat vor blitzendem Glas, legt die zerfranste Halsbinde auf polierten Marmor und den Kopf gegen Lederpolsterung und kann im Spiegel das eigene, zermürbte, verdrossene Gesicht und die durchlöcherte, vom Regen ausgelaugte, verschrumpelte oder verbrannte Uniform eingehend betrachten.

Nach Vollendung des Reviers ruht Lipp endgültig aus. Um die Insassen kümmert er sich weniger denn je. Er sorgt dafür, daß ständig einer seiner Ärzte ihm diesen Dienst abnimmt.

Er selbst ist beschäftigt mit dem eigenen Heim und mit Geselligkeit. Er hat hochnobles Quartier: ein smyrnateppichbelegtes großes Parterrezimmer mit Nippesfiguren, Konsolen und einem Harmonium, ein Schlafkabinett, eine Dienstbotenkammer für den Burschen, eine Küche, in der eifrig gebraten und gesotten wird. Eine Französin, junge Bergarbeiterfrau, kocht für ihn.

Sie kocht hübsch und mit der Begabung, die ihrem Volke für Speisenzubereitung eigen ist. Sie wohnt nicht in dem Haus, dessen Führung sie übernommen hat auf Geheiß des Ortskommandanten. Sie wohnt mit ihrer Mutter und ihrem zweijährigen Kinde in einem alten kleinen Arbeiterbau am Rande des Ortes, zerbröckelnd, völlig verwahrlost seit Kriegsbeginn, am Zusammenfallen, ohne daß eine Granate es je beschädigt hätte.

Marguerite Lacroix heißt sie, ist blond und lang, von zartem Rot überhaucht und blauäugig, und könnte ebensogut ein norddeutsches Dienstmädchen sein, hätte sie nicht ihre sehr bewegliche Miene und ihre starke Neigung zu spöttischer Schlagfertigkeit. Sie ist zufrieden mit ihrem Posten, die Küche wirft Essen ab für sie und das Kind.

Jeden Morgen um acht sieht Funk sie an seinem Fenster vorbeikommen. Er sitzt und arrangiert den täglichen Sanitätsrapport, der, von Lipp unterschrieben, an den Kommandeur nach Avion abgeht – mit Hilfe einer losgelassenen Ordonnanz, die keine Minute nach neun Uhr drüben einlaufen darf. Diese Dinge müssen immer noch am Schnürchen gehen wie in der Garnison zu Friedenszeiten.

Funk sieht Marguerite Lacroix vorbeiwehen, sie lächelt zu ihm herein mit großem roten Mund, die blaue Schürze über der flachen Brust, sehr hübsch, ein bißchen schwindsüchtig, das blonde reichliche Haar vielfältig geflochten als Krone auf dem Kopf.

Da eilt sie hin, langbeinig, mit schön geformter Hüfte, dreht sich zurück und schneidet eine übermütige witzige lockende Grimasse.

Eine Viertelstunde später trägt Funk seinen Rapport nicht ungern hinüber zu Lipp, denn er weiß, daß Marguerite ihn begrüßen und «-jour, m'sieur» plappern wird.

Es ist übrigens unzweifelhaft, daß auch der Stabsarzt sie gerne sieht. Sein Gemecker hat kavaliermäßige Untertöne. Er wirft forsche Glitzerblicke über die Hakennase. Das schwarze Spitzbärtchen läßt er in der Rasierstube sorgfältiger zurechtstutzen.

Ihr entgeht natürlich nicht, wie es um ihn bestellt ist, und sie wagt sich mit bestem Instinkt bis an die Grenze des Schabernacks, den sie ihm zumuten kann.

Funk steht im Zimmer, es ist schon halb neun, der Bote nach Avion muß mit dem Rapport sogleich davonrasen, sonst kommt er zu spät.

Aber Lipp liegt in seinem Kabinettchen noch im Bett.

«Bitte, wecken Sie den Herrn Stabsarzt», raunt Funk. «Er muß das da gleich unterschreiben.»

Marguerite legt einen Finger an ihre vollen Lippen und schleicht zur Tür. Sie pocht, sie öffnet einen Spalt und flüstert wichtig hinein: «Oh monsieur Lipp, venez donc vite, monsieur le colonel est là!»

Funk hört unterdrücktes Gefluch – «Bluatsakra!» – und das Gekrach eines Bettes, das sprungartig verlassen wird. Er ist entsetzt über die Keckheit der Französin, will hinzueilen und aufklären, aber sie huscht um den breiten Tisch herum und hält einfach mit ihrer großen Hand seinen Mund zu, mit der anderen seine Schulter fest. Sie hat erstaunliche Kräfte, diese schmale Arbeiterfrau aus dem Bergwerkbezirk.

Ehe Funk sich befreit hat, poltert schon die Tür auf, und Lipp setzt sprungartig heraus und in einem Schwung zur tiefen Verbeugung an.

Er hat den Militärmantel übergezogen und notdürftig zugeknöpft; aus hochgeschlagenem Kragen, der karminrot leuchtet, steigt sein unsicherer, schnell zurechtgekämmter Geierkopf. Er ist mit nackten

Beinen in die Reitstiefel gefahren. So gleicht er einigermaßen einem gerüsteten Krieger.

Marguerite schüttet sich aus vor Lachen, sie krümmt sich anmutig.

Funk steht stramm und sagt hilflos: «Verzeihen Herr Stabsarzt, ein Mißverständnis, Madame» (so nennen alle sie scherzhaft, nun bleibt der Titel auch für den Ernstfall), «Madame sollte nur mich melden.»

Lipp läßt das Kinn hängen, er begreift nicht gleich, doch dann wetterleuchtet es furchtbar auf seinen Lederbacken. Funk sieht Raserei losbrechen. Aber das unaufhörliche Gekicher Margueritens verlangt entweder Abrechnung mit ihr in vollem Ansturm – oder ein Beidrehen und Mitmachen.

Will er sie nicht verlieren, der Lipp? Hat er noch Dinge mit ihr vor? – Funk spürt Anwandlungen von Eifersucht, so sehr ihn selber das lächert. Aber er wird getröstet, er empfindet deutlich: der Stabsarzt hat bisher nichts erreicht, er begibt sich ins Schlepptau, denn die zusammengeballte Miene entbreitet sich zum meckernden Gelächter, das äußerst laut ist, um das Gekrampfte seiner Schwingung zuzudecken.

«Schau mal an! Funk, was sagen Sie zu unserem kleinen Witzbold! Aber das ist frech! Was, Madame Marguerite, vous êtes une – une – wie heißt denn Spaßmacherin, Funk? – vous êtes une pierrette, madame. Vous avez fait une arlequinade!»

«Mais monsieur l'arlequin, c'est vous!» Sie quietscht vor Vergnügen. Sie zeigt auf den Saum des weißen Nachthemdes, das über die Schäfte der Reitstiefel fällt.

Er droht mit dem Finger – noch scherzhaft. Aber seine Worte haben den bohrenden Unterton des Beleidigten, des läppisch zur Schau Gestellten, dem Rache Bedürfnis wäre; er sagt in schlechtem Französisch: «Ich will Sie dem Ortskommandanten übergeben; der wird Sie einlochen.»

Da ist sie doch ein wenig betreten und ängstlich – und sieht so reizend aus in ihrer aufkeimenden Verzweiflung, daß Lipp nur hinzutreten und ihr die Wangen tätscheln kann wie einem erschrockenen Kindchen.

Dann endlich wird der Rapport unterschrieben – um in Avion verspätet zu landen.

Welche Verspätung vom Oberstleutnant beanstandet wird. Welche Beanstandung dem Lipp die Laune mit einem Schlag verdirbt – «das habe ich diesem Luder zu danken, der Lacroix, ich schmeiße sie doch hinaus!» – aber er hat weder Zeit, es zu tun, noch Zeit, sich abzuwiegeln, denn Schlimmeres bricht über ihn herein: wieder einmal ruft der Divisionsarzt an.

Lipp unternimmt das übliche. Er rast zu Funk und dann erst, mit ihm zusammen, ans Telephon. «Was haben Sie wieder verpatzt?» zischt er unterm Rennen. «Sicher stimmt dieser vermaledeite letzte Bericht nicht. Ich hab' mir gleich gedacht, was Sie da über zunehmende Abnahme des Durchschnittskörpergewichts quasseln, ist ein Unfug.»

Sie langen an. Lipp hebt den Hörer ans Ohr, als solle er sich selber einen Skorpion in die Muschel setzen, und packt mit der anderen Hand seinen Funk an der Achselklappe, damit er nicht entlaufe.

Aber Funk ist hier völlig überflüssig. Nach einigem Horchen, darin das Vogelauge schwarz aufknistert, heben Verbeugungen und breites Geplärr an. Lipp trieft geschmeichelt. «Danke gehorsamst, Herr Oberstabsarzt, danke untertänigst für die mich zutiefst beglükkende Nachricht! Werde mir erlauben – jawohl – – nicht versäumen, sehr wohl – empfehle mich allergehorsamst –»

Er hängt ein und schnauft auf. Er sagt erschöpft: «Funk, ich habe den Sanitätsorden bekommen.»

«Darf ich gratulieren, Herr Stabsarzt.»

«Es ist eine lebenslängliche Rente damit verbunden.»

«Famos, Herr Stabsarzt.»

«Nur klein. Leider nur eine kleine monatliche Zahlung.»

«Besser als in die Hose geschissen – pflegt ein ungehemmter Freund von mir zu sagen.»

Lipp merkt keinen Hohn. Er ist ganz weg. Er hört die Worte vielleicht gar nicht. «Wie wird er nun eigentlich getragen? Neben dem Eisernen erster oder um den Hals?»

«Vielleicht um den Bauch, Herr Stabsarzt; den meisten Kranken, die der Truppenarzt behandeln muß, fehlt es ja im Gedärm.» Funk ist geladen mit unmöglichen Sätzen.

«Sie wissen es nicht? Sie wissen auch gar nichts, Funk. Das dürften Sie schon wissen», knurrt er unwillig. Wo sich's darum handelt, orientiert zu sein, verlangt er das Äußerste von jedem Untergebenen.

Aber Verdruß hält heute nicht vor. Daheim angelangt, verzeiht er Margueriten alles und plärrt in die Küche: «Madame, on m'a fait chevalier.» Er tut belustigt, doch er ist im Grunde ernst und stolz.

23

Es bricht so etwas wie eine behagliche Zeit an. Der Winter ist streng, und die «Kampffreudigkeit» der Gegner gelähmt. Zehrend von den Früchten des Sommers, der guten Ernte des Herbstes, die ihn fett gemacht hat, hält der Krieg eine Art Winterschlaf.

Lipp ist entschlossen, die Verleihung des Sanitätsordens zu feiern. Er hält nicht viel Verbindung mit den Offizieren des eigenen Regiments, aber mit den Herren von der Feldartillerie, die im Nachbarort hausen und ihn wenig in seinen Eigenartigkeiten kennen, hat er sich angefreundet.

Sie werden zu einem Hasenessen eingeladen, doch vorläufig hüpfen die Hasen noch auf den verschneiten Feldern umher.

Drum arrangiert der Stabsarzt abermals eine Treibjagd und nimmt Artilleristen mit. Funk, der in einem Zimmerchen mit Bett und rotglühendem Kaminchen passable Tage hat, fragt den auffallend umgänglich gestimmten Vorgesetzten, ob er diesmal Artillerieoffiziere mit ihren Geschützen auf das Wild schießen lassen wolle. Aber der Stabsarzt erklärt etwas unwirsch, er habe die Herren durch den Ortskommandanten mit Gewehren ausrüsten lassen.

Dann rückt er mit seinen Treibern ab zum Treffpunkt, und Funk ist froh, für ein paar Stunden den Stabsarzt außer Haus zu wissen, denn er möchte mit Marguerite ins reine kommen.

Es ist seltsam, wie schnell man sich erholt vom Elend des Krieges bis zu dem Punkt, der mit dem Leben zugleich das Weib begehrenswert macht. Funk ist sich klar darüber, daß auch er auf Jagd geht – auf eine Häsinnenjagd.

Er hat von der Mutter eine gute Fettseife – welch rarer Artikel! – und Schokolade geschickt bekommen. Beides in der Tasche, pirscht er sich hinüber in Lipps Behausung.

Sieh da – Marguerite ist nicht allein. Der feist gewordene Ortskommandant, ein noch junger Mann, steht breitbeinig, x-beinig, in der Küche und nimmt gerade ein Schälchen Kaffee zur Hand. Es ist das Schälchen, aus dem sonst Marguerite zu trinken pflegt, und Funk wundert sich, daß der Leutnant nun daraus schlürfen will.

Madame zieht ihr Kleid zurecht und hat eine weinerliche Miene, gemischt aus Trotz und Sorge.

«Funk, was wünschen Sie?» fragt der Leutnant gnädig, jedoch mit einer Leutseligkeit, die den Ärger des Gestörten nicht recht zuzudekken vermag.

Funk kennt diesen ehemaligen Linienleutnant, der nun nach seinen Verwundungen undekoriert, durch Zufälle schmachvoll übergangen, das Nest Méricourt dirigieren muß – kennt ihn gut genug, um zu wissen, daß er ein in kleinen Brutalitäten für sein Pech sich rächender Mann ist. Es geht ihm jetzt natürlich doppelt schlecht, nachdem der Stabsarzt, mit dem er täglich diniert und soupiert, zum drittenmal dekoriert prangt. Funk sagt: «Herr Leutnant, ich soll mit Frau Lacroix zusammen die Garderobe des Herrn Stabsarztes ein wenig in Ordnung bringen.»

«Das ist doch nicht Ihre Sache, Schreiberjüngling. Das kann der Diener machen. Gehen Sie nur wieder.»

«Befehl vom Herrn Stabsarzt, Herr Leutnant», lügt Funk bedauernd. «Er traut mir wohl mehr Delikatesse zu.»

«Mehr –?» fragt der Ortskommandant stirnrunzelnd, plötzlich unangenehm berührt. «Wieso denn –?»

«Akkuratesse wollte ich sagen», verbessert Funk sich.

Der Leutnant bricht auf. Er stellt die Schale hin, ohne einen Schluck genommen zu haben. «Also tun Sie, was Sie nicht lassen können. Guten Tag.» Er grüßt Madame kalt und obenhin.

Was es gegeben habe, fragt Funk.

Er habe sich ihr nähern wollen – oh, so dick wie er sei, und auch schnaufe er wie ein Nilpferd (sie kann schon wieder kichern), aber sie habe nein gesagt. Da habe er erklärt, zudem koche sie in letzter Zeit gar nicht mehr besonders, er werde dafür sorgen, daß sie ihres Amtes enthoben werde und daß eine andere, vielleicht Madame Grevin, die Küche hier übernehme.

Funk beeilt sich, sie zu trösten: der Stabsarzt sei doch sehr mit ihr zufrieden, und das sei die Hauptsache. Wenn nötig, werde er, Funk, ein gutes Wort für sie einlegen. Oberndrein gäbe es demnächst ein großes Festessen, da sei sie geradezu unentbehrlich.

Dann zieht er seine Gaben hervor: «Die Seife für Sie, Madame, und die Schokolade für die Kleine.»

Madame schenkt ihm einen glitzernden Blick des Dankes. Sie faßt mit ihrer großen Arbeitshand in sein Haar und zieht seinen

Kopf zärtlich nach links und nach rechts, im Takt der beiden Silben: «Mer-ci!»

Er findet sie bezaubernd und küßt sie einfach auf den breiten roten Mund. Sie wehrt sich nicht, sie läßt ihre Zunge über seine Lippe huschen.

Er muß an das verschriene Raffinement der Französin in Liebesgenüssen denken (also auch diese Proletarierin begnügt sich nicht mit primitiven Dingen!) – aber da entwischt sie ihm und eilt ins große Wohnzimmer.

Wie er ihr nachgeht, sieht er, daß sie auf einen Stuhl gestiegen ist, Porzellanfiguren von einer Bordüre nimmt und mit einem Staubtuch behandelt.

«Marguerite –» sagt Funk.

«'sieur Fünk?» lächelt sie über ihre Schulter zu ihm hernieder. Er hat ihre schlanken Beine, ihr Gesäß, das einzig Üppige an ihr, vor Augen. – Führt sie sich vor? mißtraut er. Will sie mich reizen? Sie stellt das Reizvollste ihres Körpers zur Schau. Wie? Absichtlich?

Er ist hilflos. Wenn man jedes Jahr einmal eine Frau umarmt, verliert man die Distanz zu allem. Er sagt etwas Geschmackloses, etwas, das nicht wahr ist und das ihn ganz sicher an Boden verlieren läßt. Er sagt: «Je vous aime.»

Sie dreht sich herum, sie reicht ihm spottlustig ein Rokokodämchen aus Porzellan: «Voilà une demoiselle pour vous.»

Das ernüchtert ihn heilsam. Er höhnt: ins Bett zu gehen mit der sei nicht zu empfehlen, die habe ein Bein zerbrochen; man könne sich verletzen an den Knochensplittern (da ist wieder der üble Krieg im Zug der Gedanken – fühlt er).

Sie hebt das Püppchen an seinen Platz, und er hebt sie kurzerhand herunter vom Stuhl.

Sie stehen einander gegenüber. Sie lächelt undurchsichtig. Er legt beide Hände in ihren Nacken. Vor sich, unter ihrem Kinn, hat er eine Brosche. Es ist ein häßliches Schmuckstück. Brustbild eines Mannes in Uniform, talergroß. Die geleckte kleine Photographie spiegelt ihm in die Augen, so daß er, in die Pause hinein, fragen muß, wer das sei.

«C'est mon mari», gesteht sie leise.

Nach weiterem erkundigt er sich – und verspürt, wie wenig das dienlich ist für seine Ziele.

Er sei bei der Genietruppe. Dort seit Kriegsbeginn. Seine Tochter, die kleine Josefine, habe er nicht mehr zu sehen bekommen. Seit eineinviertel Jahren sei sie ohne Nachricht. «Peut-être il est mort», stellt sie sachlich fest. Sie zuckt die Achseln. «Egal», sagt sie dumpf. «Un sousofficier», fügt sie bei.

Wachsen nicht Funks Aussichten? Obwohl er weiß, daß sie nur «égal» sagt aus der großen tödlichen Erschlaffung heraus, die der Krieg jedem eingeimpft hat.

Er beläßt seine Finger in ihrem Nacken. Auf seinem Handrükken liegt der seidige Druck ihres blonden Haares. Ein Unteroffizier, dieser Gatte, der Antoine heißt, Antoine Lacroix. Eine Art Vorgesetzter – aus der ungeheuren Armee derer, die einander seit Jahren umzubringen belieben.

Er muß über diesen Feind hinweg – buchstäblich über ihn hinweg, wenn er die Frau nehmen will.

«Egal –» wiederholt sie leise, aber der lächelnde Mund zittert, die Schultern zittern, und Funk sieht aus den klaren Augen, als sei von ihrem blauen Eis etwas weggeschmolzen, Tränen über die Wangen laufen – in den Mundwinkel hinein. Sie langt mit der Zunge danach, nicht anders als vorhin im Kuß.

Funk läßt sie los, scheidet sich von diesem Hals und ergreift ihre Hand, die er in einer unklaren Aufwallung küßt, wie die Hand einer Dame – in dem Bestreben, Ritterlichkeit und Verzicht darzutun.

Er kommt sich sehr läppisch vor. Er möchte Marguerite anschreien nicht weniger als Antoine Lacroix und den Stabsarzt und den Ortskommandanten.

Er streicht Madame einmal mit verzerrtem Gesicht über die Wange und geht.

24

Die Hasenjagd ist erfolgreich gewesen. Lipp hat zwar wieder nichts geschossen – ein Hase ist ihm zwischen den Beinen durch, wie soll er denn da feuern können –, aber die anderen Herren haben Beute gemacht.

So ist Madame, über die der Ortskommandant keinen Ton mehr gesagt hat, vollauf beschäftigt. Es gilt vier Hasenrücken samt den

Hinterteilen zu spicken. Das Bratrohr in der Küche ist viel zu klein, um den Segen zu fassen. Zum Glück hantiert der Franzosenbäcker gleich nebenan mit seinen Maisbroten. Er bekommt Order, Hasen zu backen, unter der Androhung gräßlicher Strafen durch den Ortskommandanten, falls ihm die Prozedur nicht gelingen sollte.

Aber die Hasenleichen (trotz allem ist immer Krieg, sagt sich Funk, als er das Wort denkt) erscheinen schön braun gebraten auf der weißgedeckten Tafel.

Ein Fäßchen Bier, aus der Kantine beschafft, hat Lipps Bursche in der Küche angezapft.

Madame hat einen Berg Blaukraut hergestellt, samt Kartoffelpüree.

Das Fest kann beginnen. Funk sitzt am Ende der Tafel, zur Seite des jüngsten Leutnants. Er hat sich drücken wollen, aber der Stabsarzt hat das nicht geduldet. Sein Funk muß dabei sein. Er verlangt es in einem Gemisch von Gutmütigkeit und Herrschsucht.

Funk fühlt sich gar nicht wohl. Er ist der einzige Nichtoffizier. Der junge Leutnant neben ihm weiß nicht, was er reden soll. Wie zu einem Kameraden kann er nicht sprechen, wie zu einem Untergebenen will er nicht. Viele Blicke streifen Funks Brust; sie ist gänzlich nackt, aber jeder der Herren, die da sitzen, hat bereits das eiserne Kreuz erster.

Funk schweigt und sehnt sich fort.

Der junge Leutnant sagt: «Daß Sie bei der Sanität bleiben! Da kommen Sie doch nicht vom Fleck – so ganz ohne medizinische Semester. Sie mit Ihrer Vorbildung könnten Offiziersaspirant werden.»

Lipp hat die Worte gehört. Er kommt Funk zu Hilfe – uneigennützig? Oder fürchtet er, sein Schreiber könne sich des Leutnants Vorhaltungen zu Herzen nehmen? Er lacht: «Lassen Sie mir den Funk in Ruhe. Der ist unentbehrlich. Eine Perle. Wissen Sie, wie er schon genannt wird beim Regiment: der Herr Stabsarzt.»

Funk staunt, daß Lipp diese Bezeichnung weiß. Wie sehr sie gegen Lipp selbst geht, scheint der nicht zu ahnen. Die Soldaten spotten: «Den Staberl könnten wir leicht einsparen. Du machst die Sache besser ohne ihn als mit ihm.»

«Ein ungekrönter König», meckert Lipp. «Zum Wohl, Funk.» Und er hebt sein Bierglas. Heute trinkt er, mitgerissen, emporgehoben von der Ehre, die ihm widerfährt. Er kippt später sogar Schnapsgläser. Er sagt: «Hinterm feldgrauen Rock schlägt ein treues Herz, was Funk? Wir haben manchen Strauß gemeinsam durchgefochten. Um nichts geht es weniger als um äußere Ehren und äußeres Kleid» – seine geschmeidige Brust wölbt, vielleicht wider Willen, den neuen Orden vor – «es tun viele Leute von geistigem Rang heute einfachsten Dienst in der großen deutschen Armee. Funk, ich benutze die Stunde, um Ihnen zu danken für Ihre Leistungen. Sie mögen Ihnen nicht immer leicht gefallen sein, gesellschaftlich stehen Sie gleich mit uns, die wir hier versammelt sind, militärisch stehen sie weit – ich meine, müssen Sie sich nolens volens eben unterordnen.»

Lipp ist nicht mehr ganz nüchtern. Ist er sich seiner Taktlosigkeit bewußt? Offenbar nicht. Der Ton, in dem er die kleine Rede gehalten hat, ist herzlich. Ohne Zweifel wollte er in besten Absichten hinweisen auf seinen treuen Mitarbeiter.

Funk muß daran denken, daß er diesen Menschen einmal hat niederschießen wollen. Er bereut den damaligen Affekt gar nicht. Wenn dieser Mensch jetzt tot umfiele – er zweifelt nicht, daß ein Gefühl von Genugtuung in ihm zur Herrschaft käme.

Nach der Rede entsteht eine Pause, in der die Herren sich räuspern und Bier schlucken. Dann erhebt sich der Batteriechef und sagt äußerst getragen: «Meine Herren, nur zwei Worte. Der Herr Stabsarzt hat von der deutschen Armee gesprochen. Ihn und sie wollen wir hochleben lassen. Der Herr Stabsarzt und die große deutsche Armee: hurra, hurra, hurra!»

Auch Funk muß das Seidel in die Höhe stemmen, aber es stößt niemand mit ihm an. – Lipp und die Armeen sämtlicher Länder – so würgt er an seiner Scham – sie passen glänzend zusammen.

Der feierliche Dunst, den der Batteriechef erzeugt hat und durch den unterstrichen wird, wie vorzüglich das doch beim Heer ist, daß gesellschaftliche Gleichordnung – von der menschlichen gar nicht zu sprechen – einfach ausgewischt wird und militärische Rangordnung restlos an ihre Stelle tritt – der trübe Dunst verflüchtigt sich schnell, und es tritt heitere Trunkenheit an seinen Platz.

Marguerite hat sich dauernd irgendeines der Herren zu erwehren, die sich in erstaunlicher Weise verlaufen und nach der Hoftür suchen, um auszutreten.

Funk überrascht sogar den Stabsarzt selbst, wie er in der Küche mit Madame aus Schnapsgläschen Schmollis trinkt, wie er sie beschmatzt unter breitem Gekecker, mit seinen Faunslippen mitten auf ihren roten Mund.

Die Stimmung unter den Offizieren wird immer beschwingter. Das Harmonium wird aufgeklappt, und Reisling, der stabsärztliche Bursche, muß mit bierverklebten Fingern Walzer zu spielen versuchen. Es gelingt in einer seltsam quäkenden, stolpernden, hinter dem eigenen Rhythmus gleichsam herhinkenden Weise. Reisling ist von Beruf Kaffeehausmusiker, ein weltgewandter Bayer, ist in Paris gewesen und spricht im haarsträubenden Münchner Idiom französisch – bei einem kühnen Wortreichtum, der den des Stabsarztes ausgiebig übertrifft.

Marguerite soll tanzen – als einzige Dame des Hauses. Sie schüttelt den blonden hochroten Kopf. Sie wispert Lipp zu: höchstens mit Reisling und Funk.

«Weshalb nur mit ihnen?» fragt stirnrunzelnd der Stabsarzt.

«Ce sont mes camarades», sagt sie. «Messieurs les officiers sont –»

«– l'ennemi?» fragt Lipp lauernd.

«Ah non», bestreitet sie, doch unglaubwürdig im Ton. «Ils sont trop nobles pour une service.»

Sie lächelt Funk hilfesuchend zu. In diesem Augenblick ist sie beinahe schön. In diesem Augenblick ist Funks Neigung zu ihr echt und er liebt sie. Er möchte schützend vor sie treten. Es wird deutlich, daß sie den Offizier haßt, ihn empfindet als Räuber ihres Landes, Bedrücker, Sklavenhalter – und den einfachen Soldaten als Opfer. Als Opfer ebensosehr, wie ihr Mann Opfer des Krieges geworden ist. Volk und Volk – sie hassen einander nie, sie hassen einander unsicher nur die fünf Minuten, in denen es gelungen ist, sie zu verblenden und aufzuhetzen.

«Das geht nicht, Madame», sagt Lipp unwirsch, «daß Sie mit den beiden Soldaten tanzen und nicht mit meinen Gästen, den Offizieren. Dann müssen Sie verzichten.»

«Gern», sagt sie liebenswürdig, «volontièrement», – und huscht zurück in ihre Küche.

Die Gäste tanzen miteinander – in einer Luft, die man mit dem Hirschfänger in graue Wolkenpäckchen zerteilen könnte, so geladen ist sie von Zigarrenrauch, Bierdunst, Punschqualm und Kanonenofenhitze.

Sie drehen sich und singen:

«Haben wir auch nicht viel gemacht,
So haben wir doch den Tag vollbracht,
Leckt uns am Arsch, ihr Sorgen!
Auf Wiedersehen, morgen!»

Es ist schon reichlich Morgen, als man sich trennt. Und da sind auch die Sorgen wieder. Funk hätte sich längst gerne niedergelegt, aber er muß aufbleiben, um den Herren in die Mäntel zu helfen. Übrigens wären ihm die Augen zugefallen, hätte der beizende Rauch sie nicht offen gehalten. Er denkt daran, daß sich's kaum mehr lohnt, mit Schlafen anzufangen, denn der Achtuhrrapport steht sozusagen vor der winterdunklen Tür. Um sieben muß er beginnen, ihn zusammenzustellen. Jetzt ist es fünf.

Das sind kleine Sorgen. Größere überfallen Méricourt in dem Augenblick, da die Artilleristen endlich unterwegs sind, und der letzte Mensch im Ort sich ausstreckt.

Unter plötzlich losbrechendem Geschützdonner, dessen Eisenhagel aber nicht nach Méricourt hineinfällt, gelangt die Nachricht hierher, der Engländer habe einen Gasangriff unternommen.

Der Wind steht von der vorderen Linie auf Méricourt zu. Ein sanfter stetiger Luftzug, er wird die Gaswolke langsam wandern lassen, aber einmal wird sie da sein.

Der Ortskommandant entsteigt den Kellerräumen des ehemaligen Rathauses, darin er seine Büros hat. Er wohnt unterirdisch, dort hat er ein Schlafzimmer mit Kronleuchter und Ölgemälden an tapezierten Wänden, und daneben eine Trinkstube, die mit französischen Requisiten nach Möglichkeit altdeutsch ausstaffiert ist. Vormittags schöppelt er hier mit wem immer; er muß nur gleich- oder höhergestellt sein. Sehr stolz ist er darauf, daß dieser Frühtrunk nie noch unterbrochen zu werden brauchte – «auch zu jener Zeit nicht, als die Hundsbande von drüben zu uns hereingeschossen hat. Deshalb habe ich eines Tages hier unten zu bauen und Innendekoration zu treiben angefangen. Ich werd mir doch mein Morgenschöppchen nicht verekeln lassen. Da kennen mich die Herren Engländer schlecht.»

Er also erscheint nun in Filzpantoffeln mit einer Stallaterne, in der eine Kerze brennt, läßt Sirenengeheul losbrechen und läßt die Kirchenglocken läuten.

Das sind die Zeichen, daß Gas unterwegs ist. Funk läuft ins Revier. Dort ist schon alles auf den Beinen und in Erwartung. Fähnlein und Asam sind in Sorge um ein paar Leute, die Halsentzündungen haben und so schon schwer genug schnaufen. Werden sie, wenn die Maske angelegt werden muß, genügend Luft bekommen?

«Weil du grad da bist, Funk, und jetzt zum Staberl rennst – frag ihn gleich, was mit zwei Kranken, die einen zugeschwollenen Rachen haben, geschehen soll.»

Aber Funk ist nicht da, um diese Nachricht zu übermitteln, er ist gekommen, um aus dem Sanitätswagen eine Ersatzgasmaske zu holen, denn er glaubt im voraus zu wissen, der Stabsarzt wird die seine vertrödelt haben und nicht finden.

So ist es. In erschreckender Weise nüchtern geworden, ohne es wirklich zu sein, rumort Lipp in einem schauerlichen Mischmasch von Gelächter und Gefluch in Winkeln seiner Schlafkammer, unter dem Bett, im Nachtkästchen, das er dabei umwirft, umher und beschimpft den Burschen, droht, ihn einsperren zu lassen wegen verbrecherischer Bummelei.

«Wenn dein Stabsarzt jetzt erstickt –!» lacht er gegen Reisling – um sofort, voll echter Angst, in Zorn umzuschlagen: «Viechkerl, verdammter! Ich weiß, was ich tu!»

Er ist daran, dem Burschen den eigenen Schutz zu entreißen – da tritt Funk ein und sagt: «Hier ist, was Sie suchen.»

«Sie haben sie gehabt –? Das ist doch stark!» bricht Lipp gegen ihn los, aber Funk sagt ruhig: «Ich hab Ihnen eine aus dem Revier mitgebracht. Und soll gehorsamst fragen, was mit zwei schweren Halsentzündungen geschehen muß. Ob man vielleicht schnell für die Kranken einen Wagen beschaffen und sie ins Hinterland transportieren soll.»

«Unsinn, ich muß auch da bleiben. Wenn man da jeden – Himmeldonnerwetter, was geht es überhaupt mich an, wer hat Revierdienst?»

«Assistenzart Werner.»

«Selbstverständlich soll er entscheiden. Wozu habe ich meine Ärzte? Reisling – sofort hinüber! Ich lasse Herrn Dr. Werner sagen, er möge sich in augenblicklicher Lage besonders der Hals- und Brustkranken annehmen und unverzüglich das Nötige veranlassen.»

Er kullert verstopftes Gelächter in sich hinein. «Das Nötige – das ist jetzt seine Sache, zu wissen, was das Nötige ist.»

Er sitzt mit seinem Freund, dem Ortskommandanten, beisammen: «Wann muß man nun eigentlich in den Maulkorb da hineinschlüpfen?»

«Hat noch Zeit. Der Alarm kündigt vorerst nur die Vermutung an, daß Gas kommen wird. Wir erhalten weitere Meldungen.»

Funk späht in die Küche. Daß dort noch Licht brennt, will nicht viel heißen. Elektrisches Licht glüht hier Tag und Nacht an vielen Plätzen. Niemand braucht es ja zu bezahlen. – Aber Marguerite ist tatsächlich da. Sie hat einen tiefen Polstersessel aus dem Wohnzimmer hierher geschleift und sich hineingekuschelt und schläft todmüde von der Arbeit, dem deutschen Bier und den Schnäpsen. Nicht einmal der Lärm, den der Stabsarzt vollführt, weckt sie auf. Sie hat für das bißchen Ruhezeit nicht nach Hause gehen wollen, es lohnt sich nicht; in kurzem muß sie ja beginnen, den Morgenkaffee zu kochen.

Funk erschrickt über den Anblick der schlummernden Ahnungslosigkeit. Er weckt die Frau hastig. Es ist gar nicht leicht, sie wachzurütteln. Es kostet Anstrengung, diesen bleiernen Schlaf zu verscheuchen.

«Madame, stehen Sie auf, hören Sie denn die Glocken nicht. Es kann sein, daß Gas vom Engländer herüberkommt.»

Sie begreift, trotz dem taumelnden Hirn, geschwind. So stark sind alle doch ewig auf Unheil gefaßt.

Sie greift sich an den Kopf, sie preßt ihre Schläfe. «Das Kind», sagt sie. «La petite Joséphine, monsieur Fünk –?»

Funk weiß, wie schmachvoll es bestellt ist mit den Zivilisten. Für sie gibt es keinen Gasschutz. Es gibt keine Masken für sie. Er schämt sich jetzt darüber so, wie wenn Madame ihn verantwortlich machen könnte. Deshalb hat er auch gleich vom Engländer gesprochen, als könne man ihm allein die ganze Gemeinheit der Folgen eines Gasangriffs in die Schuhe schieben.

«Monsieur – », sagt Marguerite leise flehend, während sie schon in ihre Schuhe schlüpft, um gleich nach Hause zu laufen, – «monsieur» – und sie weist auf die kleine graue Blechtrommel, die an einem Band über Funks Achsel hängt – «bitte, für mein Kind.»

In der Trommel ist das Abwehrmittel gegen die giftigen Schwaden, die kommen sollen. Funk schüttelt den Kopf. «Und ich, madame?» fragt er aufgebracht.

«Adieu», sagt sie mit Augen voll Ergebenheit in Unabwendbares. Oder ist es ein Blick stiller Verachtung?

Funk hält sie an der Küchentür zurück. «Nehmen Sie», flüstert er. «Ich kann vielleicht noch einmal ins Revier hinüberlaufen, bevor –»

Sie ist schon draußen. Sie hat die kleine Trommel unter der Schürze. Daß deutsche Soldaten keine Maske an Franzosen abgeben dürfen, bei strenger Strafe, das weiß sie. Im Wohnzimmer muß sie an den beiden Offizieren vorbeihuschen. «Revoir, messieurs», haucht sie und ist verschwunden.

«Merkwürdig sind die Weiber», sagt der Stabsarzt hinter ihr her. «Kopflos wie die Hühner. Da trägt diese Madame Essen unter der Schürze nach Haus und will's nicht wahr haben, daß sie mitsamt den ihrigen in Kürze erstickt sein kann. – Was tun die Franzosen eigentlich von sich aus gegen die Gefahr?»

«Weiß nicht», sagt der Kommandant gleichmütig. «Um alles kann ich mich nicht kümmern. Ich höre, sie sollen nasse Tücher auf Nase und Mund binden. Das würde natürlich gar nichts nützen. Sie verkriechen sich in ihre Keller.»

«Das ist doch ganz verkehrt», meint der Stabsarzt sachlich. «Das Gas, schwerer als die Luft, fällt ja gerade gern in jede Vertiefung hinein.»

Der Kommandant zuckt aufglucksend die Schulter. «Ja, mein Gott, wenn sie auf ihre Speicher und Dachfirste steigen, werden sie ebensowenig gerettet sein. Ich will übrigens mal hinüberschauen zu meinem Telephonisten, ob weitere Meldungen von vorn da sind.»

Er geht. Lipp stapft umher. Er fragt Funk: «Was hat denn die Madame im Haferl mitgenommen? Am End' gar den letzten Hasenhintern? Ich hätt' Hunger, es wär' gut, eine Kleinigkeit zu essen. Wer weiß, wenn die Saubande uns wirklich vergast, wie lang wir mit dem Maulkorb herumlaufen müssen.»

Funk versichert, er habe gesehen, daß in der Tat Madame das letzte Stück Braten entführt habe, aber ehe der Stabsarzt noch loskeifen kann, kehrt der Kommandant zurück und bringt die Nachricht, die Gefahr sei restlos vorüber, nie habe eine bestanden, das Ganze sei eine Falschmeldung gewesen.

«Affentheater!» meint Lipp erlöst und empört zugleich.

Die Glocken, die Sirenen, die Geschütze draußen haben zu sprechen aufgehört. Es ist überwältigend still und friedlich und schlafeinladend.

«Also gehen wir in die Flohkiste», empfiehlt Lipp. «Sechs Uhr. Halt, Funk! Sie möchten mich um acht schon wieder wecken wegen dem Scheißrapport. Das könnt' Ihnen so passen. Gibt's nicht, mein Lieber. Das machen wir so, ich unterschreib' jetzt das leere Formular und Sie füllen die Rubriken nachträglich aus.»

Funk läuft, um den Bogen zu holen. Bis er zurück ist, liegt Lipp schon im Bett. Er unterzeichnet mit zittrigen Zügen, er ist zu bequem, um sich aufzurichten. «Fahren S' diesen letzten Willen ein bisserl mit der Feder nach, Funk», befiehlt er gut gelaunt und zieht die Decke völlig über den Geierschädel.

Was soll man tun? Funk beschließt, sich nicht mehr niederzulegen. Die Möglichkeit eines Verschlafens ist zu groß. Er geht langsam und sacht spazieren, als müsse man sich hüten, irgendein neues Unheil etwa zu wecken.

Ob Marguerite weiß, daß ihr Kindchen ruhig schlummern kann?

Er pirscht sich in die Nähe des armseligen Baues. Er steht vor Mauern, die in einem milchig verrührten Mondschimmer aussätzig dreinschauen. Das Gas hätte sie vollends zerfressen – denkt er.

Sie schlafen – oder liegen im Dunkeln und horchen auf den Krieg. Der Mond ist ganz weg. Man müßte durch die blinden winzigen Fenster einen Schimmer von Licht sehen, wenn es ihn gäbe.

Es beginnt zu schneien …

25

In der Tat: er konnte ruhig ausschlafen, der Stabsarzt Lipp. Was gab es für ihn zu tun? Ab und zu mußte er bei der Zivilbevölkerung in Aktion treten. Solch ärztliche Tätigkeit war, weiß Gott, an keine bestimmte Stunde gebunden. Wenn sich gerade die Laune fand, kam man der Bitte der Ortskommandantur nach und schaute da und dort in die kümmerlichen Höhlen der Eingeborenen.

Man hätte die Besuche ebenfalls einem untergeordneten Arzt überlassen können, aber sie hatten den Reiz einer kleinen Abwechselung. Der Hannes, mit dem ewigen Einerlei seiner Gebrechen, war längst uninteressant geworden. Aber diese Franzosenfrauen, diese alten Männer, die als unbrauchbare Reste, wertlos für die Armee, zurückgelassen waren, vermittelten eine andere Atmosphäre als die sattsam gerochene militärische, sie ließen in fremde bäuerliche oder kleinbürgerliche Stuben hineingucken, sie ermöglichten es hie und da, für wenig Geld einen handgemalten Teller, einen Schmöker mit Stahlstichen zu erstehen. Manchmal brauchte man nicht einmal Geld herzugeben, man überwies ihnen aus dem Lebensmittelbestand der Sanitätswagen ein Säckchen Zwieback, eine Büchse Kakao, ein Päckchen Tee.

Freilich: wenn es galt, sie zu impfen, was gelegentlich auf Grund der Listen der Kommandanturen geschehen mußte, befahl man immer zu dieser Prozedur unterstellte Ärzte.

Lipp stand höchstens eine Weile daneben und amüsierte sich über die leise gackernde und scheltende Schlange von Menschen, die angetreten waren, um die Impfnadel zu empfangen. Ab und zu fiel ein Weib vor Aufregung um. Fähnlein und Asam nahmen sich solcher Opfer des übertriebenen Mißtrauens, die Deutschen möchten ihnen Gift in den Oberarm spritzen, sachgemäß an und riefen sie wieder ins Leben zurück.

Das Gegacker verstummte völlig, sobald der Arzt die Nadel ansetzte, dann bäumte sich nur geknebelte Furcht in ihren Augen – es brach wieder los, wenn man sich auf den Abmarsch begeben durfte.

Manchmal geschah es auch, daß ein zu Impfender zwangsweise an die Spritze herangeschleppt werden mußte. Der Kampf der Sanitätsunteroffiziere mit winselnden Greisen oder rabiaten Frauen war grotesk und erbarmungswürdig, aber das deutsche Feldsanitätswesen bestand darauf, die fremde Zivilbevölkerung gegen Typhus nicht weniger immun zu machen als den eigenen Soldaten – freilich nur um des Soldaten willen.

Der Ortskommandant sagt dem Stabsarzt gesprächsweise beim Mittagessen, er möchte doch, wenn sich's machen ließe, nachmittags zur Witwe Bruneau, rue du nord 18, schauen, sie sei fiebrig und klage über Stiche im Halse, am Ende handle sich's um Diphtherie, da müsse man doch vorbauen, sonst verpeste sie schließlich mit ihren Bakterien die ganze Gegend.

Der Stabsarzt hat schon von Madame Bruneau gehört. Sie ist die Mondaine des Ortes, ist gar keine Witwe, sondern vereinsamte Gattin des größten Kaufmanns am Platze. Ihr Haus hat unter der Beschießung gelitten. Trotzdem enthält es noch ein paar repräsentable Räume. Sehr gut könnte ein Offizier bei ihr Quartier haben, aber der Ortskommandant trägt Sorge, daß sie unbehelligt bleibt – und wird dafür belohnt.

Deshalb spricht er auch von Witwe und von Diphtherie. Der Titel Witwe macht sie reputierlicher und seine Beziehungen zu ihr harmloser, und die Diphtherie, an die er selber nicht glaubt, schiebt er vor, damit sie, ärztlich behandelt, schneller kuriert werde und er der Gefahr entgeht, sich von ihr einen Schnupfen zu holen.

Lipp begibt sich nachmittags angeregt auf Praxis. Er hat die schöne Frau wiederholt mit wiegenden Aphroditehüften über die Place de la République wandeln und ins Rathaus verschwinden sehen. Sie ist die einzige im Ort, die Hüte trägt, Wagenräder mit Straußenfedern aus dem Jahre 1914.

Sogar einen Thermometer führt er bei sich. Ihn hat er freilich von Funk entliehen. Der seine ist seit zwei Jahren zerbrochen und – es wäre überflüssig gewesen – nicht ersetzt worden.

Er findet die Dame außer Bett und bei guter Laune. Eine weinrote Seidenmatinee umknistert ihre reifen Glieder. Das Haar trägt sie offen, sie entschuldigt sich, der hohe Besuch sei ihr nicht angesagt worden.

Das ist unwahr, ihr Kommandant hat sie wissen lassen, der Stabsarzt komme, und gerade deshalb ist sie in diesem Aufzug.

Lipp verlangt kavaliermäßig, sie möge sich nicht derangieren. Hier sei sie nur Kranke und er nur Arzt.

Nichts weiter? wispert sie mit einem unerhörten Augenaufschlag. Woher hat sie nach zwei Jahren Krieg noch Rouge für die Lippen und einen Kohlestift, der ihre Wimpern zu einem schwarzen kleinen Zaun macht, hinter dem das schimmernde Märchen eines rehbraunen Auges lockt und auf der Lauer liegt?

Lipp fragt sich. Er nimmt ihren Puls. Der Puls geht ruhig und fest und tapfer.

«Nicht schlimm, Madame Bruneau», sagt Lipp. «Es scheint nicht arg mit Ihnen zu stehen.»

Sie glaube es selber nicht, gibt sie zu. Trotzdem habe sie manche Sorge und müsse es wagen, den Arzt in Anspruch zu nehmen. Sie sei gewohnt, manchmal ein Schlafmittel zu schlucken, gewohnt, ein bißchen Atropin ins Auge zu tun, mit Schlemmkreide die Zähne zu putzen, Watte für dies und das zu benützen. All solche Dinge gäbe es heute nicht mehr für die armen Französinnen im Kampfgebiet – aber in Hülle und Fülle noch bei den deutschen Militärärzten.

Lipp steht auf. Darauf will sie hinaus? Er fühlt sich mißbraucht, er ist zornig. Wozu benötigt diese Messalina glänzende Augen im verdreckten Kriegsnest Méricourt? Für wen? Es ist unerhört, es ist nicht zu glauben. Für den Herrn Ortskommandanten? fragt er sich doppelt wütend.

Er sagt unbestechlich und rein: «Gnädige Frau, ich bedaure! Selbst wenn ich all diese Dinge zur Verfügung hätte» (er ahnt nicht, ob sie vorhanden sind) – «sie sind Heeresgut, sie gehören nicht mir, ich kann sie Ihnen weder schenken noch verkaufen.» Er schließt spottend: «Zudem sind Sie auch bildschön ohne Atropin.»

Die Dame läßt den herrlichen Kopf hängen. Er will sich mit stummer Verbeugung verabschieden, da fällt ihm die Diphtherie ein. Er wird ihr doch noch in den Mund schauen – des korrekten Abschlusses, der Ordnung halber. Und um dem Ortskommandanten, diesem Hanswurst, glatt und richtig Bescheid sagen zu können.

«Ouvrez la bouche!» verlangt er fast rauh.

Sie erhebt sich, sie gleitet neben ihn. Ihr emporkeimendes Lächeln durchschlüpft die Tränen. Das Lächeln wird für Lipp geradezu beängstigend … und mit eins ist sie ihres Sieges sicher.

«Quelle bouche, monsieur?» fragt sie leise, ganz hoch und lockend wie ein Zeisig. –

Am Abend berichtet der Stabsarzt seinem Freund, dem Kommandanten, Frau Bruneau habe bestimmt keine Diphtherie, aber einen heftigen Rachenkatarrh, dem sich fernzuhalten für jedermann ratsam sei.

Der Kerl soll ruhig zwei Wochen fasten, wünscht er heimlich dem Kommandanten, in einer schwer erklärbaren Rachsucht.

Bei dieser Gelegenheit ergibt sich übrigens, daß der Sanitätswagen tatsächlich Atropin und Schlemmkreide mit sich führt – Dinge, die nie gebraucht werden. Es ist geradezu begrüßenswert, wenn sie nun doch einmal zum Zuge kommen.

Den Kommandanten interessiert Lipps Diagnose nicht sonderlich, er hat beim Nachtessen bereits einen neuen Fall, einen weit wichtigeren, vorzutragen.

Eine Frau hat in vergangener Nacht ein Kind geboren. Es hat gelebt nach Aussage der Hebamme. Sie hat das, ohne zu ahnen, daß ihre Worte gefährlich werden könnten, herumerzählt, hat es vor allem auch der Mairie gemeldet; die Mairie hat es pflichtgemäß der Ortskommandantur mitgeteilt.

Nun ist das Kind tot.

«Ich kann den Bankert nicht ohne weiteres zur Beerdigung freigeben», erklärt der Leutnant. «Hier herrschen Zucht und Sitte, in meinem Rayon werden nicht ungestraft Kinder umgebracht – und wenn's Franzosenkinder sind.»

Funk, der zur Abendtafel zugezogen ist, wirft die Frage auf, wer denn der Vater sei.

«Sie gibt an, ein deutscher Soldat – der natürlich längst nicht mehr am Platz ist. Wahrscheinlich wird sich's um eine Gesellschaft mit beschränkter Haftung – G.m.b.H.: Gesellschaft mit beschwingten Hosen, hahaha! – handeln. Die Haftung wäre übrigens sehr beschränkt, wäre gleich Null, was? Unbedingt ist dem Weib zu glauben, daß das Kind soldatischen Ursprungs ist. Die Tapergreise, wie sie heute hierzulande noch vorkommen, fabrizieren keine Sprößlinge mehr.»

«Ist es nun, wenn es ein Mord ist, einer an einem deutschen Untertan?» verlockt es Funk, zu fragen.

Der Kommandant, auf diese Spur gesetzt, ereifert sich sofort: «Das kommt auch noch dazu! Sie haben ganz recht. Wir müssen der Geschichte jedenfalls nachgehen. Herr Stabsarzt, darf ich bitten, morgen früh mit mir zusammen den Augenschein einzuholen.»

Lipp stimmt widerwillig zu, stirnrunzelnd, die starren Vogelblicke ins Leere gerichtet.

«Funk», sagt er nachher, als der Leutnant mit seiner Stallaterne über die stockdunkle Place de la République x-beinig heimwandelt in seinen gutbürgerlich möblierten Schlafkeller, «was gehen uns eigentlich die vorhandenen oder nichtvorhandenen Muttergefühle dieser armseligen Kriegsexistenzen an?» – Und am nächsten Morgen höchst ablehnend: «Der Kommandant kann mich wahrhaftig in dieser Sache –»

Funk ist überzeugt, daß Lipp sich sehr unsicher fühlt und im voraus weiß, daß er nicht wissen wird, auf Grund welcher Merkmale er den Fall so oder so entscheiden soll, daß er ihn am liebsten abschütteln möchte – aber hingehen muß er selbstverständlich.

Sie landen zu dritt im Trauerhaus. Der tote Säugling ist aufgebahrt in einer Pappschachtel und umgeben von Tüll, von Blumen aus Stoff und Glasperlen und von brennenden Kerzenstumpen.

Verwandte und Freunde der Wöchnerin, die nun eine Mörderin sein soll, haben sich eingefunden und stehen wie schützend, mit großen stummen Augen um ihr Bett. Die Wöchnerin stöhnt ein bißchen, als sie die Offiziere eintreten sieht. Alle wissen, es soll eine Untersuchung vorgenommen werden.

Der Kommandant scheucht erst einmal sämtliche Leute wie Hühner aus der Stube, dann fragt er die Mutter, wie das gewesen sei mit der Geburt und dem Tod.

Sie können beide nicht viel Französisch: Lipp und der Leutnant, und das Patois einer Bergarbeiterstochter beherrschen sie schon gar nicht.

Ja, das Kind habe gelebt – so ein süßes Kind – sie habe ihm die Brust gegeben, zweimal, dreimal in der Nacht, dann sei sie, sehr müde, fest eingeschlafen – und heute morgen habe das Kindchen tot ganz dicht neben ihr gelegen – ach, welch ein Unglück – so ein schöner Junge!

«Das soll wohl heißen», erläutert der Kommandant deutsch, «es sei möglich, daß sie den Wurm aus Versehen erdrückt habe. Der übliche Schwindel.»

Funk muß das Kind aus der Schachtel und Lipp unter die Augen heben. Es wird hin und her gewendet. Ihrer beider Blicke treffen sich und bekennen einander, daß sie beide verdächtige Spuren am Halse – sind es verfärbte Fingerabdrücke? – wahrgenommen haben.

Auch der Leutnant entdeckt sie: «Was sind denn das für Stellen da an der Gurgel?»

«Nichts von Bedeutung», sagt Lipp. «Haben Sie schon mal einen Säugling gesehen, der einen halben Tag alt ist?»

Der Leutnant verneint. Er sei zwar verheiratet, aber der Segen des Himmels habe bisher nicht –

«Sonst würden Sie wissen», unterbricht Lipp ihn hastig, «daß dieses Neugeborene da eine ganz elende Kreatur ist.» Er befühlt ostentativ die Rippenbögen, das Ärmchen. «Das Kind ist an allgemeiner Körperschwäche glatt eingegangen.»

Der Leutnant will etwas dagegen äußern, er wagt es doch nicht.

«Mademoiselle», sagt Lipp zu der Wöchnerin, «wir sind zu der Überzeugung gekommen, daß der Knabe eines natürlichen Todes gestorben ist.»

Sie strahlt – und wimmert gar nicht mehr. Sie murmelt: «Das gute Kind!» Sie scheint entzückt darüber, daß es gewissermaßen rehabilitiert ist.

Funk legt den Leichnam in die Schachtel zurück.

Draußen verabschiedet sich der Kommandant merkwürdig schnell. Er dürfte mit dem Ergebnis der Kommission nicht recht zufrieden sein.

«Funk –», sagt Lipp halblaut und nachdenklich.

«Herr Stabsarzt», erwidert Funk durch die Zähne. Weitere Worte sind eigentlich überflüssig.

Lipp spricht sie doch. «Ich hab ihm den Gefallen nicht getan. Er ist kein Tyrann von Format. Er ist nur in pedantischer Weise gehässig. Wenn er noch einen greifbaren Vorteil davon hätte haben können! Aber nur, um so ein Weib ins Etappengefängnis zu bringen? Hat sie nicht recht gehabt – diese Mutter ganz ohne jede Basis? ich glaube, man muß sie restlos entschuldigen.»

Funk durchlebt wieder einmal eine Viertelstunde, in der er den Stabsarzt beinahe liebt. Er sagt: «Vielleicht hätte der Herr Kommandant sich und seine vergessenen Orden durch die Affäre in Erinnerung bringen wollen.»

Lipp streift die Brust des Schreibers. Er bestätigt, als gütiger Vorgesetzter: «Damit bringen Sie sich selber mir in Erinnerung. Sie sind – wie lang denn? – anderthalb Jahr im Feld. Ja, es ist Zeit, daß ich für Sie eingebe.»

«Danke sehr, Herr Stabsarzt», murmelt Funk völlig ernüchtert und gepreßt.

26

Der Winter geht zur Neige. Für Funk bleibt es rätselhaft, wie milde und menschlich der Stabsarzt seine Tage hinbringt. Méricourt ist gewiß keine aufregende Kriegsangelegenheit, es ist, wenn man will, ein Buen Retiro, die Luft ist gewissermaßen gesättigt mit Behagen und Schläfrigkeit, mehr noch als zeitweise in Fournes – aber denkt Lipp gar nicht daran, daß morgen der Frühling da ist, und mit ihm das Ende der Erstarrung, daß neue Säfte steigen, weniger um zu blühen, als um Blühendes hinzumähen?

Denn es unterliegt keinem Zweifel, daß man die längste Zeit hier gewesen ist. Die Herren ganz oben, die das Menschenmaterial hin und her schieben und es dem Verderben oder der Konservierung ausliefern, wissen genau, wie lange das Regiment auf der faulen Haut liegt. Freilich hat es auch hier Verwundete, Getötete, Leichtkranke, Todkranke, Erschöpfte gegeben. In welcher Stellung gibt es die nicht? Höchstens in einer, die so selten ist wie das große Los. Dieses Los werden wir in der nächsten Zeit nicht ziehen, viel eher ein schwarzes!

Denkt Lipp nicht Ähnliches? Er war früher doch immer sehr leicht beunruhigt durch Aussicht auf widrige Zukunft. – Er sitzt viele Stunden behaglich am Ofen, summt, schmökert in Büchern, die er entliehen hat und zurückzugeben versäumt, meckert mit Funk und mit Madame, stochert in den unterirdischen Champignonbeeten genußsüchtig herum, bummelt hinüber in die Rasierstube, schaut nach, ob die Marmorkonsölchen noch da sind, ärgert sich ein wenig, daß die goldrote Tapete mächtige Blasen geworfen hat und stellenweise sogar in Fahnen herunterhängt, geht auf die Jagd, um eine Krähe zu schießen, die er auszustopfen beginnt, dann aber im Kanonenofen, dem «Krematorium für alles», wie er's nennt, bestattet. Auf dem Verbandplatz war er inspizierenderweise einmal: als das Regiment hier in Stellung kam. In die Revierräume geht er nie.

Bei Frau Bruneau hat er sich in Ausübung ärztlicher Pflichten wiederholt blicken lassen. Aber er kommt immer sehr bleich, mit stärker gefälteltem Ledergesicht und übelgelaunt nach Hause. Es ist nichts für ihn. Seine vierzig Jahre wünschen derartige Eskapaden nicht mehr allzu häufig. Er erklärt die Dame als völlig genesen, als frei von Ansteckungskeimen und öffnet damit die Tore wieder ausschließlich dem Ortskommandanten, der, um seine Gesundheit stets recht besorgt, sich von Frau Bruneau die ganze Zeit ferngehalten hat, allerdings nicht ohne mißtrauische Blicke auf Lipp zu werfen.

Die Freundschaft hat überhaupt, seit der Affäre mit dem toten Säugling, einen Knacks. Man speist weiter zusammen, aber einsilbig.

Viel lebhafter wird es, wenn der Regimentskommandeur zu Lipp auf Besuch von Avion herübergeritten kommt. Er unternimmt es manchmal gegen Abend, er schwingt sich aufs Roß und kneift seinem Adjutanten einfach aus, wie ein eigensinniger Prinz seinem Erzieher. Der Adjutant ist nicht entzückt von diesen Touren, denn der Oberstleutnant kehrt gern in einer Verfassung zurück, die Sorge verursacht und Mühe bereitet.

Lipp empfängt ihn unter Verbeugungen, führt eigenhändig den Gaul in einen warmen Stall neben dem Backofen des Franzosenbäckers hinten im Hof und lädt seinen Gast zum Abendessen ein.

Seinen Burschen Reisling nimmt er eilig beiseite: er soll sofort lossausen zum nächsten Verpflegungsunteroffizier und an Fourage herbeiholen, was gut und teuer ist. Wehe, wenn der Kerl nicht sein bestes Beefsteak hergibt und tadellose Gemüsekonserven dazu: der Herr Kommandeur soupiere bei ihm.

Reisling rumpelt los auf einem alten Fahrrad, das er für solche Fälle aus einer Bataillonskanzlei heimlich zu requirieren versteht, und Madame Lacroix rüstet alles in der Küche zum großen Schlag.

Nach einer Stunde steht ein Souper auf dem Tisch, über das Pummer nur bewundernd den angegrauten Schädel schütteln kann.

Lipp wiegt den seinen mit den glänzend schwarzen Haaren geschmeichelt in den Nacken. Besonders stolz ist er darauf, aus der eigenen Zucht ein Tiegelchen der in der Bratröhre mit reinster Butter schnell gedünsteten Pilze vorsetzen zu können.

Pummer sagt, auf beiden Backen kauend: «Wie Sie's nur zuwege bringen, Herr Stabsarzt! Jaja, die Ärzte sind eben Lebenskünstler! Das Tranchieren von Menschenfleisch erzeugt viel Sinn für das Tranchieren von anderem Geflügel. – Sehen Sie, mir stehen zwei Köche zur Verfügung, der eine will im besten Hotel von Straubing die erste Flöte geblasen haben, der andere war Konditor im Kaffee Glonner in München – aber mir schmeckt's halt bei Ihnen viel besser als an meinem Tisch. Wo ist die Künstlerin, man muß ihr danken.»

Marguerite kann noch nicht erscheinen. Sie ist mit einem diffizilen Dessert beschäftigt, sie wird sich später die Ehre geben. Der Oberstleutnant rechnet sehr auf später, denn er kommt auch deshalb gern von Avion herüber, weil er drüben wochaus wochein keine Schürze zu streicheln bekommt.

Inzwischen begnügt er sich mit Funk, der aus der Kantine Bier hat holen müssen, doch trinken die Herren vorerst Rotwein. «Aha, der Dichter», scherzt Pummer. «Was macht der Pegasus? Sind die Scharniere dieses künstlichen Tieres – er ist mir immer künstlich erschienen, Herr Stabsarzt – eingerostet? Jaja, gehört zum alten Eisen. An seine Stelle tritt – na, was denn? Sagen wir: der Torpedo oder gleich das ganze Unterseeboot. Da ist die großzügige heldenhafte Romantik unserer Zeit verkörpert.»

Funk wird der Aufgabe enthoben, den Ausführungen Pummers beizupflichten, denn Marguerite erscheint mit der süßen Speise. Der Oberstleutnant ist so überwältigt, daß er vor dieser Arbeiterfrau federnd aufspringt. Für einen Augenblick kreuzen sich seine und Funks Blicke, beide denken an Angélique, aber der Oberstleutnant gleitet sofort weiter in eine die Vergangenheit negierende Bonhommie hinein.

Er sagt Madame Schmeicheleien über ihre Küche und ihr Aussehen. Sie muß ihm Bescheid geben mit einem tüchtigen Glas Rotwein und muß es gleich austrinken.

«Wir könnten noch etwas Weibliches brauchen», sagt der Kommandeur zu Lipp, «um ein bißchen zu tanzen. Was soll das schlechte Leben nützen.»

Für Lipp ist der Wunsch des Oberstleutnants Befehl. Nur weiß er gar nicht, wie er ihn ausführen soll. Er setzt in die Küche, er flüstert Reisling zu: «Jean, wir braucheten noch eine Dulcinea zum Umeinanderhüpfen. Woaßt du keine, die man dem Alten servieren kunnt'?»

Marguerite rettet ihn. Zwei Häuser links, die Frau aus dem Estaminet, sei ihr befreundet. Ob sie sie holen soll?

«Schnell!» zischt der Stabsarzt. Er kauft die Katze im Sack, es ist alles gleich, hier ist jede schön.

Binnen kurzem erscheinen zwei Damen – ja, auch Marguerite ist Dame geworden, sie hat eine kornblaue Seidenbluse der Freundin angezogen und sieht bildsauber aus.

Der Oberstleutnant kommt in immer bessere Stimmung. So vielseitig sind seine Köche, weiß Gott, nicht. In blauer Seide möchte er sie nicht genießen, er genießt ja nicht einmal mit Vergnügen, was sie kochen. – Er ist beweglich wie ein Zwanzigjähriger, er jongliert mit Äpfeln und Seifenstücken, er bläst auf einem Kamm für Marguerite die Marseillaise.

Zuerst will sie nicht mit ihm tanzen, aber der Stabsarzt zwingt sie dazu. «Das soll die Strafe sein, Madame, dafür, daß Sie eines Morgens schwindelhafterweise den Herrn Kommandeur bei mir gemeldet haben. Jetzt ist er da, jetzt müssen Sie büßen für Ihre damalige Frechheit.»

Der Oberstleutnant erfährt von der Sache. Er ist begeistert. Offenbar denkt diese Lacroix viel an ihn. Er hat Eindruck gemacht, sieh mal an. Er drückt sie an sich, er will sie, während er sie umherschwingt, auf den Mund küssen, aber sie dreht wie zufällig den Kopf beiseite, und der graue Schnauzbart trifft auf den langen Hals. Er ist auch damit zufrieden.

Er trinkt Wein, Bier, Schnaps – alles durcheinander. Er tobt den Alkohol wieder zum Körper hinaus, daß er in Schweißperlchen auf der Glatze steht. Er balanciert einen gefüllten Maßkrug über der Stirn und tanzt Solo – einen eierweichen Czardas in gelenkigen Kniekehlen. Aber die Stirn ist zu fettig-feucht, der Krug entrutscht, er will ihn einfangen und stößt ihn erst recht fort, so daß er sich im Bogen über Margueritens Füße ergießt.

Er ist untröstlich. Reisling muß die Mundharmonika, auf der er Musik gemacht hat, beiseite legen und aufwischen. Er selbst putzt mit einer Serviette Madames Schuhe trocken. Aber an den Knien, bis zu denen hinauf er frottiert, ist sie gar nicht naß geworden.

Schließlich geht er. Was bleibt übrig? Er kann ja nicht ins Bett kommandieren, was ihm im Wege steht – und ebensowenig das, was er im Bett haben möchte. Schließlich ist so ein Abend immer falsch konstruiert. Schön war es doch. Er geht in guter Haltung.

Vor der Tür steht Reisling mit dem Gaul. Lipp ist in großer Sorge, den Kommandeur am Ende zu Pferd nach Hause geleiten zu müssen. Aber der will nichts wissen von solcher Gängelung. Selbst ist der Mann. Er schwingt sich so forsch in den Sattel, daß er auf der anderen Seite wieder hinunter rutscht. Beim zweiten Mal gelingt der Sitz glänzend, nur die Zügel sind eine gewisse Schwierigkeit. Aber der Gaul geht schon von allein in die nötige Richtung. Lipp kann beruhigt sein. Pferde wissen mit dem heimatlichen Stall Bescheid.

Das wäre so ein Abend, der die sonderbare Abgeklärtheit Lipps nur zu verstärken scheint. Denn alles in allem regen ihn, ganz im Gegensatz zu früher, Besuche und Wünsche des Kommandeurs nicht mehr tiefer auf.

Manchmal führt er dunkle Reden. Er hat sich neben dem Ofen eine Art Kanapee aus Sesseln und Stühlen zusammengebaut. Dort liegt er und sagt: «Ja, ja, Funk, es geht, solange es geht. Bei mir hätt's übrigens von Anfang an gar nicht zu gehen brauchen. Purer guter Wille, bester Wille von mir, das kann man ohne Übertreibung behaupten. Wenn man, wie ich, falsche Zähn' im Mäu hat oben und unten und nur noch vier echte Pfosten, an denen die anderen eingehakelt sind – dann ist man lediglich garnisondienstfähig. Würde ich mich nicht so sehr mit der Verpflegung in acht nehmen – ich könnt' längst nicht mehr hier sein.»

Funk denkt, daß Lipp allerdings für die eigene Verpflegung stets das Äußerste getan hat, er will das sogar in Worte kleiden, es ist zu verlockend – aber da tändelt Madame durchs Zimmer, und beide Männer sind abgelenkt.

Alle drei lächeln. Marguerite ist fröhlicher Laune, warum auch nicht? Das Gas ist nicht gekommen, ihr Kind lebt, der Oberstleutnant hat ihr fünf Mark geschenkt, der Stabsarzt, der Nörgler, ist neuerdings mit allem zufrieden. Plötzlich geht sie auf ihn zu, übersteigt eine Lehne und bettet sich der Länge nach neben ihn.

Ihr schlanker Körper hat an der Seite des hageren Lipp genügend Platz. Sie liegen sehr eindeutig auf gemeinsamem Pfühl. Ihre Keckheit besagt: jetzt, wo du mir nichts anhaben kannst, bin ich da. Nachgestellt hast du mir oft genug, hier bin ich nun!

Geht ihr Spiel nicht zu weit? Funk und Reisling sind anwesend. Lipp wagt sie nicht zu berühren. Er macht sich ganz dünn und preßt sich weg von ihr in angeblich scherzhafter Angst – aber er hat wirklich Besorgnisse. Er lacht mit Aah und Ooh langgezogen durch die Nase, nur um Zeit zu gewinnen.

Jetzt aber kommt jemand. Es klopft. Das erlöst ihn. Mit einem Schwung steht er auf, Marguerite bleibt allein liegen.

Es klopft abermals und herein tritt ein Mann von der Ortskommandantur: der Herr Divisionsarzt habe sich telephonisch zur Inspektion angesagt. Er sei schon unterwegs. Er werde alsbald mit seinem Auto eintreffen.

Seltsam: auch das Wort «Divisionsarzt» bringt Lipp nicht so sehr aus der Fassung. Immerhin läuft er gleich davon und hinüber ins Revier und beginnt dort weidlich zu schimpfen. Ein besonderer Grund liegt dafür nicht vor, es gehört eben dazu. Nur an eine Notwendigkeit, die nicht erfüllt ist, glaubt er sich ernsthaft erinnern zu müssen: an die, dem Fimmel des Divisionsarztes für Desinfektion der Latrinen mit Chlorkalk gerecht zu werden.

Er hat sich natürlich bisher nicht um Chlorkalk gekümmert. Und es ist infolgedessen keiner da. Worüber er jetzt wirklich böse wird.

Er jagt einen Boten in die Ortskommandantur. Sein Freund, der Leutnant, läßt sagen, er habe im Augenblick auch keinen vorrätig.

«Saustall! Funk, haben wir nicht irgendwann einmal so einen Fetzen, so einen Schrieb erhalten, Chlorkalk sei durch die Ortskommandanturen zu beschaffen?»

«Er kann auf unsere Eingabe hin von den Kommandanturen aus der Etappe angefordert werden.»

«Warum haben Sie die Eingabe nicht gemacht?» bellt Lipp. Er ist daran, ins alte Fahrwasser zu geraten.

«Weil Sie die Eingabe nicht anbefohlen haben», erklärt Funk gleichmütig. «Wenn wir sie jetzt machen, ist der Kalk in schnellstens einer Woche da. Das Beste wird sein, wir nehmen Mehl.»

Lipps finstere Brauen, die dicht über den starren Augen lagern, beginnen zu zucken und zu tanzen. Er lacht lautlos. «Also schleunigst fort zur Feldküch'!»

«Nicht nötig, Herr Stabsarzt, wir haben Mehl im Sanitätswagen.»

Funk holt das Säckchen, und Lipp sagt zu Asam, mit hohnfunkelnden Blicken: «Bestreuen Sie mir die Relikten vom Hannes liebevoll. Es muß aussehen, als ob es frisch geschneit hätte.»

Aber Asam ist ein frommer Mensch, er spart von der Gottesgabe, die da ruchlos vertan wird, nach Möglichkeit.

Da fährt auch schon der Divisionsarzt vor; man kann das Mehlsäckchen gerade noch verstecken.

Der Inspizierende ist ein großer breiter Mann im Pelz, wohlgenährt, gut durchblutet. Er sieht gar nicht nach Krieg aus. Er hat das Wohlwollen als Programm auf sein Gesicht geschrieben. Es ist nicht schwer, stets jovial zu bleiben, wenn man, bei reichlicher Entfernung von der vorderen Linie, in geräumigen sauberen Büros hockt und durch vortrefflich eingearbeitetes Personal Schriftstücke verfassen läßt. Wird einem das Zimmer zu eng, so setzt man sich ins Auto und fährt bestenfalls bis in die Höhe der Reviere. Ein Divisionsarzt wird kaum je zu Verbandplätzen vorgedrungen sein.

Im Revier läßt man sich Zahlen geben, immer wieder dieselben: wieviel Hals, wieviel Darm, wieviel Haut? Werden die Thermometer, bei Aftermessung, nachher richtig gereinigt? Wird mit den Mullbinden gespart? «Wieviel Binden, Herr Stabsarzt, verbraucht das Regiment durchschnittlich pro Woche unter normalen Verhältnissen, das heißt, wenn keine besonderen Kampfhandlungen stattfinden?»

Lipp nennt Zahlen. Teils erfindet er sie, teils läßt er sie sich durch Funks Finger heimlich telegraphieren.

Der Divisionsarzt ist zufrieden. Er ist übrigens fast immer zufrieden, denn er ist ein netter Herr auf Reisen, gleichsam in der Fremde, der er nicht recht traut und nicht recht gewachsen ist, nur zu Hause kann er ein unausstehlicher Bürotyrann sein.

Lipp zeigt ihm als Höhepunkt und mit dem breit gezogenen Maul der grinsenden Selbstzufriedenheit zuletzt die Rasier- und Frisierstube.

Aber überraschenderweise findet sie keinen besonderen Anklang. Es ist neben die Näpfe gespuckt. Weshalb die Tapete solch verwahrlostes Aussehen habe? Ganz neu hergerichtet – ach? Ob man sie untersucht habe auf giftigen Farbstoff? Die französischen Tapeten seien manchmal mit bedenklichen Mitteln gefärbt. Eine Probe bitte gleich morgen zum Chemiker ins Reservelazarett B. Abgeschnittene Haare, schlecht zusammengekehrt, nisten als Kügelchen in den Ecken? Mit Haaren infizierter Boden, von dem aus wiederum die Luft damit geschwängert werde, sei bei der Häufigkeit der Hautkrankheiten allein schon als mechanisches Reizmittel bedenklich.

«Überhaupt, Herr Stabsarzt», – er pflanzt sich breit hin – «bei aller Anerkennung der wackeren Absichten: ich trage Bedenken, ob es gut ist, dem Frontsoldaten solchen Anflug von Luxus zu bieten, wie er hier geboten wird. Der Unterschied zwischen dem Graben und dieser Rasierstube: macht er glücklich – oder macht er nur unzufrieden?»

Lipp läßt die Frage offen. Man kann ruhig annehmen, daß sie rhetorisch gemeint ist. Aber Funk wundert sich doch über den Gesichtsausdruck des Stabsarztes, der es nur zu einer Art von müdem Grimm bringt. Kein drohendes Platzen vor Wut mehr, wie früher in solcher Lage.

Der Divisionsarzt steht schon vor seinem Wagen – da erinnert er sich der Latrinen. Doch hoffentlich getrennte für Darmkranke und Darmgesunde, wie? Er holt sie nach und lobt sie. Nur: Sparsamkeit ist ausgezeichnet, Sparsamkeit ist lebensnotwendig, ist kriegsnotwendig, aber mit dem Chlorkalk brauche man nicht so geizig umzugehen. Dies Desinficiens – nicht wahr – jederzeit in genügender Menge erhältlich über die Kommandanturen!

Dann fährt er ab. Lipp bleibt, auch als das herrschaftliche Auto knatternd und schlammspritzend entschwunden ist, unheimlich ruhig.

Funk spürt jetzt deutlich, daß irgendetwas Besonderes auf dem Wege ist.

Lipp sagt langsam in die Luft, wie zu einem Schemen: «Du hast mich das letztemal gesehen, mein Lieber – naa, das vorletztemal. Denn» – wendet er sich lauter an seinen Begleiter – «das letztemal wird mich dieser Herr sehen, wenn ich servus sage, was bald geschehen soll. Funk, wir machen die Eingabe noch heute. Ich melde mich krank. Ich bitt' Sie – glatte Sache, bei meinen Zahnverhältnissen. Ich geh', ich geh' sofort. Sie sollen meinetwegen eine Aushilfe hertun, bis der richtige Nachfolger bestellt ist. Eh' es das Regiment von dannen reißt, also, solange wir noch in Méricourt sind, will ich die Sache erledigt wissen. – Hätt' er mir nicht mein Rasierstüberl geschmäht, der unvernünftige Trottel – wer weiß, ich hätt' mir's vielleicht noch einmal überlegt und weitergemacht. Aber so! Ist das der Dank für den aufreibenden Dienst? Ich trag' mich ja, Funk, offen gestanden schon seit Wochen mit dem Plan. Mich dünkt beim Himmel, ich hab' meinen Kopf lang genug hingehalten.»

Funk ist zumut, als schaue er in die Zukunft wie in eine schöne Landschaft. Trotzdem – tut ihm der Gedanke an Trennung von diesem Manne leid, so sehr verwächst man durch Gewohnheit selbst mit einem Untier. «Herr Stabsarzt haben ganz recht», bestärkt er Lipp. «Was wäre hier noch weiter für Sie zu holen.»

«Den Krieg hab' ich weg.»

«Und die sämtlichen erreichbaren Orden auch.»

Lipp ist gar nicht böse, er geht auf den Ton ein. «Genug bemalte Bauernteller», ergänzt er zynisch.

«– und einen großmächtigen Schmalztiegel ohne Boden», schließt Funk, den die Freude ganz leicht und töricht macht.

Das aber ist beinahe zu viel an Laune. Bemaust worden zu sein und als der Dumme dazustehen, hat er immer noch nicht verschmerzt. Er sagt von oben herab: «Ich wünsche Ihnen nur, daß mein Nachfolger Sie ähnlich verständnisvoll behandelt, wie ich es stets getan habe, Funk.»

27

Anfänge von Auflösung machen sich bemerkbar. Die seelische Seite des Durchhaltens gerät ins Schwanken bei den Führern. Körperlich haben sie ja niemals Grund gehabt und haben auch weiterhin keinen, über Dezimierung zu klagen. Aber das Gemüt, die Neugierde, die Abenteurersucht, die Freude, Held und in der Heimat bewundert zu sein – sie werden dezimiert. Zudem: nicht nur bei Lipp – es ist bei vielen an äußeren Ehren erreicht, was erreicht werden kann. Man geht ab. Man geht nicht ganz ab von der Bühne, man bleibt im Kostüm, man setzt sich in die Garderobe, oder ins Konversationszimmer, hält seinen Schwatz, macht ein Spielchen – und vor allem: bezieht die Gage weiter.

Das bedingt einen immer hurtigeren Wechsel derer, die draußen stehen. Bald nach Lipp geht auch der Kommandeur, Herr von Pummer. In einer seltsamen Weise hat seine Tanzleidenschaft zugenommen, und gleichen Schritt hält seine Leidenschaft zum Alkohol.

Das Regiment ist eines Tages Hals über Kopf weggeprellt worden von Méricourt durch den unerforschlichen Finger des großen Hin- und Herschiebers der Massen. Es ist an irgendeinem Platz gelandet, der ein Sprungbrett sein soll zum Satz in den großen Frühjahrstrubel hinein, aber es geschieht vorläufig nichts, die junge Sonne ist da, blaue warme Tage strahlen, mächtig bricht saftiges Grün aus einer so gutartigen duldsamen Erde, daß man sich verwundert fragt, wie lange man sie noch mißhandeln darf, ehe sie es ganz aufgibt, um Anerkennung und Frieden zu bitten.

An diesem Platz, auf der Dorfstraße, unter den Klängen der Regimentskapelle, vor angesammelter Mannschaft tanzt Oberstleutnant von Pummer. Er hat Geburtstag, die Musik spielt vor dem Haus, in dem das Kasino eingerichtet ist, seit Stunden; auch der Hannes hat es gut, die Feldküchen kochen die Suppe ein wenig fetter, und in den Kantinen werden ein paar Fäßchen Bier ausgeschenkt.

Da kommt Pummer – die Herren sitzen nach dem Sekt bei Kaffee und Schnaps – auf den Einfall, sich bei der tapferen Kapelle für die Unermüdlichkeit persönlich zu bedanken. Er federt aus dem Hause in kleinen eleganten Bögen, die nicht ganz beabsichtigt sind, die zerknitterte Feldmütze im Genick, in der schwerberingten Linken die Reitgerte. Hinter ihm her kommt verfinstert, dennoch lächelnd, wie der Freudentag es verlangt, so daß aus dem ganzen eine greinende Miene wird, er – der Adjutant, wie ein verkapptes Kinderfräulein, das den ungezogenen Wildfang am liebsten haschte und ins Stübchen zurücktransportierte. In noch größerem Abstand folgen die übrigen Herren vom Stab und die zum Essen geladenen drei Bataillonskommandeure nebst den beiden Feldgeistlichen der Division.

Pummer, hochroten Kopfes, mit freundlich blitzenden Augen, sagt abgehackt, dennoch weich und verschliffen, mit sanft stolpernder Zunge, was er seinen lieben Musikern zu sagen hat. Der Kapellmeister nimmt lustvoll erregt die Botschaft entgegen und fragt gehorsamst, was er nun auf besonderen Wunsch des Herrn Oberstleutnants spielen solle.

Der verlangt den Donauwalzer und beginnt sich schon im voraus in den Hüften zu wiegen.

Bald wiegt er sich nach den Takten, und immer hingegebener. «Herr Oberstleutnant –» raunt ihm der Adjutant zu, als er vorbeichassiert, – aber «nix da!» schreit der Alte ganz laut und eigensinnig und trudelt weiter.

Es kommt über ihn die Freude, sich zu produzieren. Er sieht die Mannschaft, mit der er sowieso stets auf gutem Fuße lebt, hochachtungsvoll lächeln, er sieht die Herren Offiziere leise betreten, das empfindet er schon noch, aber er will ihnen zeigen, daß er weiß, was er tut und wer er ist, und daß alles harmlos verläuft – er sieht vor allem die krampfhaft heitere Essigmiene des Adjutanten – dieses Menschen, der, das hat er immer schon gefühlt, ihn unterdrückt, und dem er heute wenigstens beibringen wird, daß er tanzen will, wie und wo und so lange es ihm beliebt.

Sonst tanzt immer der andere: mir auf dem Kopf herum, denkt er zornig. In zornigem Spaß fuchtelt er mit der Gerte zu seinen Sprüngen, deren Formen er immer kecker erfindet. Während er so die Runde seiner Zuschauer austanzt, schlägt er dem einen und anderen Mann haarscharf, mit der ungehemmten Sicherheit des Alkoholisierten, die Mütze vom Schädel – bis er, bei einem allzu kühnen Pas, die eigene verliert.

Von der Mannschaft will keiner zugreifen, sie meinen wohl, es gehöre zum Theater, aber von den Herren will gleich ein halbes Dutzend herbeischießen, jedoch der Alte, bleibend in Bewegung, kreischt ihnen entgegen «liegen lassen!» – und sie müssen sich zurückziehen.

Er macht nun wirklich ein Theater aus dem kleinen Unfall, improvisiert eine Episode – aber sie mißlingt leider. Es ist wie immer: der Adjutant soll recht behalten und siegen.

Pummer will tanzend, federnd in die Kniekehlen schnappen, um die Mütze vom Boden aufzuraffen, aber die Situation wird zu seinem Erstaunen so, daß er neben seine Mütze zu sitzen kommt. Obendrein in eine der wenigen tieferen Drecklachen, die von der warmen Frühlingssonne noch übriggelassen sind.

Auch jetzt springt der Hannes nicht zu. Glaubt er immer noch, es gehöre zur Gaudi? Möglich; er glaubt wohl nicht daran, einem Regimentskommandeur könne so etwas wider seinen Willen zustoßen.

Aber der Adjutant greift dem Herrn unter die nassen Ellbogen. Denn Pummer bleibt liegen, wohl mehr aus Verwunderung, als aus mangelnder Beweglichkeit.

Dann steht er wieder, verspürt klar, wie er von all den Seinen, allen Offizieren verlassen ist – und beginnt schallend zu lachen, hinüber zu den Soldaten, die schallend erwidern. Welch ein Viech mit Haxen, dieser Kommandeur, ein Urviech, ein gemütliches! – Das Lachen jubelt vor Respektlosigkeit, Pummer hört deutlich das allzu Brüderliche des Tones heraus – und er bricht jäh ab.

Er bricht ab und geht sehr aufrecht und schnell, wenn auch abermals in ungewollten kleinen Bögen, ins Haus zurück. Vom Hosenboden, den der elegante kurze Waffenrock freiläßt, trieft das Schmutzwasser der Pfütze.

Die Musik spielt unentwegt den Donauwalzer.

So ist Oberstleutnant von Pummer von der Front in die Etappe getanzt.

Er wird ersetzt durch einen unsympathischen Herrn, einen kalten Streber, einen kalten Gamaschenknopf mit glatter, ungesund zarter Gesichtshaut und einem Zwicker vor den verkniffenen Augen – der nur Majorsrang hat, denn die höheren Chargen, die im Felde mitmachen wollen, fangen an, rar zu werden.

Dafür aber, und wie zum Ausgleich, ist der Nachfolger des widerborstigen, hin- und herschnellenden Lipp ein langsamer, bärbeißiger, im Grunde gutmütiger alter Kasten: der Oberarzt Huckl, ein Bauerndoktor aus Schwaben.

Daß er, obwohl zehn Jahre älter als Lipp, noch nicht Stabsarzt ist, rührt daher, daß Lipp bis nah an den Krieg heran aktiver Militärarzt und dadurch in der Karriere voraus war, während Huckl schön brav die Stufen der Reserve durchstiefelt hat.

«Sie sind ja gut eingearbeitet, Funk», sagt er. «Wissen Sie, die Melderei, die ist nicht meine Leidenschaft. Da will ich Ihnen gar nichts dreinreden. Machen Sie das, wie Sie es für nötig halten, aber machen Sie möglichst wenig. Wir wollen die Soldaten kurieren, damit wir den Krieg sicher gewinnen, aber wir wollen die Aktenstöße der Herren Etappenärzte nach Möglichkeit nicht vergrößern.»

Er war rechtschaffen und dumm. Er glaubte immer noch an das siegende Deutschland. Er hielt sich eine Zeitschrift, die die Ziele der Alldeutschen vertrat und propagierte. In einer bescheidenen Kammer sitzend, er bevorzugte die einfachen Unterkünfte, las er zum Qualm seiner Bauernpfeife mit ingrimmigem Fleiß die anmaßenden Forderungen, die da an Europa gestellt wurden – er, der persönlich bescheiden und schlicht war.

Aber es muß wohl so gewesen sein, daß ein unerschütterliches Vertrauen in das Rechtmäßige der Postulate jener Herren ihn vollständig verblendete. Er brachte Funk diese einzige Lektüre, die er pflegte, und befahl: «Das lesen Sie, damit Sie wissen, warum wir die große, die schwere Zeit mitmachen, und wie sie belohnt werden wird.»

Im übrigen ließ er Funk in Ruhe. Er quengelte nie, schimpfte nie, tobte nie wegen irgendeines Rapportes, der nicht zusammenging, verspätet abging oder ganz unterblieb.

Er war ein aufrechter Mann. «Der Divisionsarzt soll mal auf dem Verbandplatz arbeiten, bei der nächsten Gelegenheit, wenn's wieder sakrisch viel zu tun gibt. Da wird er das Nebensächliche der Tintenkleckserei einsehen.»

«Herr Oberarzt, hier wär' gleich etwas, das den Herrn Divisionsarzt betrifft und von ihm kommt: ein Befehl, daß in Zukunft unsere zehntägigen Krankenrapporte weniger Hautleiden verzeichnen müssen.»

«Stimmt denn die Zahl nicht, die Sie angeben?»

«Sie stimmt.»

«Ich versteh' nicht. Und wieso –?»

«Der Divisionsarzt teilt mit, dem Herrn Korpsarzt, an den er ja die Meldung weitergibt, falle unangenehm auf, daß unser Regiment eine höhere Zahl von Hautkranken zeigt als die beiden anderen der Division. Er soll wohl eine Erklärung dafür geben – die er nicht weiß. Er verlangt deshalb, daß wir unsere Zahlen anders verteilen. Etwa so: weniger Haut, dafür ein paar Darm und Brust mehr, wobei jedoch die Gesamtsumme der Erkrankten nicht über eine gewisse Höhe hinausgehen darf.»

Huckl dampfte dicke Wolken. «Also ein frisierter Rapport? Gibt's bei uns nicht, Funk. Schau die Gesellschaft an, sie verlangt auf gut Deutsch, daß wir schwindeln. Man muß ihnen alles schwarz auf weiß zurechtschmieren, und dann soll man's obendrein fälschen? Wir schreiben unsere Zahlen, wie sie sind. Und wenn es dem Divisionsarzt nicht recht ist, dann red' ich mit ihm.» –

Wohin – in welch abgrundtiefe Versenkung war Lipp entschwunden!

28

Méricourt ist – Funk hat es eines Tages erfahren – bald nach ihrem Abzug in Grund und Boden geschossen worden. Auf solche Weise hat der Frühling dort Einzug gehalten.

Der Engländer versuchte vorwärts zu kommen und streute mit vollen Händen, aus dem Reichtum seiner Mittel, Granaten aus.

Kein Stein ist auf dem anderen geblieben, und viele sind umgekommen. Funk glaubte später zu wissen, wer. Hatte man ihm Namen und Schicksale wirklich berichtet, oder hat sein gequältes Hirn sie sich zurechtgelegt?

Die Nachricht vom Untergang Méricourts lief über irgendein Lazarett. Dort trafen ja Angehörige vieler Verbände zusammen. So kam es, daß Kameraden von Funk, die später zur Truppe zurückkehrten, in Berührung geraten waren mit jenen, die damals abgelöst hatten.

Der Ortskommandant hatte sein Ende gefunden unten in einem seiner möblierten und ausstaffierten Kellergemächer. Vielleicht im Trinkstüberl, darin er die Luke, die hart überm Erdboden ins Freie führte, mit buntem Glas hatte versehen lassen, wodurch sie so anheimelnd Ähnlichkeit bekam mit den Butzenscheiben im «Rodensteiner» oder im «Wilden Jäger» daheim. Durch diese Luke ist der Donner hereingefegt und hat den feisten Leutnant zerrissen. Möglich, daß sein letzter Gedanke war: nun erwischt es mich wieder, und ich bin immer noch nicht dekoriert!

Auch Marguerite Lacroix ist den Heldentod gestorben. Sie und ihre Mutter. Aber die kleine Tochter, die Josefine, lebt. Wird sie all die Jahre überstehen – und derart überstehen, daß nicht verlorengeht, wer sie eigentlich ist?

Wird sie sich mit ihrem Vater, dem Sous-officier von der Genietruppe, einst zusammenfinden? Denn Funk ist nun überzeugt, daß dieser Vater den Krieg überleben wird. Irgendeinen Sinn muß der Tod Margueritens doch haben – ja, sie ist einfach an Stelle ihres Mannes verschlungen worden. Er kann verkünden: meine Frau ist gefallen – und sagt damit ganz etwas anderes, als gemeinhin gesagt ist, wenn behauptet wird, eine Frau sei gefallen. Wodurch für Funk auch diese Wendung sich enthüllt als verschämter Schwindel, als ein Ausbiegen vor der Wahrheit. Wer gefallen ist, steht – er müßte schon besonderes Unglück haben – wieder auf. Die Gefallenen aber in den jahrelangen Schlächtereien sind, richtig benannt, nichts anderes als Ermordete. Selbst der sanftere Ausdruck «Getötete» wäre ungenau. Zu Millionen Gemordete – bei einwandfreiem Tatbestand, da keineswegs Überlegung und Vorsatz gefehlt haben, Leben zu vernichten.

Wenn man, um der Wahrheit zu helfen, übereinkäme, nie mehr von Gefallenen, immer von Ermordeten zu reden – das könnte vielleicht die Neigung zum Kriegführen ausrotten, denkt Funk.

Das sind Hoffnungen, die höchstens einer kommenden Zeit weisere und reinere Tage verschaffen. Für jetzt entdeckt er eine Aussicht, den Krieg beendigt zu sehen, in einem Schreiben, das der Chef des Feldsanitätswesens «streng geheim» an das Heer seiner Militärärzte versendet. Eine Aussicht, ungeheuerlich und verheißend zugleich.

Der Geheimbericht spricht davon, beim Gegner seien Pestfälle aufgetreten. Wie weit die Meldungen ernst zu nehmen seien, lasse sich vorerst nicht ermessen. Größte Vorsicht sei jedenfalls geboten, und Aufmerksamkeit den Truppenärzten hiermit zur äußersten Pflicht gemacht. Ob es sich um Beulenpest oder um die schlimmere Lungenpest handele, stehe noch dahin. Jedenfalls sei auf die Ratte als die bekannte Vermittlerin des Bazillus besonders zu achten. Nicht weniger auf etwaige verdächtige Krankheitserscheinungen beim Frontsoldaten. – Es sei anzunehmen, daß die indischen Kolonialtruppen die Krankheit eingeschleppt hätten, und sei zu erwarten, daß sie gegebenenfalls von Graben zu Graben springen werde.

Als Funk den Bericht las, war sein erster Gedanke: hier ist – soll man sagen: wenn wir Glück haben? – das Ende des Krieges! Denn so verbissen die Gegner ineinander sind, derart entmenscht werden sie nicht sein, daß sie sich weiter zerfleischen, während die gewaltigste aller Seuchen ihre Armeen überfällt.

Ausreichende Hilfe in solchem Krieg gegen den Krieg könnte nur die Ratte gewähren. Ja – sie war in ungeheuren Heerscharen vorhanden. Man hatte sie groß und mächtig werden lassen wie die Laus. Wenn die Pest da war, wenn die englischen Grabenratten sie beherbergten – dann war es zu spät, um gegen die deutsche Graben-, Operationsgebiets- und Etappenratte vorzugehen. Denn ihrer lebten zuviele. Sie würden schnell für Ausbreitung der Pest sorgen.

Funk wundert sich selbst, in welch triumphierenden, ja zynischen Worten er die Sache bei sich überlegt. Er findet diese Worte, um sich zu verhehlen, mit welcher Inbrunst er darauf rechnet, die Ratte in solch toller Weise als Friedensbringerin ansprechen zu dürfen. Er sieht sie vor sich mit dem Ölzweig zwischen den Nagezähnen – er sieht sie pfeifend umherhuschen, sie pfeift: «Ich bring euch, was noch fehlt! Ich bringe den letzten Schrecken; ich bringe buchstäblich das Ende.»

Er hätte gern mit der Mannschaft über die Aussicht auf jene große Wendung gesprochen und erfahren, wie sie's aufnähmen; ob sie solches herbeizusehnen wagen könnten. Aber er war ja angewiesen, den Mund zu halten, und befolgte den Befehl, nicht sicher, welche Wirkung er andernfalls tue. Vielleicht lebten die Soldaten nachher noch verzweifelter dahin, als sie so schon vegetierten.

Er beobachtete die Ärzte, denen er das Schriftstück auszuhändigen hatte. Der neue Regimentsarzt, Huckl Josef, las diesmal aufmerksam, was er, wenn sich's um bürokratische Anordnungen drehte, beileibe nicht tat, und brummte: «Oh Herrgott! Unserer Mannschaft ist doch wahrhaftig das Dasein schon sauer genug gemacht. Funk, da müssen wir aber vorbeugend tun, was sich nur tun läßt. Eine Verringerung der Truppe muß möglichst vermieden werden. Je kleiner der Bestand wird, um so schwerer haben's die Übrigbleibenden. Ersatz aus der Heimat taugt nicht viel, die schicken uns die Zusammengeflickten, die nicht mehr mögen, und die jungen Bürscherl, die noch nicht recht mögen, die das Indianerspielen gerade hinter sich haben. Die tauglichsten Leut' sind immer noch, die schon lang im Graben leben. Sie müssen wir zusammenhalten. – Diese Engländer mit ihrem indischen Gschwerl! Das ist doch überhaupt einfach eine Gemeinheit, Kolonialtruppen, Braune, Gelbe, Schwarze, Malaien und Menschenfresser und was noch alles auf uns loszulassen.»

Er war ehrlich erbost. Funk sah sofort ein: seine verruchten Gedankengänge durfte er hier nicht freilegen, er wäre unmöglich verstanden worden. Er sagte: «Glauben Herr Oberarzt, daß die Deutschen, wenn sie Kolonialtruppen in den Krieg werfen könnten, davor zurückschrecken würden?»

«Bestimmt. Solcher Skrupellosigkeiten sind nur die Herren Franzosen und Engländer fähig. Sie lassen europäische Kulturgüter durch afrikanische Barbaren vernichten. Wollen das erste Volk Europas: uns, mit Hilfe von Kannibalen austilgen. Pfui Teufel.»

«Als die Griechen sich der Perser erwehren mußten, sprachen sie auch von Barbaren. Es hat sich aber doch herausgestellt, daß die Bezeichnung einer – einer hochmütigen Kurzsichtigkeit entsprang. Die Deutschen, wenn sie – sagen wir: gegen Spahis kämpfen, haben keine geistig minderwertigen Gegner vor sich. Und wo – verzeihen Sie, Herr Oberarzt – sind überhaupt minderwertige Gegner, wenn es sich um das Primitivste dreht, was man tun kann: einander kaputt machen.»

«Warum sagen Sie eigentlich immer ‹die Deutschen›, warum sagen Sie nicht ‹wir›, sind Sie kein Deutscher?» polterte der alte Kasten gutartig.

Einer, wie du ihn dir wünschst, bin ich nicht – denkt Funk. Laut sagt er: «Ein Deutscher bin ich gewiß, ich bin's manchmal nur allzusehr in sentimentaler Schwerfälligkeit» (er sieht die tote Marguerite) «aber jetzt kommt mir's vor, als frage man mich: sind Sie Bayer, oder gar: sind Sie Augsburger? Das hat doch vorzeiten eine ganz besonders borstige Bedeutung gehabt, als Bayern auf Preußen losschlug oder Augsburg vielleicht gegen Bamberg.»

«Ja – und? Schlagen Sie nicht gegen Frankreich los?»

Funk kann die Wahrheit nicht mehr zurückhalten: «Nein, Herr Oberarzt. Ich habe das, was wir und die anderen seit bald drei Jahren treiben, von Anfang an für einen gigantischen Unsinn gehalten.»

«Am Ende gar Pazifist?» fragt sehr mißtrauisch der alte Kasten.

«Wenn ein Schlagwort her muß, ich glaube, ja.»

Der Alte hat offenbar das Gefühl, plötzlich mitten im Verrat zu hocken. «Was tun Sie dann hier bei uns? Da sind Sie ja völlig fehl am Ort.»

«Ich habe mich nicht aufgedrängt», meint Funk in einem galligen Scherz.

Der Alte verschluckt sich an seinem fürchterlichen Pfeifenknaster und lacht hustend. «Warum sind Sie dann herausgegangen ins Feld?»

«Weil wir die Sklaverei haben, weil es noch nie eine niederträchtigere gegeben hat als die große moderne europäische: die allgemeine Wehrpflicht.»

Dem Alten wird unheimlich zumut. Solch abseitigen Gehirnsalat hat er noch nie verdauen müssen. Aber er mag trotzdem den Funk, nicht weil er im Wust der langweiligen Schriftsätze Ordnung hält, er mag ihn aus menschlichen Gründen; irgendetwas Passables scheint in dem verschrobenen Burschen zu stecken. Er versucht es weiter. «Ich glaub Ihnen gar nicht, daß Sie so feig sind, wie Sie sich hinstellen wollen.»

«Ja –» greift Funk auf, «ich war nicht feige genug, um in den Augen der anderen wirklich feige zu sein. Herr Oberarzt haben ganz recht: was tue ich denn hier? Ich war nicht mutig genug, ich hätte mich zu Haus konsequenterweise an die Wand stellen lassen müssen.»

Der Oberarzt sucht einen Übergang. Er will nicht weiter mit Funk in dieses Gestrüpp vordringen. Er lacht ihm beruhigend zu wie einem Kinde: «Schön, Funk, solche Pazifisten, wie Sie einer sind, tun uns nicht weh.» Er will mit Anerkennung alles zudecken, sein eigenes Unbehagen und des Schreibers Selbstanklage: «Wenn alle ihren Dienst so versehen wollten wie Sie, könnte meinetwegen die Mannschaft unserer ganzen Armee aus Pazifisten bestehen. Für die Führer – ja, für die freilich muß ich um anderes Material bitten.» Er lacht gutmütig. «Sie haben recht daran getan, Funk, daß Sie nicht Offizier geworden sind.»

«Dessen bin ich mir durchaus bewußt», versichert Funk.

Huckl wischt mit seiner schweren Bauernhand etwas Unsichtbares vom Tisch. Er sagt in verändertem Tone: «Aber wir schwatzen da überflüssiges Zeug. Die Ratten! Gegen die Ratten muß vorgegangen werden. Wir fordern an, was da im Schrieb zu ihrer Bekämpfung empfohlen wird: Meerzwiebel, konzentrierte Karbolsäure, Fallen.»

Funk hat die Tiere in der nächsten Zeit lebhaft vor Augen. Er legt mit Fähnlein und Asam und anderen Sanitätsleuten zusammen Köder aus, stellt große Drahtgehäuse auf, die wahren Papageienkäfige, in die sie, wie in Fischreusen, hineinwitschen, aber der starrenden Stacheln wegen nicht mehr herausschlüpfen können, übergießt lebend gefangene Exemplare mit Karbol und läßt sie wieder laufen. Das letzte Verfahren wird besonders empfohlen. Das gequälte Tier schießt quiekend umher, sucht in seiner Not viele Schlupflöcher auf, ohne irgendwo Linderung zu finden, und vertreibt damit die Artgenossin in weiter Umgebung, denn sie haßt ‹wie die Pest› den Geruch des Karbols, der von den Übergossenen allenthalben hingetragen wird.

Es ist ein Verfahren, das die Ratte nicht eigentlich dezimiert, abgesehen von den wenigen, mit der Säure Behandelten, die langsam hinsterben – es ist ein Verfahren, das sie nur vertreibt. Nirgends ist es gesagt, aber Funk argwöhnt, man verbinde mit der Anordnung vielleicht die Absicht, die Rattenscharen auf diese Weise zum Gegner hinüberzutreiben. Auswanderung nach drüben. Was wäre dabei? Man versucht eben, den Feind nicht nur mit Infanterie und Artillerie und Gas zu treffen, sondern auch mit Getier.

Sie sind nicht liebenswert, diese gefräßigen, rapid sich vermehrenden Nager. Soll man sie bedauern? Gewiß, auch sie leiden – Opfer des Krieges; in ihrer schrecklichen Menge Produkte des Krieges und Opfer zugleich. Aber gegen die Widerlichkeit ihres Auftretens, ihres Gehabens geht man vergebens innerlich an. Wie sehr unverschämt sie sind! Im Unterstand muß man Brettchen an Drähten oder Schnüren von der Decke herabhängen lassen, um dort halbwegs sicher das Stück Kommißbrot und das Würfelchen Margarine unterzubringen. Wohin man die Toten unbehelligt betten soll, ehe sie begraben sind, weiß man schon gar nicht. Gerne fressen die Ratten als erstes in die Augenhöhlen sich hinein, es mag für sie Feinschmeckerei mitspielen.

Funk denkt daran, in welchen Zustand von Entsetzen und Neugier er einmal gefallen ist, als er am hellen Tag auf einen Pferdekadaver stieß, dessen Auge plötzlich lebendig wurde – bei schon geplatztem Leib – dessen eines Auge sich ungeheuer schwarzgrau vorwölbte und ihn zuckend ansah ... Nachher war es der gierig bewegte Rücken einer Ratte, die im Pferdeschädel wühlte.

Soll man es ihnen zugute halten, daß sie gelegentlich auch ein willkommenes Signal abschicken? Bei einem anscheinend Hinübergegangenen, der schon in der Totenkammer des Verbandplatzes unter anderen lag – es war im Winter – gelang einer Hungrigen die Wiedererweckung. Sie benagte dem Manne, dem man Stiefel und Strümpfe bereits genommen hatte, die Zehen. Dadurch kehrte er ins Bewußtsein zurück und schrie.

Diese Rettung, die da von einer veranlaßt wurde – sie genügt nicht, um die anderen sympathisch zu machen. Funk betrachtet den Ballen seiner Hand, der noch die Spur der ersten Nacht in Fournes aufweist, und er kämpft ohne stärkere Beschämung weiter gegen die Ratten.

29

Nichts wird es mit der Pest. Funk empfindet bald: so, wie alle Ansätze, Frieden zu schaffen, ins Leere verrinnen, kann auch diese Aussicht nur mit einer Enttäuschung enden. Die Zeit ist noch nicht erfüllt, die Massengräber sind nicht angefüllt genug.

Er hat nur mit Dr. Model über das Warnungssignal, das der Chef des Feldsanitätswesens wohl übereifrig seinen Ärzten zugewispert hat, gesprochen.

Während Model das Schriftstück liest, stößt er hervor: «Welch fürchterliche Möglichkeit; das geht uns noch ab.»

«Das geht uns ab; welch großartige Möglichkeit», pariert Funk.

Und er führt aus, wie er es meint. Model aber ist skeptisch. Er bezweifelt die heilsamen Folgen, von denen Funk träumt. Er argwöhnt, die Gegner könnten sich weiterhin durch gar nichts aufhalten lassen, könnten – jeder für sich – solch ein Geschehen als «Kriegsglück» auslegen und einander fiebernd belauern, wem die Seuche die gräßlicheren Lücken reißt – nicht mehr auszustopfende, in die man dann hineinprellen kann, um gleichsam im ausgestorbenen Raum den endgültigen Sieg aufzurichten.

Aber die Fragen erledigen sich von selber, denn ein Kampf gegen die Pest oder gar einer mit ihr Arm in Arm wird nicht aktuell.

Andere Kämpfe auf dem Gebiet der Krankheiten werden zunehmend wichtig. Der Sanitätsoffizier hat immer mehr mit den Schlichen jener Soldaten, die um jeden Preis ausscheiden wollen, sich herumzuhauen. Hat mit der heftig wachsenden Schar der Kriegsmüden burleske Tänze zu bestehen.

Der Gefreite Köbisch hat zweifelsohne einen Tripper und muß ins Lazarett abgeschoben werden. Wo hat er ihn her? Die Infektionsquelle ist festzustellen, damit sie möglichst ausgemerzt werden kann. Aber Köbisch hat zu wenig Phantasie, um irgendeine Umarmung zu flüchtiger Stunde in irgendeinem Winkel zu erfinden. Es ist ihm auch nicht leicht gemacht, denn das Regiment ist seit langem mit Frauen nicht in Berührung gekommen. So muß er, in die Enge getrieben, mit der Wahrheit herausrücken: er hat die Krankheit von einem bezogen, der vorige Woche aus dem Heimatsurlaub infiziert zur Truppe zurückkam. Ehe dieser, in der Großstadt mit Gift Versehene, dem Lazarett zugeführt wurde, hat Köbisch ihm gegen zwei Mark ein wenig Eiter abgekauft und sich damit beschmiert.

Es häufen sich in der Folge Tripperfälle, deren Herkünfte nicht immer so eindeutig, aber doch sehr verdächtig sind. Ihre Träger werden zum Teil der Selbstverstümmelung angeklagt und werden später bestraft. Aber was tut es? Vorerst sind sie mal wirklich krank, müssen kuriert werden und entrinnen dem Grabendienst.

Beliebt ist auch Erzeugung des Verdachtes auf eine frische Lues. Man gewinnt das Krankheitsbild durch reizende Beeinflussung. Es hat sich von den Lazaretten her zur Truppe hin herumgesprochen, welche Praxis zu bevorzugen ist. Man legt eine Sublimatpastille zwischen Vorhaut und Eichel. Man hat höllische Schmerzen auszuhalten, aber es gibt alsbald eine hübsche Entzündung, die den Truppenarzt schleunigst veranlaßt, diesen des Primäraffekts Verdächtigen ins Hinterland abzuschieben. Die Sublimattablette, die höllischen Schmerzen haben sich bewährt. Man kommt auf alle Fälle weg von der Front, man gewinnt Zeit, man kann aufatmen, man kann hoffen, daß man entronnen ist. Mit den wirksamen Tabletten wird heimlicher Handel getrieben; wo man sie stehlen, kaufen, aus der Heimat sich schicken lassen kann, da tut man es.

Ausgezeichnete Möglichkeiten bieten die häufigen Beingeschwüre. Man verlängert und verschlimmert sie so, daß Revierbehandlung nicht mehr ausreicht – dadurch, daß man auf die bloßen Wunden, unter die Verbände, Kupfergeldstücke, Stanniolpapier, kratzende Strohhalme, Eisennägel einschmuggelt. Hat man schlaflose Nächte, von feuriger Pein durchzuckte Tage? Was tut es! Einer lernt es vom anderen. Mit Blutvergiftungen, unter der Gefahr, das Glied schließlich amputiert zu bekommen, schleppen sie sich hin. Besser ein Bein verlieren als den Kopf. Nur das Leben nicht verlieren! Aber es ist verloren, Bruder, wenn du hier draußen noch länger weitermachst. Es muß verloren sein, es dauert zu lang, es dauert noch Jahre – und einmal erwischt es dann jeden.

Der junge Peter Gallinger leidet an Verstopfung. Er bekommt in der Revierstunde «Soldatenhonig», einen schwappend vollen Löffel Rizinus, zudiktiert. Gleich soll er ihn nehmen, Asam hält ihm das Medikament unerbittlich unter die Nase. Er schluckt es bei großem Widerwillen; er geht, während er an dem Öl würgt, vor Grausen tief in die Kniebeuge.

«Komödiant!» schreit der Arzt mit sardonischem Lächeln. «Aber mach' nur Turnübungen obendrein; da wird's dir den Stöpsel schnell und kräftig hinaushauen.»

Gallinger horcht gleichsam dieser Verheißung nach, mit rundkugelnden Augen – und dann leidet er in der Folge an unstillbarem Durchfall, der ihn schließlich ins Lazarett bringt. Es stellt sich später heraus – er ist von einem kranken Kameraden beobachtet worden –, daß er wieder und wieder heimlich in den Untersuchungsraum eingedrungen ist und aus der großen Rizinusflasche mächtige Züge getan hat. Kam ihn dabei Erbrechen an, so schlug er die Hand vor den Mund und schluckte dagegen, bis ihm das Öl aus der Nase lief. Nur nicht auslassen, nur diese Chance, nach hinten zu kommen, nicht verlieren!

Der Bauernbursch Johann Epp, töricht und ohne Vorstellungsvermögen, durchschießt sich absichtlich mit dem Gewehr die linke Hand. Er stellt die Waffe mit dem Kolben auf den Boden, formt eine Faust über der Mündung und zieht mit der Zehe ab. Es geschieht im Graben, während er auf Wache ist, niemand ist in seiner Nähe. Sein Gebrüll, das andere herbeilockt, ist echt, es ist wahrhaftig nicht simuliert. Die Hand ist fürchterlich zugerichtet, Knochensplitter stehen zum Rücken heraus.

Wieso er den einen Stiefel ausgezogen habe?

Er gibt an, es habe ihn etwas am Fuß gedrückt, da habe er nachsehen wollen. Er ist halb ohnmächtig vor Schmerzen, er kann nur lallen und taumelnde Worte sprechen: – währenddem sei der Schuß gefallen.

Auf welche Weise er überhaupt getroffen worden sei? Er sei doch gebückt gestanden.

Nein, da sei er aufrecht gewesen. Er habe ja auch selbst gefeuert, weil er drüben etwas gesehen habe – gleich nachher – nein, gleich vorher …

Die Innenfläche der Hand zeigt dem Arzt Brandspuren. Mitleidslos sagt er: «Der Franzose, der dich verwundet hat, muß auf einen Meter Entfernung vor dir gewesen sein, das ist aber seltsam.»

Der Bursch gibt nach. «Herr Doktor, es war anders. Ich hab' mich nicht getraut, die Wahrheit zu sagen», stöhnt er. «Mir ist das Gewehr aus Versehen losgegangen, und ich hab' die Hand grad' an der Mündung gehabt.»

«Dorthin hast du sie gern gelegt», sagt ihm der Arzt auf den Kopf zu, denn es ist nicht das erstemal, daß einer den Drücker mit der großen Zehe gegen sich selbst in Bewegung setzt. «Dich muß ich dem Herrn Kommandeur melden.»

Die Ärzte haben strenge Order, jeden Verdacht von Selbstverstümmelung anzuzeigen.

Epp läßt alles fahren. «Herr Doktor, ich hab' nicht gewußt, daß es so schlimm sein wird, sonst hätt' ich's gewiß nicht getan.»

Später wird bekanntgegeben, daß der Infanterist Johann Epp der soundsovielten Kompagnie Selbstverstümmelung getrieben und sich der Feigheit vor dem Feinde schuldig gemacht habe. Daß er eine Schande seiner Kompagnie sei und unnachsichtlich bestraft werde. Daß seine Kompagnie durch doppelte Pflichterfüllung und Schneidigkeit gutmachen müsse, was jener Angehörige ihr an Ansehen genommen habe.

Ob solche Drohungen etwas nützen? Sie geben den Fall dem ganzen Regiment bekannt und – wer weiß – vermehren vielleicht die Lockung, sich dienstunfähig zu machen. Selbst die spätere Nachricht, Epp habe im Lazarett die Hand verloren und sei trotzdem ins Gefängnis gewandert, erzielt kaum den gewünschten Eindruck. Gefängnis ist nicht Front. Und die Selbstbeschädigungen hören nicht auf – ja, wollen die Offiziere die Wahrheit untereinander nicht verschweigen: sie nehmen wahrscheinlich zu, sie sind nur schwerer nachweisbar, weil sie schlauer in Szene gesetzt werden.

Man feuert durch den Stiefel eine Zehe weg, aus möglichster Entfernung, und erklärt gleich, kein fremder Schuß, ein eigener – ein Unglücksfall sei es gewesen. Man läßt sich die Hand vom Geschoß durchschlagen, aber man nimmt Kommißbrot vorher zwischen die Finger, so kann kein Brandmal entstehen.

Regimentsarzt Huckl Josef ist geladen mit polternder Entrüstung über solche Machenschaften. Seine Gutmütigkeit liegt in gewaltigem Streit mit seinem Abscheu gegen jede Spur von Feigheit, von Nachlassen der Nerven, von Scheuwerden und Zurückweichen. Mit einem kindischen Trotz in seinen ungehobelten Bauernzügen geht oder reitet er dorthin, wo «die Herren Franzosen ihre Granaten hinfahren». Denn daß «die windige Gesellschaft» überhaupt das Recht hätte, zu treffen und Unheil anzurichten – so, wie er's jedem deutschen Geschoß zubilligt, ja herzlich wünschen muß –, das kann und will er nie recht begreifen und zugeben.

Mut erblüht aus der Illusion, man selber sei alles und des Gegners Waffe sei im Grunde nichts oder nicht viel – und wenn sie etwas sei, so sei sie höchstens für den Nebenmann, den armen Teufel, bedauerlicherweise geschmiedet.

30

Schön warm ist es. Kommen wir nun «hinauf» nach Rußland? Oder «hinunter» nach Italien? – Die alte Sehnsucht, endlich einmal den Westen verlassen zu dürfen, wächst mächtig wieder an.

Nein – sie bleiben. Sie werden hier weiter zerrieben, zerstückelt und verbraucht. Sie müssen sich weiter dem rasenden Tempo dieser schlimmsten aller Fronten aussetzen. Aber wieviele sind denn noch da, die von Anfang an – die auch nur so lange wie Funk mitmachen? Sie sind spärlich geworden, und es kann nicht anders sein im vorletzten Kriegsjahr, wenn man bedenkt, daß das Regiment schließlich dreimal so viel Menschen verarbeitet hat, als ihm ursprünglich gegeben waren.

Feldwebel Fähnlein ist weg. Er hat sich in Douai, bei kurzem Aufenthalt eine galante Erkrankung leichterer Art zugezogen. Er meldet die peinliche Sache mit hochrotem Kopf und vielem Geräusper dem Regimentsarzt, wird ein wenig mit Hohn übergossen und in die Heimat geschickt. Dort, bald wieder hergestellt, hält er sich als Sanitätsgewaltiger beim Ersatztruppenteil bis zum Kriegsende. Er hat es gut erwischt, sein kleines Abenteuer von Douai schlägt ihm zum besten aus. Hier kann natürlich nicht die Rede sein von absichtlicher Selbstbeschädigung, vielleicht aber von leichtsinniger. Wird sie bestraft? Nein, sie wird nicht bestraft, sie belohnt sich.

Sergeant Malz ist längst davon. Er ist damals im Trubel von Bapaume verschwunden. Hat sich eigenhändig ein Krankentäfelchen ausgefüllt mit der Nachricht, daß er vierzig Grad Fieber habe, hat «Grippe» mit Fragezeichen dazugeschrieben und das Ganze mit dem eigenen Namen unterzeichnet, was ein Sanitätsunteroffizier sich sehr ausnahmsweise leisten konnte, wenn in eiligen Fällen ein Arzt gerade nicht zur Hand war. Malz hat für seinen Zustand keinen gefunden, ist mit dem Täfelchen zur nächsten Krankensammelstelle nach hinten marschiert und so nach Hause gelangt.

Aber auch Feldwebel Asam, der Unentwegte, ist fort. Funk hat schwer von ihm Abschied genommen – von einem weinenden, kleinen, verhutzelten Mann, der sich in einem fürchterlichen Anfall von Gelenkrheumatismus krümmt, den er eine Zeitlang mit allen möglichen Tabletten, sich selbst verschriebenen, bekämpft hat. Es hat nichts genützt. Jetzt ist es so arg, daß er, während er von der Sanitätskompagnie geholt wird, in Decken verpackt nur fluchend heulen kann vor Schmerzen. Die Tränen kollern über sein immer noch jähzornbereites Gesicht.

Der Wechsel ist im Gang. Der Wechsel, an allen führenden oberen und unteren Stellen, kommt immer mehr in Schwung. Es wechseln die Spitzen wie bei einem Betrieb, der nicht mehr recht florieren will, – wie in einem Hause bei schlechtem Geschäftsgang immer wieder ein anderer Laden sich auftut.

Nur der eine Wechsel, den die Gesamtheit der Division ersehnt: der hinüber in anderes Land – der geht nicht vor sich.

Sie ziehen hin und her an der Westfront, als seien sie dort an die Kette gelegt. Welche Plätze zwischen der flandrischen Küste und dem Elsaß sind ihnen noch unbekannt? Nicht mehr allzu zahlreiche. Sie haben Gastspiele gegeben vor Lille, vor Douai, vor Cambrai-Bapaume, vor La Fère, vor Laon. Sie sind gependelt zwischen Dixmuiden am Meer und Mülhausen. Trotzdem steht ihnen noch manches bevor an dieser, immer an dieser Front! Denn sie werden nicht losgekettet. Die deutschen Verzweiflungsoffensiven des Frühlings und Sommers 1918 bringen ihnen so bittere Dinge wie Montdidier und Château-Thierry und ein zweitesmal die Marne.

Vorerst aber schleppen sie sich noch mitten durchs Jahr 17, werden viel herumgestoßen, kommen nirgends zur Ruhe, werden real abgelöst, um aufschnaufen zu können, setzen kaum an mit einem ruhigeren Atemzug – und fliegen schon wieder mitten hinein in irgendeinen tobenden Trubel. Werden geholt, geholt und wieder geholt.

Nicht nur, daß sie mürber und schlaffer werden – sie müssen immer häufiger das bißchen an Kraft hergeben, das sie noch aufzuspeichern vermögen.

Ist es ein Wunder, daß sie sich kaum noch darum kümmern, wohin man sie schiebt, wozu man sie mißbraucht? Im Grunde ist es ja immer dasselbe.

Funk ist wochenlang in einem Zustand von gespannter Befangenheit. In einem wachen Schlaf, der alles grau werden läßt, auch die Erregtheit, auch die ständige Scheu vor diesem Hundeleben, auch die Sehnsucht.

Man weiß nicht, wo die Tage bleiben, durch die man hinvegetiert, wo die Orte, in denen man die Tage hastig vertrödelt; alles schleicht endlos und farblos – und ist schließlich doch im Hui und seltsam grell vertan.

Du wachst nur wirklich auf, in ein fiebergeschütteltes Dasein, wenn es dir unmittelbar ans Leben geht.

Sie sind auf dem Marsch. Funk betreut den von Sergeant Malz verlassenen Sanitätswagen des zweiten Bataillons. Er muß daher mit der kleinen Bagage ziehen.

Man kommt im Vorrücken an eine Straßenstelle, die unterm Feuer der französischen Artillerie liegt. Der deutsche Infanterist weiß, wie gut sie schießen, die Franzosen, und daß ihre Geschütze den unseren überlegen sein sollen. Vermehrt solch Wissen die Furcht, die Unsicherheit, das Grauen über ein notwendiges Maß hinaus?

Die Geschütze belegen in bestimmten Zeitabständen die Straßenstelle. Von einer Antwort deutscher Kanonen auf diese Herausforderung ist weit und breit nichts zu hören. Das deprimiert und macht dich gänzlich verlassen. Wie zur Schlachtbank wirst du geführt.

Die Schüsse kommen ungefähr jede fünfundzwanzigste Sekunde. Alle zählen mit aufgerissenen Augen das Intervall.

Der Troß hält, auf Befehl des Bagageführers, an einem halbwegs geschützten Platz. Die Straße krümmt sich hier um einen Hang und gleichzeitig etwas ansteigend in den Feuerbereich der Franzosen.

Es werden die Pausen zwischen den Einschlägen abgepaßt. In diesen Pausen heißt es: Wagen für Wagen passiert!

So beginnt das aufregendste Glücksspiel, das man treiben kann. Der Weg ist noch einigermaßen fahrbar, er weist nicht so viel Löcher auf, daß man sie nicht vermeiden könnte. Zu beiden Seiten der Straße, ins weiche Feld, in den steilen Hang, schlagen Schüsse und streuen von dort aus ihre zerschmetternden Splitter. Lange kann die Beschießung noch nicht währen, doch liegt schon dort ein Wagen, hier ein Pferd, das noch lebt – drüben ein Toter.

Die hier halten, sind noch in Sicherheit, die dort drüben halten, sind es einigermaßen wieder. Wer innerhalb der dreihundert Meter steckt, durchquert den Rachen des Todes – den stummen, den entsetzlich laut schweigenden, der nur manchmal aufbrüllt wie ein gigantisches Vieh und zerreißt, was ihm erreichbar ist.

Alles, Mensch und Pferd, passiert vom Grauen gepeitscht diese mörderischen dreihundert Meter. Ihnen ausweichen kann man nicht. Dem Bagageführer ist dieser Weg auf der Karte vom Regiment vorgeschrieben, er hat keinen anderen zu fahren. Könnte er überhaupt in einem weiten, vielleicht Stunden beanspruchenden Bogen die Gefahr umgehen? Unmöglich, wo ist schließlich bestimmt keine Gefahrzone? Wo wäre zudem die andere Straße, und wie sollte der Zeitverlust des Umweges wieder gewonnen werden? Denn es eilt, das Regiment ist auf dem Vormarsch, es soll eingesetzt werden, soll zusammengeschnurrte, erledigte, unzuverlässig gewordene Truppen ablösen.

Mancher läuft schlecht, gerade hier, wo er besser laufen sollte als je in seinem Leben. Er torkelt, er schlottert, die Angst setzt ihm so sehr zu, daß er behindert ist statt angetrieben.

Und mancher, der undurchlöchert drüben landet, sinkt zusammen, als seien ihm die Knochen weggeschmolzen in der brennenden inneren Not. Schweißbäche laufen unter dem Stahlhelm hervor und überschwemmen ein leidendes, tief erblaßtes, verfallenes Gesicht – das doch irgendwo, um die eingesunkenen Augen, eine Regung armseligen Glückes zeigt, denn man hat ja wieder einmal sein Leben durchgepascht.

Und wenn man hier nun «gefallen» wäre – verträgt sich solch Ende, schmähliches, bebend befürchtetes, fluchend und betend abgewehrtes Ende mit der Bezeichnung «Heldentod»?

Bevor Funk loslief, sah er mit dem Fahrer zusammen die Pferdestränge nach. Ihm schien auch zweifelhaft, wie die Gäule es überstehen würden. Seit längerem hatte der Fuchs einen Granatsplitter durch den Hals – einen «harmlosen» durch «Weichteile» –, der Apfelschimmel einen im Hinterteil. Beide Wunden eiterten und setzten den Tieren zu, aber bei der Knappheit an jeglichem, auch an Pferdematerial, war nicht daran zu denken, die biederen schweren Bauerngäule gegen andere umzutauschen.

Der Fahrer mußte sich auf den Bock setzen. Das war für den Augenblick kein angenehmer Platz. Dort war man in die Höhe gehoben, wie hineingehoben in die Flugbahnen der französischen Geschosse. Besser blieb man möglichst nahe dem Boden – nahe der Gelegenheit zu kriechen, zu schlüpfen, sich hinzuwerfen.

Funk beneidete den Fahrer nicht, wenn auch der vielleicht schneller vom Fleck kam. Er sagte sich, lieber versuche ich dicht hinter dem Wagen oder neben ihm herzulaufen, und habe so etwas wie Deckung.

«Vorwärts, der Pflasterkasten», kommandierte der Bagageführer, heiser vor Erregung.

Als Funk nun rannte, hinterm davonjagenden Sanitätswagen her, horchte er angespannt. Schlimmer als die Schüsse war die Ruhe. Denn nach ihr kam ja der Schuß – je länger sie dauerte, um so gewisser kam er.

Das Rattern des Wagens, der schwerfällig hüpfte, das Klötern seines durcheinandergeschmissenen Inhalts hatte etwas albern und dünn in die Weite Verlorenes.

Der halbe Weg ist geschafft – da liegt ein Reitpferd, es hat auffallend neues Lederzeug –, will niemand den Sattel mitnehmen? Wo kommt bei uns, im dritten Kriegsjahr, ein nagelneuer Sattel her? Befehl: Das Material muß aufs sorgsamste gesammelt werden – will denn niemand –?

Funk ist schon vorbei, er denkt: wo mag der Reiter sein? Ihn hat man fortgetan, das noch lebende Pferd liegt da. Es lebt nicht mehr lange, niemand braucht ihm die Pistole hinters Ohr zu setzen, niemand nähme sich auch die Zeit – ein Offizierspferd –, es ist bestimmt in den nächsten fünf Minuten erledigt, aus ihm bricht ja Blut wie ein Strom. Dann kommen wohl andere …

Denn diese Franzosen erwischen – aus großer Entfernung – das Chausseestückchen erstaunlich gut. Dies gedacht ohne jede Erregung gegen den «Feind», ohne Haß gegen ihn. Wäre nicht tobende

Wut das Natürliche, das Richtige – das einzig Erträgliche in dieser Lage? Aber der die Granaten herschickt, ist – das spürt man schon lange – nicht anders ein Geknebelter, ein Verdammter wie der, dem sie gelten. Weshalb also immerfort die ganze Sauerei? Ach ja, richtig: deshalb – und deshalb – und deshalb – – wie man uns sagt. Und obwohl man es uns sagt, wird es doch immer mehr so, daß keiner es weiß. Keiner weiß es. Es ist, als ob man zum Gegner hinüberrufen sollte: Könnt ihr's nicht einrichten, daß eure Kanonen allein weiter arbeiten? Vielleicht könnt ihr sie dahin überlisten, daß sie ins Leere schießen? Inzwischen kommt ihr herüber zu uns, und wir reden und fluchen einmal mitsammen über den miserablen Krieg, der uns alle auffrißt.

31

Der Verbandplatz ist in einem höhlenartigen Unterschlupf zu ebener Erde, nicht hinab in den Boden gegraben, aber durch Beton verstärkt. Besser gesagt: hier ist irgendein Verbandplatz, von wem erbaut, wissen sie nicht. Vielleicht vom Gegner eingerichtet, denn hier ist es hin und her gegangen im Lauf der Jahre; man hat sich um den und den Streifen armseligen Landes gerauft und wieder gerauft, als hänge von seinem Besitz die Seligkeit ab oder wenigstens das Ende des Krieges.

Hier haben vielleicht französische Ärzte schon amtiert und den Folgen des brutalen Irrsinns zu steuern gesucht bei den gleichen verstümmelten Objekten – bei Landsleuten und Deutschen –, wie es nun der deutsche Arzt versuchen wird: bei Landsleuten und Franzosen.

Dr. Model, Funk und der neue Sanitätsfeldwebel Bethge, ein Schneidiger mit aufgezwirbeltem Bart, richten den Laden ein, so gut es geht. Es ist feucht und zugig in diesem Versteck. In seinen Winkeln liegen Überreste von denen, die früher hier tätig waren: blutdurchtränkte faulende Binden, kleine Berge geleerter Medikamentenfläschchen und zerbrochener Ampullen. Bethge kommandiert sofort zwei Krankenträger heran zum Säubern des «Augiasstalles». Er war zu Hause bei der Bühnenmaschinerie irgendeines Hoftheaters beschäftigt und ist also gebildet. Er weiß, daß man Ordnung halten muß im Theaterbetrieb, und daß Sauberkeit eine Forderung des deutschen Militärs ist auch im Felde. «Solche Dreckbären wie die Franzosen wollen wir nicht werden, und wenn der Krieg noch zehn Jahre dauert.»

Regimentsarzt Huckl ist nicht da, er hält sich beim Stabe. Im Abschnitt soll ein zweiter Verbandplatz bezogen werden, es ist nicht ganz klar, wo er liegt. Die Verbindung unter den leitenden Stellen ist locker, es drohen Mißverständnisse, es werden Anordnungen aufgehoben, die vor einer Stunde erst getroffen sind.

Model und Funk fragen einander, wo eigentlich das Regiment steht, ob es eingesetzt, ob es in Bereitschaft ist. Sie kommen sich verlassen vor, wie vergessen in ihrer Höhle. Sicherlich reitet Huckl trotzig umher: vom Regimentsstab zu den Bataillonsführern, von ihnen zu jenem zweiten Verbandplatz, sucht brav nach Fühlung mit seinen Ärzten und knurrt über die «Mossiöhs», die mit ihrer Artillerie unentwegt die Gegend belästigen.

Denn sie schießen dauernd. Sie suchen die Straße zu erwischen, an deren Rand hart die betonierte Höhle liegt. Sie werfen ihre Granaten über den Berg und gegen den Hang, in den die Höhle hineinführt, sie müssen ausgezeichnete Beobachtung haben. Daß sie die Straße in Verbandplatznähe trotzdem nicht treffen, liegt daran, daß sie die Kurve nicht steil genug nehmen können. Aber nicht viel weiter oben, wo das Schützende niedriger wird, erreichen sie ihr Ziel.

Deshalb stehen auch gerade hier in Funks Nähe außer dem Sanitätswagen Teile der Bagage. Sie stehen provisorisch da, man weiß ja noch nicht, ob man bleibt, ob es weitergeht, wann es weitergeht, ob es vorwärts oder zurück geht. Obwohl da irgendwo vorderste Linie und Gräben sein müssen, hat es den Anschein, als bereite sich so etwas wie Bewegungskrieg vor. Vielleicht sind sie in einem Frontabschnitt, der pendelt?

Jedenfalls sind sie mitten drin in irgendeiner Sache – und wissen nicht im geringsten Bescheid. Die in der Heimat haben das nie begreifen können. Aber gerade weil sie mitten darin sind, wissen sie nichts.

Dr. Model spricht zu Funk darüber, mit welch blinden Augen man dies Wanderdasein mitmachen muß – im Gegensatz zu den festen und klaren Verhältnissen bei Fournes oder Méricourt.

«Dort war man wie zu Hause, und der Gegner war es auch. Feindliche Nachbarn, deren Zank und Hader wie aus purer Gewohnheit halbe Jahre lang hinüber und herüber gingen. Wobei man gewisse Grenzen des Anstandes wahrte, damit die Gemütlichkeit des Heims nicht allzusehr gestört wurde.»

«Ja, das fiel auf», sagt Funk. «Sie meinen, Herr Oberarzt, es war deutlich, daß die Ortsunterkünfte keinen Schuß bekamen, falls auch wir die Unterkunft des Gegners in Frieden ließen. Eine beiderseits geübte Schonung, die in fürchterlicher Weise widersinnig anmutet.»

Der Arzt sieht auf. «Wie verstehen Sie das?» fragt er, während er seine verklebte Injektionsspritze mit Alkohol reinigt.

«Ich meine, diese heuchlerische Schonung, die vor allem der Bequemlichkeit der Stäbe hüben und drüben dient, ist in Wahrheit Vermehrung der allgemeinen Schinderei. Was für einen Sinn hat es, daß Gegner in bestimmter Hinsicht einander sanft behandeln? Doch nur den ungewollten Sinn der Verlängerung des Krieges. – Tagsüber versuchen wir, einander Eisen in den Bauch zu rennen, aber nachts – nicht wahr, dahin wollen wir übereinkommen – können wir ruhig schlafen, damit wir dann am nächsten Morgen, neugekräftigt –

Ist es nicht übler, als wenn sie ununterbrochen und auf jede Weise gegeneinander losgehen? Weshalb schießen sie einander nicht die Unterkünfte in Grund und Boden? Sie könnten es ohne weiteres. Es wäre ein Kinderspiel für ihre Kanonen. Die Führung auf beiden Seiten in ihren Villen und Schlössern bekäme es wahrscheinlich schnell satt, dann noch weiterzumachen. Aber: schonst du mich, den Herrn General, so schone ich dich auch, monsieur le colonel! Was für ein Kuhhandel ist das, gemessen an dem infamen Bestreben, die feindliche Kraft doch nun einmal durch Menschentötung brechen zu wollen. Hüben wie drüben lassen sie die Masse morden; sich selbst halten sie nach Möglichkeit beiseite. Und hierin helfen sie einander.»

«Ja», sagt der Arzt. «Es ist ähnlich wie mit den Grundsätzen der Ringer, bei deren Kampf nur gewisse Griffe erlaubt sind. Eine Vereinbarung meinetwegen, einander nicht die Geschlechtsteile auszureißen.»

«Gut. Die machen Sport. Aber die Vereinbarung unter sich Abschlachtenden, in bestimmter Hinsicht doch nicht zu schlachten, ist schief und verlogen – ja niederträchtig, ein unmittelbares Spezialprodukt des Krieges.»

Sie werden unterbrochen in ihrem aus ruheloser Langerweile geborenen Gespräch. Ein Verwundeter wird hereingeschleppt.

Ein pausbäckiger Artillerist, ein berittener, Führer bei einer Munitionskolonne. Er hat eine Sprengschußverletzung des Gesäßes. Auf dem Bauche liegend wird er hereingetragen. Der eine Gesäßteil ist zerrissen, die Blutung steht, aber er ist arg zugerichtet, zugleich mit Fetzen von Hose und Hemd hat der verletzte Darm seinen Kotinhalt in die große Wunde gemengt, vom After ist nichts mehr zu sehen.

Dieser Wachtmeister und Kandidat der Rechte, wie er für das Verwundetentäfelchen angibt, ist guter Dinge. Die Schmerzen müssen im Augenblick nicht groß sein. «Fleischwunde, wie, Herr Doktor?» sagt er zuversichtlich. «Nicht gefährlich, was? Aber auf meinem Arsch werde ich wohl längere Zeit nicht sitzen können?»

«Kaum in den nächsten Tagen», geht der Arzt auf den Scherz ein, während er ihn oberflächlich verbindet, nichts reinigt, alles läßt, wie es ist. Anders zu verfahren, wäre sinnlos.

«Meine dicke Kiste hat was abgekriegt. Schad' nix. Wenn's nur einigermaßen harmlos ist, wie?» erneuert er die Frage.

«Es wird gut gehen, denke ich», nickt ihm der Arzt zu. Er gibt ihm Morphium für alle Fälle, und damit er das Stilliegen in unbequemer Lage besser erträgt.

Der Wachtmeister erzählt launig, wie seinem Gaul bei der Sache nichts geschehen ist. Nur der Sattel hat eklig was abgekriegt. Dann bittet er um eine Zigarette, beginnt unsicher zu rauchen – er trifft neben die Lippe – und wird schweigsam – so, als habe er sich doch zuviel zugemutet.

Dr. Model wispert in einer Ecke mit Funk. «Wenn ihn die Sanitätskompagnie nur bald holen wollte! Aber wie soll sie uns gleich finden? Zudem wird sie gar nicht fahren, solange die Straßen so sehr unter Feuer liegen. Und schließlich: wozu auch? Der Mann ist nämlich doch verloren. Er kommt auf keinen Fall mehr rechtzeitig zur Operation.»

Funk späht aus gedecktem Winkel, unterm Beton hervor, die Straße entlang. Die Schüsse rücken näher. Ein Flieger war da und hat nach dem Rechten gesehen, ein französischer. Jetzt legen die Geschütze ihre Granaten in vorbildlicher Weise exakt – nur daß der Bergrücken, über den sie hinweg-müssen, ihnen eben doch die letzte Leistung versagt. Volltreffer gelingen nicht.

Aber die ausgespannten Pferde, in der schmalen Gasse zwischen den Wagen und dem Hang stehend und so am sichersten, werden immer unruhiger. Sie sind dort allein gelassen, die Fahrer haben sich längst irgendwo in den Berg verkrochen.

Funk sieht, wie bei jedem Donner einer Explosion, die Staub und Grasbüschel im Guß über die Straße und auf die Pferderücken sät, eine Welle von Entsetzen durch die Tiere hinläuft.

Sie spüren genau, daß Gefahr enger ihren Leib umtobt. Und auf einmal sieht Funk etwas Unglaubliches. Ein ausgewachsener Gaul läßt sich auf die Knie nieder und versucht, unter den Wagen zu kriechen, neben dem er gestanden ist.

Er macht Wackelbewegungen, als seien sie ihm vom Dresseur beigebracht. Er ist viel zu groß für den kleinen Raum da unten zwischen den Rädern. Er bleibt mit dem ganzen braunglänzenden, angstschweißübertrieften fliegenden Körper draußen, aber den Kopf am langgestreckten Hals schiebt er sehnsüchtig unter die Deichsel.

Was ist ein Pferd? Und was bedeutet es gar im Hingemordetwerden von Millionen? Sein Benehmen zu dieser Stunde hat etwas Törichtes und sehr Komisches – hat etwas Rührendes und Erschütterndes und verkörpert die stummschreiende Qual aller kriegsgefolterten Kreatur von Europa.

Funk hat das Bild manches Getöteten, manches Zerrissenen, Erstickten, Zerquetschten, manches Halbtoten vergessen – das Bild des Pferdes, das anfing, auf eigene Faust Zirkuskunststücke zu machen, um sich zu retten, hat er behalten.

Als sei der Zweck der Schießerei gewesen, einen Gaul zur Äquilibristik zu bringen, so geht in der Folge die Artillerie verhältnismäßig rasch in Schweigen über.

Jetzt könnte die Sanitätskompagnie kommen. Nach ihr zu rufen, hat man längst versucht.

Aber es wird Abend, es wird Nacht, es wird Mitternacht, bis sie eintrifft. Es regnet wenigstens, es gießt, das ist besser als ein mondheller Himmel.

Der Wachtmeister ist sehr still geworden. Er hat noch zweimal beruhigende Spritzen bekommen, als es aus ihm zu stöhnen anfing. Wie er nun abtransportiert wird, ist er grünlich im Gesicht. Mit schlaffen Pausbacken sagt er gar nichts mehr. Die angerauchte Zigarette liegt nah' bei seinem Mund erloschen auf der Bahre.

Feldwebel Bethge und Funk haben die stillen Stunden benützt, um aus dem Pflasterkasten an Material auszupacken, was bei größerem

Verwundetenanfall etwa nötig sein wird. Auf ein paar leeren Kisten haben sie die Dinge bereitgelegt, denn man scheint nun doch fürs erste zu bleiben.

Da kommt, zugleich mit den Sanitätskompagnieleuten, der Befehl, sofort abzurücken. Hals über Kopf wird in den Wagen wieder hineingeschmissen, was man ihm eben entnommen hat. Bethge wirbelt den Bart nach oben und schimpft vor sich hin, denn seine geliebte Ordnung läßt sich nicht im geringsten mehr aufrechterhalten. Der Arzt treibt an, alles nur rasch zu verstauen.

Obendrein wird die Hälfte naß. Es regnet auf die Pakete mit Mull, mit Binden. Es regnet in die Schubfächer. Sie werden quellen und sich später nicht mehr aufziehen lassen. Das kennt man schon.

Unter sommerlichen Güssen, die dich zum Dampfen bringen, so schnell mußt du dich bewegen, geht es – vorwärts oder rückwärts? – hinter der Führung her durch schwarze Nacht.

32

Das Jahr bringt dem Regiment ein dauerndes Hin und Her und nirgends Ruhe, aber wohl auch nicht die Möglichkeit, im militärischen Sinn eine rechte Leistung zu tun.

Prägt sich in solchem Gezappel zunehmend Unsicherheit an höchsten Stellen aus? Wenn Funk die Monate zurückblickt, sieht er für sein Teil eine Kette von nutzloser Tätigkeit. Immer ist er daran, irgend etwas zu installieren: einen kümmerlichen Winkel, um die Schreibereien zu erledigen, ein Loch, um es als Verbandplatz herzurichten, bei beschränktestem Raum will er so viel Platz, als der Sanitätsbetrieb dringend braucht, herausschinden, er ist daran, sich zu orientieren, wo die Lazarette, wo die Augenstation, die Zahnstation, der Divisionsapotheker, der Korpsapotheker, der Sanitätsspeicher sich befinden.

Aber kaum scheint man heute ein wenig im klaren zu sein, ist morgen alles wieder anders. Alles wandert wieder, die Rapporte bleiben unfertig, es ist, als häuften sich nichterledigte Schulaufgaben, die Kranken laufen halbbehandelt mit, in der Hoffnung, irgendwo weiterbehandelt zu werden, man marschiert durch Regen, marschiert durch Staubwind, setzt ein paar ganz Geschwächte auf Bagagewagen, nur daß sie nicht liegen bleiben, obwohl die abgetriebenen Pferde möglichst entlastet sein sollen. Funk bindet sich selbst eines Nachts auf dem Bock des Sanitätswagens fest, weil Fieber ihn so taumelig und müde macht, daß er in Gefahr ist, von der holpernden Kutsche herunterzufallen.

Und dann landen sie irgendwo, und dann beginnt das alte Spiel von neuem: sie landen nur, um alsbald wieder fortgeschwemmt zu werden.

Schon ist der Herbst da, er findet sie in Flandern, in einem Dorf, das noch erstaunlich gut erhalten ist.

Soll man hier wenigstens für ein paar Wochen seßhaft werden?

Funk hat eine Waschküche mit feuchtem und glitschigem Steinboden zum Quartier. Aber ein großer Holztisch hält sich bereit, auf dem früher Wäsche gebürstet worden ist. An ihm schmiert er tagsüber seine Meldungen, auf ihm schläft er des Nachts. Ein ausgezeichnetes Lager, trocken wie seit langem nicht, wenig zugig, frei von Spinnen und Asseln; man muß nur achthaben, im bleiernen Schlaf nicht herunterzurollen.

Hier ein bißchen zu bleiben, wäre gut. Hinter dem Haus ist ein verwildertes Gärtchen. In dem Gärtchen lebt eine Ziege. Sie ist angepflockt, ein Strick läßt ihr Spielraum genug, um zwischen dem schießenden Unkraut herauszusuchen, was ihr behagt.

Bei dieser Ziege ist Funk manchmal. Wenn er seine rückständigen Rapporte so satt hat, daß er sie einfach liegen läßt, geht er hinaus zu ihr, setzt sich ins Gras und schaut sie an. Ein paar Pflaumenbäume, an denen nichts hängt, stehen in der Nähe. Das Tier ist zufrieden, es bannt den Krieg, es verbannt ihn aus seiner Nähe – wenigstens aus dem Umkreis, den es auslaufen kann am Ende des Strickes. Manchmal läuft es spielerisch und neckisch. Es läuft ganz ohne Nutzen, nur so, aus Freude an ein paar Kapriolen. Gibt es das noch – einen possierlichen Sprung, nur um des Sprunges willen? Das junge Tier überspringt den Krieg. Es ist, als könne hier gar keiner sein. Nicht nur die Ziege ist zufrieden, auch Funk wagt für fünf Minuten ein schöneres Dasein im Geist.

Es ist förmlich hörbar – denkt er –, wie Herbstsonne stiller scheint als irgendeine andere, selbst als die des Winters – freilich, die weckt ja das angriffslustige Gefunkel der kalten Kristalle – – da stürzt schlagartig der ganze Himmel herunter, oder zerplatzt er berstend ins Nichts?

Funk wird von einer fauchenden Schattenhand im Genick gepackt und gegen den Boden tief gebeugt. Er sieht noch, wie die Ziege mitten in einem Luftsprung ist, der ansetzt im Scherz und endet im Entsetzen.

Einen zweiten tut sie nicht. Ein schwirrendes Dröhnen fegt durch die Luft, als werfe sich eine Hornisse von Handgröße maßlos wütend auf einen Gegner.

Der Gegner ist die Ziege, und jene Wut zischt klatschend in sie hinein. Aber ehe Funk dazu kommt, aufzustehen, zwingt ihn ein zweites Gebrüll des Himmels, sich platt auf den Boden zu legen. Wie die Erde zittert, sie wird geschüttelt von Angst! Und wird ein drittes Mal heimgesucht von einer englischen Granate größten Kalibers, wohl eineinhalb Meter hoch und fast einen halben dick.

Dann wird es still, nur daß Gelauf und unterdrücktes Geschrei von der Dorfstraße her in den Garten dringen. Funk geht auf die Ziege zu, sie hat einen handgroßen Stahlsplitter in den schmalen Brustkasten bekommen. Die Schnauze zittert, als wolle sie noch Gras erschnuppern. Im goldgelben Aug erlischt ein letzter Schein.

Funk geht hinaus auf die Straße, durch sie rennt ein Häuflein Frauen mit Kindern an den Händen, sie lassen eine dünne Blutspur hinter sich. Als Nachzüglerin läuft eine, die einen Knaben trägt, den sie halb über die Schulter geworfen hat wie einen Sack. Rot bricht es aus großer Halswunde, ein Tor ist da mitten in den kleinen Körper gerissen. An gelb-schlenkernden Ärmchen erkennt Funk den Tod. Die den Toten dahinschleppt, weiß noch gar nicht, wie es steht.

Wohin rennen alle? Haben sie einen alten Heilkundigen im Ort?

Werden weitere Granaten kommen? Funk spürt die Straße entlang. Es wird zu tun geben.

Aha, bei der Kirche, hart an der Mauer, hat einer dieser Riesenschüsse eingeschlagen. Die Straße ist aufgerissen, als sei für Kanalarbeiten eine Grube gegraben. In der Nähe dieser Grube hält ein Maschinengewehrzug, richtiger, halten Reste eines solchen.

Was lebt noch von ihnen?

Funk geht um erstarrte Gruppen von Wagen, Fahrern und Pferden herum. Sie waren wohl auf dem Durchzug, sie haben nur einen Augenblick hier halten wollen, da hat es sie ereilt.

Irrtum: für die Sanität gibt es hier nichts mehr zu tun. Funk muß an gewisse, unheimlich verrenkte Szenen in den Wachsfigurkabinetten der Großstädte denken.

Einer sitzt noch auf dem Bock, wie mit betend erhobenen Händen, der Luftdruck hat ihn nach hinten gekippt, die Lehne hält ihn, er ist ganz unwahrscheinlich in der Schwebe, die Zügel führen hinab zu Pferdekadavern. Ein anderer lehnt am Wagenrad und scheint im Stehen eingeduselt gleich einem Betrunkenen, die Mütze hängt ihm über die Nase herab. Es liegen halb oder bäumen sich oder hocken die Körper in einer allerletzten Geste, die der Schock konstant gemacht hat.

Zwei Gäule tun, als versänken sie in den Boden. Bei bis zur Brust weggeschlagenen Beinen, die spurlos verschwunden sind, ist es, als stiegen sie hinab in die Erde. Die Leiber sind aufgerichtet, die Hälse gebogen, die Schnauzen stützen sich in den Staub.

Nein, hier ist von einem Dutzend Männern und ebensoviel Pferden nichts Lebendiges übriggeblieben.

Lebendige Flammen sind auf dem Marktplatz, dort brennen zwei Häuser. Aber niemand kümmert sich um sie, überhaupt ist niemand zu sehen weit und breit.

Weshalb geht Funk hier einsam umher? Und flüchtet nicht gleich den anderen vor der Möglichkeit weiterer Schüsse?

Er ist zu erschöpft, um halbe Sicherheiten aufzusuchen, die von Tag zu Tag weniger sicher werden – ist allmählich ergeben in den Hieb, der immerfort nach Mensch und Tier zielt, ist ohne Schutzwillen. Und steht dumpf mitten auf dem Platz vor einem menschlichen Gesäß mit Hosenresten, das durch die Luft hierher geschleudert worden ist.

Ohne Zweifel gehört es hinüber zu jenem Maschinengewehrzug. Er hebt es auf an einem Stoffteil und trägt es zurück. Er legt's auf einen der zertrümmerten Wagen, als sei es von Wert, wenn alles gut beisammen ist. Weiß er ganz klar, was er tut?

Dann geht er «heim». Er sieht sich noch einmal die Ziege an. Es hat sich nichts verändert. Ihren Verzicht auf das Umherspringen in der Runde, die der Strick erlaubt, wird sie beibehalten.

Er will ihren Kopf wenden, um zu sehen, ob auch das Auge, auf dem sie liegt, einen solch «meckernden» Ausdruck hat – aber da ereilt ihn der Befehl: Sogleich zusammenpacken, fertig sein in einer Stunde, es geht fort, es geht weiter!

Es geht weiter und ist doch nicht anders, als schreite man den Boden von Gefängniszellen aus. Immer dasselbe, immer von vorn die wüste Reihe: Gefahr, Angst, schlechtes Essen, schlechter Schlaf, Läuse, kalte Nacht, heißer Mittag, schmutziges Hemd, Blut, Eiter, bekritzeltes Papier, endloser Marsch, endlos verhockte Langweile.

Schon steht der vierte Winter vor der Tür. Er wird gefürchtet – und wird begrüßt. Immer noch kein Ende? Also gut, dann wenigstens die Ruhe der eis- und schneegebundenen Zeit. Vielleicht, daß in ihr der Friede geboren wird. Ist nicht auch der Christ, an den sie immer noch glauben, von dem die Feldgeistlichen ungehemmt weiterschwatzen – ist nicht auch Jesus zu dieser Zeit geboren worden?

Und wenn es nichts damit sein soll – schön, dann im nächsten Frühjahr, aber diesmal bestimmt, hinunter nach Italien, hinüber in den Balkan. Stets von neuem weiß die Sehnsucht Leben anzufachen – nur auf daß sie leben kann.

Regimentsarzt Huckl sieht die alldeutschen Ziele seiner Zeitschrift nicht recht vorwärtsgetragen. Um so eigensinniger bewegt er sich selber hin und her. Bei jedem Wetter, unter jedem Feuer besucht er, oft in Begleitung Funks, inspizierend die wechselnden Verbandplätze, die das Regiment absolviert, wie eine umherzigeunernde Wanderbühne Scheunen und Schuppen bezieht.

Er hat recht, der alte Kasten. Seinen Ärzten tut es wohl, daß er sich persönlich um sie kümmert, er ist nicht der Vorgesetzte, der beim Stab in irgendeinem sicheren Loch steckt, er zieht umher und reckt die Nase unangefochten auch dorthin, wo dicke Luft ist.

Nur daß er's manchmal in seiner passionierten Verachtung des Gegners kindisch zu weit treibt. Er ist endlich Stabsarzt geworden, daraus hat er nicht viel Wesens gemacht, aber er scheint noch stärker davon überzeugt zu sein, daß die «Zufallstreffer» der Franzosen ihm, der jetzt Hauptmannsrang hat, nichts anhaben können.

Er begibt sich wieder einmal mit Funk «auf Tour». Man hat ihn gewarnt: der Gegner belege da und da regelmäßig um die und die Stunde das Gelände mit Schrapnells.

Er will nicht hören. «Mit Schrapnells, Funk!» lacht er. «Warum nicht gar mit Kettenkugeln; mit denen hat, glaub' ich, der Große Kurfürst bumbern lassen. Die Franzmänner müssen windig daran sein mit ihrer Munition, wenn sie solch Zeugs verfeuern. Mit Schrapnells schießen die Unsern höchstens nach Fliegern. Wollen wir ein paar Bauernschirme mitnehmen, Funk, damit wir uns gegen die aus dem Himmel kollernden Kügelchen schützen können?»

Funk bringt ihn nicht einmal dazu, den Stahlhelm aufzusetzen. «Ah bah», sagt er wegwerfend. – «Wenn Sie ihn überstülpen wollen – meinetwegen!» fügt er mit Verachtung im Ton bei. Er besiegt den Gegner dadurch, daß er ihn immer mehr negiert, je schwieriger es wird, ihn zu negieren.

So ist er ohne Zweifel, im Sinne des Soldatischen gesprochen, ein Vorbild. Solche Offiziere tun not in der wachsenden Verzagtheit des Mannes, in den Nervenkrisen vieler, der dürftigen Aktivität aller. Aber was hilft es? Das erste Schrapnell, das über den beiden, die einen Acker durchstiefeln, platzt, trifft den ehrenwerten Kasten Huckl Josef.

Als Funk sich aus der Furche, in die er geschlüpft ist, unverletzt erhebt, findet er den Stabsarzt stöhnend auf der Seite liegen. Durch seinen grauen Waffenrock spült aus der Achselhöhle Blut.

Und es ist kein «Kügelchen» gewesen – es war ein tüchtiges Sprengstück, vielleicht der Zünder, der ihm das Schulterblatt zerschmettert hat.

So kommt er auf einen seiner Verbandplätze nicht als Inspizient. Und obwohl er starke Schmerzen haben muß, ist der Ausdruck des Staunens in seinen Augen, daß so was hat geschehen können, größer als der der Pein.

Der Ausdruck bleibt, und die Zunge setzt an, nicht um zu klagen, sondern um zu poltern – bis eine Schwäche ihn leblos macht.

Funk behält den trotzigen, dümmlichen, gutartigen Zug in der Miene des Ohnmächtigen in Erinnerung – und steht mit diesem inneren Bild ein paar Tage später vor dem Neuen, vor dem Nachfolger.

Wie anders der ist! Leise verfettet, ein wenig gedunsen, gerne keifend, im Grunde friedfertig, sehr geschäftig, voll Eifer plappernd, immer «in der Sprechstunde» – Facharzt aus Berlin für Haut und Harn.

Er kommt von einer anderen Stelle der Division, wo er Bataillonsarzt war, er bringt seinen Diener mit, das heißt, dieser Diener hat es verstanden, ihm seine Unersetzlichkeit einzureden, um den angenehmen Posten nicht zu verlieren.

Und es geschieht das Unglaubhafte, daß ein powerer Infanterist von einem Regiment in ein anderes versetzt wird, nur weil er bei einem Pflasterkasten als Wichser bleiben möchte, und weil sein Herr ihn in diesem Wunsch unterstützt.

Handelte sich's um einen echten Offizier vom Hauptmann aufwärts, man fände wohl nichts Besonderes dabei. So aber ist der Kommandeur, jener Nachfolger Pummers, Major Dusang, bereits aufgebracht gegen ihn und spricht von Dreistigkeit um so bereitwilliger und überzeugter, als dieser neue Regimentsarzt Dr. Fünfer obendrein Jude ist.

Wer hängt ihm die Bezeichnung «Hautjude» an? Sie liegt nahe, sie ist bereits vorhanden, geprägt zu werden braucht sie nicht mehr. Das fertige Schildchen ist leicht auf seinen fetten Rücken zu pappen.

Funk hört den Ausdruck, ehe er noch den neuen Mann kennenlernt. Das Regiment hat Winterstellung bezogen; hier wird man wohl bleiben, solang die große Lähmung durch niedere Temperaturen, durch Schnee und kurze Tage dauert. Das Revier ist im kümmerlichen Dorf Molinchart, fünf zusammengewürfelten angeschossenen Häusern, untergebracht. Der Regimentsstab residiert anderswo mit herrschaftlichen Gebäuden. Funk geht hinüber, um sich dort dem Dr. Fünfer vorzustellen. «Woaßt es scho, jetzt habn ma an Hautjuden aus Berlin als Staberl», sagt ihm unterwegs einer. «Mir hat's der Verpflegsoffizier Dankel verzählt. Er meint, jetzt kann's wirkli nimmer lang weitergehen, wann's a so anfangt. I glaub's glei.»

Funk findet den Dr. Fünfer beim Packen seines Wäschesacks. Er hat ein Zimmer, das sich vor Funk auftut wie ein Paradies, mit Ausblick in einen Park, aber es gefällt ihm hier nicht. Er spürt wohl die allseitige Abneigung, die um ihn her ist. Wie kann auch der Kommandeur ihm freundlich begegnen, wenn er das Regiment als degradiert empfindet durch Besetzung der leitenden Sanitätsstelle mit einem Juden.

«Sie sind mein Schreiber? Gut. Lassen Sie mich nicht im Stich», bittet er und reicht Funk die Hand. Er lächelt breit mit glänzenden, ein wenig fahlen Bäckchen voll blauschwarzer Stoppeln. «Wie ist's drüben? Ich will nämlich hinüber nach Molinchart. Ich bin lieber an Ort und Stelle. Haben wir viel Kranke? Wie heißt der Revierfeldwebel? Sind die Latrinen in Ordnung? Wo stehen die Sanitätswagen? Wird auch mein Bursch einen Schlafplatz haben? Wieviel Räume –?»

Er stellt gleich hundert Fragen, ohne alle Antworten abzuwarten. Zwischendurch keift er ein bißchen mit dem kleiderverstauenden

Burschen, der ihm still-energisch zu begegnen weiß. «Nu mal langsam jeschwind, ich muß doch bitten, meine Hosen nich so in den Koffer zu hudeln.»

Der Wichser murmelt etwas, das Protest so gut wie Ergebenheit sein kann, und packt im gleichen Tempo weiter.

«Sachte jeschwind», kreischt Fünfer. «Erst die Litewka, dann die Stiebel!»

Was verlangt er? denkt Funk, der zuschauend sich zur Tür zurückgezogen hat, – daß etwas langsam und geschwind zugleich geschieht? Das kann gut werden. Ob der Kommandeur doch recht hat, wenn er meint, diese nervöse Rasse dürfe nicht an die Spitze von Feldaktionen gesetzt werden?

Aber alsbald ist er ganz beruhigt, weil sich's um nichts anderes dreht als um den simplen Fall, daß der Diener Anton Gschwind heißt und aus Nürnberg stammt.

Dann wandern sie zusammen über Feld. «Herr Stabsarzt wollen auch in Molinchart wohnen? Aber dort stehen nur ein paar elende Häuschen. Unser Revier ist im stattlichsten. Die übrigen sind besetzt von Kompagniekanzleien.»

Oh, das werde sich schon machen lassen. Ob im Revier selbst nicht ein Raum für ihn sei?

Nicht viel Platz, aber viel Wanzen.

Die Wanzen scheinen ihn nicht zu stören. Er ist einer der wenigen Stabsoffiziere, vielleicht der einzige, der dauernd mit Läusen zu tun hat, wie Funk später erfährt. Auch sie machen ihn nicht unglücklich. Zu sehr ist sein Volk von den Ahnen her mit Ungeziefer vertraut.

Schließlich wird es noch recht gemütlich. Er läßt einen Raum ausmisten, ein Kämmerchen neben Funks Schreibstall. Kein jüngster Leutnant im Ruhequartier begnügte sich mit solchem Loch. Dort hinein läßt er ein zweifelhaftes Bett requirieren. Aber er schläft gut darin. Er speist auch lieber hier als drüben im Schlößchen an langer, weißgedeckter Tafel mit Blick in den vornehm verschneiten Park, zuseiten von Major Dusang. Der Major ist beglückt und erbost zugleich über solche Absonderung. Fünfer entschuldigt sie mit dem Dienst, besucht die Herren zur Kaffeestunde, nimmt ihre Klagen entgegen, verteilt Pyramidon gegen Alkoholexzesse und Viro gegen die Gefahren in Venere. Im übrigen absentiert er sich, behandelt sorgsam seine Kranken, drückt unbarmherzig Furunkel aus, verfolgt mit Interesse den Heilverlauf von Ekzemen, gibt ungern einen hartnäckigen Fall aus der Hand ins Lazarett, denn Hautgeschichten sind sein Spezialgebiet.

Seine Offiziersrationen, roh gefaßt, läßt er der Revierküche überweisen und speist am gemeinsamen Tisch mit Funk und dem Feldwebel Bethge – recht als ein Vater des ganzen kleinen Betriebes.

Er spricht mit ihnen – weil's ihm Bedürfnis ist, zu «quasseln» – von daheim, von Frau und Kindern, liest einen Brief des kleinen Sigmund vor und zeigt voll Vaterstolz eine Malerei der noch kleineren Ruth.

Hier wär' endlich einmal einer, der nicht besser, der kaum anders lebt als seine Leute um ihn her. Zugegeben: aus Bequemlichkeit, aus Anlehnungssucht, und weil man ihn vertrieben hat von dort, wohin er auf Grund der hoffärtigen Ordnung eigentlich gehört.

Und wie wird es ihm ausgelegt? Es mindert noch mehr seinen Kredit. Er ist erst recht unten durch. Er macht sich gemein mit der Mannschaft, er hält nicht Distanz, das taugt nichts. Man hinterbringt es dem Kommandeur, er beschließt, seinen Stabsarzt zur Rede zu stellen.

Doch ehe es dazu kommt, ereignet sich etwas, das dessen militärisches Ansehen noch stärker untergräbt. Einer der Seinen benimmt sich unbotmäßig.

In der Revierstunde führt der rothaarige Sanitätsunteroffizier Beiß Kranke seines Bataillons vor, das gerade in Ruhe liegt. Ein paar genießen ambulante Behandlung, sie werden mit Salben beschmiert und dürfen frei herumlaufen.

Fünfer überwacht den Verbandwechsel. Was ihn empören kann, ist falsche Schmiere auf einer falschen Hautstelle. Aber was ihn außer sich bringt, das ist ein wahlloses Umherfahren mit der gleichen Spachtel in allen Töpfen. Er weiß offenbar noch nicht, daß solch ungewollte Mischungen oder gar verkehrte Aufstriche die besten Heilerfolge zu bringen vermögen.

«Beiß, Mann Gottes, was treiben Sie wieder!» kreischt er. «Wie oft soll ich sagen: fahrt mir nicht mit dem Ichthyollöffel in die Zinksalbe.»

Beiß schmeißt den Löffel hin, bekommt einen Blaukrautkopf, auf dem die roten Haare doppelt gefährlich leuchten, und wickelt eine Binde um ein Bein, als wollte er's hastig abbinden.

«Die Touren langsamer!» fistelt Fünfer. «Herjemineh, so kann doch keene saubere Arbeit jeleistet wern!»

Beiß wickelt, dem Bersten nahe, mit fast völlig gebremster Hand, doch tut er's ohne Bosheit, nur gänzlich ratlos vor Wut. Sein Arm geht kaum schneller als der Sekundenzeiger der Uhr.

«Na fixer doch 'n bißchen!» kreischt der Stabsarzt.

Beiß richtet sich langsam auf, läßt die Binde fahren, noch betäubt, aber dem Durchbruch nahe. Sein Gesicht hat so wenig Menschliches mehr, daß Fünfer sofort flüchtet – mit einem Satz des fetten Körpers hinter den breiten Bethge.

Einen gleichen Satz macht Beiß, aber nicht hinter Fünfer her – auf den kleinen Ofen zu mitten im Raum, er brüllt: «Himmiherrgottkreuzkruzifix, jetzt hast mi durchaus ganz narrisch g'macht, i woaß nimma, was i tu!» Aber er weiß es recht gut, er packt mit oberbayerischen Riesenkräften das eben erkaltete Schützengrabenöfchen und schmeißt es – nicht auf Fünfer zu, sondern durch die Scheiben zum Fenster hinaus in den nassen Schnee.

Bethge springt bei und hält den Rasenden fest. Er ist unschwer zu halten. Er keucht mehr, als es die Brust erfordert, er stammelt Verwünschungen, die wohlakzentuiert sind.

Und als Fünfer sich ihm vorsichtig nähert, läßt er, ohne Zwischenfälle zu inszenieren, sich nicht ungern von ihm gut zureden.

Wie endet es? Famos für Beiß. Er kommt zur Beobachtung seines Allgemeinbefindens ins Lazarett. Er hat eine günstige Stunde genützt, hat einen Zustand echter Erregung emporgetrieben zur sinnlosen Toberei. Drei Jahre ist er im Feld, sein Hirn darf versagen. Soll man ihn einsperren? Bedenklicher Ausweg. Laufen lassen? Noch bedenklicher. Man macht ihn krank. Er wandert über die Nervenstation in die Heimat und ist geborgen.

Wie endet es für Fünfer? Weniger schön. Zu allem anderen nun auch dies. Er weiß nicht Autorität zu wahren. Sein Personal schmeißt indirekt mit Öfen nach ihm. Hätte der Ofen ihn tüchtig getroffen – es wäre die beste Lösung für uns! Auch er verschwände ins Lazarett.

So aber muß Dusang ihm Vorhaltungen machen. Er tut es mit zugekniffenen Augen hinterm blitzenden Glas. Seine rosig rasierte Wange spannt sich.

Fünfer verspricht Besserung – und speist den ganzen Winter hindurch weiter im Revier, fängt Läuse, salbt Soldatenbeine, liest

Sigmunds Briefe vor, kriegt von der Gattin koschere Wurst geschickt und teilt sie mit Funk.

Man weiß es an hoher Stelle, man läßt es geschehen, man gibt ihn auf.

33

Funk ist zum Unteroffizier avanciert. Funk hat das Eiserne Kreuz bekommen und gleich hinterher das bayerische Verdienstkreuz mit Schwertern. Es hilft alles nichts. Der Krieg wird dadurch nicht schöner.

«Wir haben die Auszeichnungen wieder einmal kochgeschirrweise gefaßt. Verteilt werden müssen sie. Ich kann doch den jungen Nachschub, der einen Monat im Feld ist, nicht zur Dekorierung vorschlagen. Da habe ich diesmal eben auch an Sie gedacht, Funk», höhnt der Kompagniefeldwebel. «Obwohl ich weiß, daß Sie hier herumlaufen, als ob das Vaterland Sie nichts anging.»

Das Vaterland macht sich stark bemerkbar, es holt aus jedem da draußen heraus, was noch zu holen ist, denn Ludendorff beginnt seine letzten großen Offensiven. Das Tauwetter ist vorbei, der Morast, in den alle Straßen verwandelt waren, trocknet ein, die Kolonnen kommen vorwärts, ein frischer Wind weht, der nach Frühling riecht, – ein frischer Wind weht auch in den kriegerischen Unternehmungen. So jedenfalls sieht es aus. Es soll so aussehen, als bringe uns bestimmt eine letzte mächtige Aktivität ans Ziel. An welches eigentlich? Paris zu nehmen, den Kanal zu erreichen und London in Grund und Boden zu schießen! – Die Amerikaner? Pah, die Amerikaner sind eine Zahl, die auf dem Papier steht, ein Kinderschreck. Aber mit London und Paris beendigen wir den Krieg, und zwar zu unseren Gunsten.

So wenigstens erzählen die Offiziere in Vorträgen den Mannschaften, zu denen sie befohlen sind – sonst kämen sie bestimmt nicht. Sie kommen auch so nur widerwillig, hören halben Ohres zu, mehr müde als mißtrauisch; aber auch mißtrauisch, und vor allem gelangweilt und resignierend.

Daß alles, was da noch in letzten Ruhequartieren geredet, was schon tätig begonnen wird, Gesten der Verzweiflung sein könnten, das will freilich keiner so richtig wahrhaben.

Dann beginnt also auch Funks Regiment zu marschieren, über Laon und La Fère, in den Raum von Noyon hinein und gleich weiter gegen Montdidier zu, denn die im letzten Drittel des März begonnene erste Offensive hat ihre Beule bereits bis dorthin vorgetrieben. Preußische Truppen sind im Ansturm erschöpft steckengeblieben, jetzt sollen die Bayern sie ablösen.

Funk ist wieder bei seinem Sanitätswagen. Die Ärzte bewegen sich mit ihren Bataillonen. Dr. Fünfer muß vom Regimentskommandeur Dusang beim Stab geduldet werden. Fünfer reitet schlecht – selbstverständlich, wie denn anders – Dusang reitet gut – so gut, daß er immer viele Meter Distanz zwischen sich und seinen Stabsarzt zu bringen weiß.

Alles bewegt sich. Ein Revier gibt es natürlich nicht mehr, selbst Leichtkranke gibt es nicht. Nur noch Gesunde, Kräftige, Vorwärtsgewillte. Wenn Anordnungen etwas nützen können, wenn Dinge, die auf dem Papier stehen, die Wirklichkeit kommandieren, so dringt da eine schlagkräftige, von Siegerwünschen besessene Truppe vorwärts. Alle Bresthaften, auch die harmlosesten Formen, haben Glück gehabt. Man kann sie nicht brauchen für diese glorreich begonnenen Unternehmungen, sie sind nur im Wege, sie hemmen, sie müssen verschwinden, selbst die Feldlazarette können sich nicht mit ihnen belasten, die Lazarette müssen geräumt sein, aufnahmefähig für die aus weiteren Kämpfen zu erwartenden Heere von Verstümmelten.

So kommen jene in einem großen Schwung von den Krankensammelstellen aus gleich ganz in die Heimat. Sie haben gesiegt in ihrem Sinn, sie haben die Offensive erfolgreich beendet, sie sind durchgestoßen bis zum letzten Punkt. Und so unredlich ist keiner von diesen, daß er etwa heuchlerisch bedauert, der anderen Offensive entzogen worden zu sein.

Ja – alles ist voll Bewegung. Über Funk weg stürmen in einen jungen blauen Frühlingshimmel hinein große weiße Wolkenmassen, dann kommt ein kalter Regenschauer, dann wärmt die Sonne wieder, durch eine seidige Luft hindurch.

Es geht durch Wald und durch Unterholz, quer durch Gelände, wo früher Stellungen waren. Welch grauenhafte Wüste, wie sehr zerschabt und verbraucht und zerschmettert von wiederholten gigantischen Erbitterungen, aber die Soldaten sehen sie doch mit matt triumphierenden Augen: hier waren wir einstmals aufgehalten, hier ging es nicht weiter in Richtung Paris, zweimal waren wir hier schon festgelaufen, jetzt überschreiten wir diese hartnäckige Grenze. Es ist doch vielleicht besser, auszubrechen aus dem großen Gefängnis, das uns die Gegner bereitet haben, als langsam zu verrecken an den Gitterstäben, in die wir seit drei Jahren das Gebiß schlagen.

Bewegungskrieg? Am Ende doch wieder einer wie zu Anfang dieser unseligen Geschichte. – Er belebt sie: der Gedanke an Bewegung belebt sie ein wenig – und wenn es nur deshalb wäre, weil es nach Jahren des Elends einmal etwas anderes ist, und weil man sich schüchtern versucht sieht, Parallelen zu ziehen zu den ersten erfolgreichen Monaten der ganzen endlosen Rauferei.

Man sieht noch unmittelbare Spuren der vor ein paar Tagen dahingebrausten deutschen Welle. Durch die Äcker, über die Wiesen verstreut liegen einzelne Leichen von Franzosen. Geschütze, die wegzubringen noch nicht Zeit war, stehen da und dort in Deckung. Wie gut der tote Feind gekleidet ist? Das Riemenzeug am Stahlhelm ist nagelneu. Der grau-blaue Mantel scheint gestern aus der Fabrik gekommen zu sein, ja sogar das saubere Flanellhemd sitzt noch keine vier Tage auf diesem Leib. – Wir tragen unsere mit Dreck und Schweiß vollgesogenen Hemden vier Wochen, unsere zerfetzten Mäntel fast ebensoviel Jahre, – und verlangen wir einen neuen, so lacht uns der Kompagniefeldwebel höchstens verbittert aus.

Das Wetter ist unbeständig, wie könnte es anders sein im März. Nun hat sich die Sonne empfohlen, es regnet schon einen Tag lang. Funk ruht nachts unterm Sanitätswagen, und hat es da immer noch besser als mancher andere. Von oben fällt kein Naß, unten dringt es freilich in kleinen Rinnsalen vor, denen man auszuweichen verstehen muß. So ist man wenigstens beschäftigt in schlaflosen Stunden. Die abgesträngten Pferde stehen hart neben den Rädern. Ihr Geschnauf aus tief gebeugten Hälsen, mit Köpfen, die unter den Wagen tauchen und dort hin und her schweben, ihr blasendes Geschnupper aus feuchten Nüstern geht über dein Gesicht hin. Du schrickst empor aus dem Halbschlaf und rufst ein Wort – du hast jäh geträumt, eine Mine heule heran, ein Flammenwerfer wolle speien –, aber dann seid ihr wieder um so beruhigter, du und auch der Gaul, der dich als Freund erschnuppert hat.

Für eine Nacht fällt dem Funk, mit anderen zusammen, ein Schweinekoben zu, darin es so treibhausmäßig ist, daß man des

Guten an Wärme beinah zuviel genießt. Sie liegen auf sumpfig-feuchtem Kotboden, über den sie eine Decke gebreitet haben, und dieser Untergrund ist zwar weich, aber er hat nichts von einer federnden Matratze, sondern eher – in Funks Traum hinein – etwas von nachgiebigem, zerfallendem Fleisch, das schon sulzig wird und in der Verwesung stinkende Hitze wegstrahlt.

Immer noch besser als die Nacht, die Feldwebel Bethge und Funk zusammen unter Zeltbahnen versuchen.

Es stürmt aprilmäßig, ein verspäteter Schneeregen treibt so schräg durch die Luft, daß ein Lager zwischen Wagenrädern sehr ungeschützt wäre. Zeltbahnen sind das einzige, was an Equipierung vor kurzem neu hinausgegeben wurde. Diese Stücke sind also undurchlöchert, die Pflöcke sind heil, die Schnüre ganz, ein Versuch muß sich lohnen.

So bauen sie in der Dunkelheit und in triefender Nässe ein Zelt: die beiden Unteroffiziere und zwei Krankenträger. Sie sehen sich schmählich enttäuscht. Die neuen Bahnen halten kein Wasser, es schlägt durch, bald tropft es emsig auf sie herab. Was da der Armee verkauft worden ist, haben schwindelhafte Lieferanten gefertigt aus unbrauchbarem Material. Die Seitenwände schlappen und klatschen im Wind wie nasse Handtücher, bald gießt es bei ihnen im Zelt nicht weniger als draußen, der Boden wird breiig, auf dem sie liegen. Funk will den grenzenlosen Unmut dieser Nacht bekämpfen mit einem Kerzenstumpf, das Flämmchen wird alsbald wieder totgetropft.

Sie hocken gekrümmt mit angezogenen Beinen im eiskalten Schmutz und fluchen laut, nur um die Stunden auszufüllen. Bethge sucht eine Zigarette anzubrennen, der Tabak ist durchweicht, er glimmt nicht, aber im Schein des Hölzchens sieht Funk den Schnurrbart tief herabhängen, noch nie hat er Bethges Bartspitzen so gesehen, so hoffnungslos, so zerfallen mit dem Dasein, so in Selbstaufgabe. Echtes Mitleid rührt ihn, und er reicht trockenen Tabak hinüber. Aber auch der, ehe er zum Brennen kommt, wird unbrauchbar.

Bethge verläßt schweigend dieses deutsche Soldatenzelt von 1918, verläßt es kriechend auf allen Vieren. Funk hört ihn draußen um die Pflöcke im Kreise gehen, unablässig glucksen die Stiefel durch quatschigen Boden, aber hat Bethge nicht recht? Er macht sich Bewegung und wird dabei nicht nässer und kälter, als wäre er innen. Wie schön war es dagegen unterm Wagen, wie herrlich im Schweinestall.

Aber was will das alles besagen, gemessen am Elend, das nun breiter als je heranzuwogen beginnt? Wieder einmal ist man so weit, die Ärmsten auffangen zu sollen – ach, mit welch hilflosen Händen.

Da kommt schon der erste.

Die Krankenträger sind nach ihren Kompagnieen entlaufen, dort gibt es vielleicht Essen, Bethge sucht sein Bataillon, um mit dem Arzt Fühlung zu nehmen, Funk ist allein beim Wagen. Die Bagage hält auf einer Waldlichtung, es ist Mittag, bleibt man hier über Nacht? Niemand weiß es. Befehle lösen einander ab.

Eine preußische Feldküche, die aus der Richtung kommt, in der die Bayern weiter sollen, bringt ihn mit. Ihn, einen von den zehntausend neu Verstümmelten, einen Versprengten oder Verlorengegangenen.

Die Feldküchenbedienung ist froh, auf ein rotgemaltes Kreuz zu stoßen. Gleich heben sie ihn herunter vom Deckel des großen Kupferkessels und legen ihn kurzerhand neben Funks Wagen aufs Moos, das vollgesogen ist wie ein Schwamm vom Regen, der unaufhörlich fällt. Freilich: durchnäßter als er ist, kann der Grenadier nicht mehr werden.

Funk wehrt sich: «Ihr müßt ihn weiter mitnehmen. Was soll ich mit ihm? Hier ist kein Arzt. Ich weiß nicht, ob hier je ein Wagen der Sanitätskompagnie herkommt. Kann sein, daß wir schon in der nächsten Stunde abrücken.»

«Wir nehmen ihn nicht mehr mit», lehnen die Preußen ab. «Er ist ja schwer verwundet. Er stirbt uns unterm Fahren. Ihr seid doch Sanitäter. Ihr müßt für ihn sorgen.» Einer wischt mit einem Lumpen das Blut weg, das zusammen mit Regenwasser in fettigen Perlen über den Deckel der Feldküche gleitet. Dann läßt der Fahrer die Pferde anziehen.

«Halt!» ruft Funk, aber sie hören ihn nicht mehr, wollen nicht hören, froh, den Tod nicht davonfahren zu müssen, der dadurch nur unheimlicher wird, daß er noch leise Lebenszeichen von sich gibt.

Jener gibt sie. Durch ein weißes Gesicht schimmert das bißchen Blut, das der Körper noch hat, bläulich. Schweiß steht auf der Stirn, es ist etwas Klebriges, das sich unterscheidet vom Regen, der gleichfalls übers Gesicht läuft. Er ist unverbunden. Ein Granatsplitter hat den rechten Oberarm zermalmt und ganz aus der Achsel geschlagen. Das Glied hängt nur noch lose mit dem Rumpf zusammen. Wo fängt das, was man Wunde nennt, an, wo hört es auf? Muskeln, Sehnen, Knochen, Hemd, Waffenrock sind in der Größe eines Tellers zu einem blutigen Matsch vermengt. Was heißt da verbinden?

Funk steht untätig und staunt nur, daß dieser Mensch, ein schmächtiger, ein junger, noch sprechen will.

Er spricht, er sagt deutlich: «Kamerad – so weh – so kalt – und Durst, Kamerad.»

Kalt und Durst – ein Lied, das Funk immer wieder hört von den Schwerverwundeten. Er hat nichts zu trinken, er hat keine Feldflasche, er hat sie verloren. Der Teufel soll's holen. Er füllt seinen Trinkbecher mit Regenwasser, das sich in einer Senkung der Wagenplane angesammelt hat.

Jener will sich ein wenig aufrichten – gierig auf das Flüssige zu –, aber er läßt es stöhnend bleiben. Und dann trinkt er auch kaum einen Schluck, alles schmeckt bitter, der Körper will Irdisches nicht mehr entgegennehmen.

Was tun? Funk möchte sich Maulschellen versetzen, so läppisch ist das, was er tut: er überdeckt mit Mull diese zerhackte, zergrabene, zerpflügte Achsel, nur daß man sie nicht mehr sieht, und gibt die Tetanusantitoxinspritze. Man könnte ja auch einem Toten, vielleicht damit er ruhiger liegt, Baldrian auf die Zunge träufeln, muß er denken, wütend im kalten Hohn auf sich selbst.

Er gibt auch Morphium, es ist der einzige Beistand, den er schäbig leisten kann, es ist abermals nichts als ein Zudecken: der eigenen Unfähigkeit und der Gemeinheit, mit der hier wieder einmal der Krieg sich manifestiert.

Funk ist im Zug, im Fluß mit all den Handgriffen, die der Pflasterkasten so betätigt. Er schreibt brav das Verwundetentäfelchen, er flüchtet sich aus seinen Hilflosigkeiten vor diesem «Fall» in das niederträchtige Geschmier des Bleistiftes. «Wie heißt du? Regiment und Kompagnie?»

Man hat als Soldat keine Ruhe, und wenn der Arm zu Brei geschlagen ist, man hat nur Pflichten.

Er sei der Grenadier Walter Höberg, Leibgrenadierregiment 100, 11. Kompagnie. – Er gibt die Daten mit leiser, ruhiger Stimme, das Morphium hat wohltätig gewirkt.

Funk schreibt hinzu: Totale Zertrümmerung im rechten Schultergelenk, – und ist versucht, gleich ein Kreuz daneben zu malen.

Was ihn davon abhält, ist der Grenadier, der etwas sagen will. Er sagt: «Kamerad, wenn nur der Arm wieder wird! Nicht wahr, das kannst du mir versprechen? Ich bin nämlich Musiker, ich bin Geiger.»

Der Arm aber ist sozusagen schon nicht mehr da. Funk hat die Stirn, jenem alles zuzusichern, was er hören will. So etwas lernt man ja, man macht sich frech zum Spießgesellen des Krieges – und wenn man ihn auch stündlich mehr verachtet und bespeit.

Funk sucht einen Platz, an den er sein deutlich geschriebenes Täfelchen binden kann. Vorgesehen ist dafür der zweite Knopf am Waffenrock von oben. Beim halbtoten Grenadier Höberg aber ist der Knopf so sehr mit Blut übergossen, daß Funk es vorzieht, den Faden an die Koppel zu knüpfen.

Da liegt er nun. Alles ist mit ihm geschehen, was feldtruppenärztliche Kunst vermag und was ein unstudierter Unteroffizier so gut leistet wie der erste Chirurg einer Klinik: das bißchen Spritzerei, das bißchen Verbandmull – und dann die Etikettierung. Die Etikettierung ist das Wichtigste. Funk sieht sich schon bei nächster Gelegenheit an einem Tisch oder auf einem Feldstein sitzen und an das 100. Preußische Grenadierregiment die Meldung machen. Dann erst hat die Sache Höberg ihren schönen runden Abschluß gefunden.

«– Kamerad –» sagt Höberg. «Durst –» sagt Höberg. Er wird unruhig, er will sich bewegen auf seinem Mooslager unterm freien Regenhimmel, aber die winzigste Drehung des Körpers bringt Schmerzen. Er schreit – wohl so laut er kann. Es ist gar nicht sehr laut. Funk gibt ihm nichts, er weiß: der Schluck Wasser würde als gallebitter doch wieder ausgespuckt. Das Leben ist nur noch restlos Bitternis. Aber er gibt Morphium.

Funk hat versucht, ihm eine Decke unterzulegen, ihm eine überzubreiten. Wozu eigentlich? Naß ist er von oben bis unten, erkaltet durch und durch. Da helfen keine Decken mehr, der wird nicht noch einmal warm.

Bethge kehrt zurück, tropfend, mit untergegangenen Bartspitzen, mißmutig. «Die Bataillone sind weiter, die Ärzte sind fort, gleich werden auch wir abrücken.»

Sie beratschlagen, was sie mit ihrem Verwundeten anfangen sollen. «Mitnehmen ist vollkommen ausgeschlossen», sagt Bethge.

Kein Fuhrwerk schafft ihn zurück, kein Arzt wird kommen (und was sollte der auch nützen?). Kein Lazarettwagen, die Straße ist zum Anmarsch bestimmt, zum Vormarsch der Kolonnen und Bagagen.

«Hat er schon Morphium von dir?» fragt Bethge. «Weißt du, damit er wenigstens, wenn wir fort sind –»

Funk überlegt einen Augenblick etwas. «Nein», lügt er dann. Und Bethge gibt ihm die dritte, reichlich gefüllte Spritze, die er für die erste hält.

Wie der Grenadier die Nadel in der Armhaut spürt, kommt er für drei Worte zu sich: «Wird – mein Arm – bestimmt –?» Es sind seine letzten.

Kurz ehe die Pferde mit kräftigem Ruck die eingesunkenen Räder des Sanitätswagens aus dem Modder heben, sieht Funk noch einmal nach.

Die Augen sind opalisierendes Glas, es fallen Regentropfen auf die Pupillen, ohne daß sie zucken.

Nun malt Funk wirklich das Kreuz neben den Namen und schreibt sorgfältig dazu: «Zwölf Uhr mittags, am 31. März 18.»

34

Welch imponierenden Eindruck macht der kleine Erfolg dieses ersten Offensivstoßes – auf die, die im frisch gewonnenen Raum marschieren, ihn gewaltig finden und nicht überblicken können, in welchem Verhältnis er zur Gesamtlage steht. – Ach, in einem ganz unerheblichen, stellt sich später heraus.

Die Bagage ist zurückgeblieben. Schon wird es brenzlig für die Wagen. Funk ist Mitglied eines Häufleins geworden, das Stabsarzt Dr. Fünfer gebildet hat, um mit ihm den Verbandplatz zu gewinnen. Er hat zwei seiner Ärzte zu sich gezogen, drei weitere sind bei den Bataillonen verblieben. Er läßt auf Tragen und in Rucksäcken durch Krankenträger das nötige Handwerkszeug mitschleppen.

Sie haben unterwegs irgendwo einen angeschossenen Franzosen, einen zurückgebliebenen, aufgestöbert. Wie lange mag er verlassen herumliegen? Die Augen zumachen und weiterlaufen, geht nicht. Jener hebt flehend die Hände. Er hat eine Bauchverletzung und kann nicht stehen. Sie legen ihn auf eine Bahre und tragen ihn mit sich.

Dr. Fünfer hat ihn schnell besichtigt. Er weist neben dem Nabel eine kleine Einschußstelle auf. Er blutet nicht nach außen. Ein übergebundenes Verbandpäckchen genügt.

Natürlich lauern sie auf eine Gelegenheit, ihn loszuwerden: an irgendein Fuhrwerk, das ins Hinterland fährt. Vorläufig aber bringen sie ihn dem Feind entgegen, der für ihn der Freund wäre. – Der trifft es besser als der Musiker, denkt Funk, wie man's trifft!

Dabei fällt ihm ein, daß er niemals an den preußischen Truppenteil die Meldung über den Grenadier Höberg machen wird, weil er, und Bethge nicht weniger – weil sie vergessen haben, dem Toten Papiere und Wertsachen abzunehmen und aufzubewahren. Das zu tun, ist Vorschrift für die Sanitätsleute. Und hier ist es nicht geschehen. Mit welchen Folgen? Daß eine endlose Schreiberei losgehen würde, eine theoretische und praktische Untersuchung, warum es nicht geschehen ist, wieso es nicht geschehen konnte, ob es am Ende doch geschehen ist und irgendeiner sich unerlaubt bereichert hat oder wenigstens zu bereichern versucht hat.

Tot ist tot, denkt Funk, ob nun die Preußen es vernehmen oder nicht. Und die Angehörigen würden dadurch, daß sie die Gewißheit bekämen, wohl auch nicht glücklicher. – Schwindelhafter Trost, aber man braucht ihn, wenn alles in einem so verfahren ist, wie es ist.

Übrigens wird Funk abgelenkt, denn das Ackerland, das sie durchstapfen, flaches Land weit und breit, wird mit Granaten belegt. Die Schüsse kommen vereinzelt, wie verloren und verirrt; streut der Gegner im Übermaß von Munition nur mal so die Gegend ab oder hat er Ernstliches vor?

Jedenfalls ist es ratsam, eine ruhigere Stunde zum Weitermarsch abzuwarten. Sie suchen nach Deckung – hierhin und dorthin. Es erspäht einer einen schmalen Graben, ein Mißgewächs von einem Schützengraben, eine kümmerliche Eintagsarbeit.

Aber weil ein paar Explosionen sehr in ihre Nähe geraten, laufen alle. Die Träger lassen die Bahren mit Verbandzeug stehen, und rennen. Und alle springen hinab und ducken sich, denn flach ist der Schutz obendrein.

Auch die Trage mit dem Franzosen ist draußen auf dem Felde geblieben. Es zeigt sich, daß etwas anderes gar nicht möglich ist, denn der Graben ist zu eng, um eine Bahre überhaupt aufzunehmen.

Heftiger Wind weht seit frühem Morgen. Er hat die Regenwolken vertrieben. Es ist klar und kühl. Es geht auf den Abend zu, und eine blanke Aprilsonne glänzt metallisch mit tiefen Strahlen über den Acker hin.

Sie beobachten niedergehockt teils die Schüsse, teils den Franzosen. Aus der weiteren Verteilung der Einschläge geht nicht sicher hervor, daß sie gemeint sind, daß man sie beobachtet hat, aber vielleicht sind sie doch gemeint.

Sie warten. Des Franzosen Mantel auf der Bahre flattert. Friert er nicht im kälter werdenden Wind? Funk macht den Vorschlag, ihn herunterzuheben, ihn herbeizuholen.

«Das würde ihm schlecht bekommen mit seiner Darmverletzung», sagt Fünfer. «Solch Umhergezerr ist nichts für ihn, man läßt ihn besser ruhig liegen. Er ist ja übrigens wahrscheinlich sowieso verloren.»

Es ist immer dasselbe. Keine Behandlungsmöglichkeit, kein rechtzeitiger Abtransport. Kein Operationssaal, keine ausgekochten Instrumente, kein Chirurg. Verloren.

Ein aus der Garnison frisch herausgeschickter Doktor verlangte einmal Mitnahme des großen truppenärztlichen Bestecks auf den Verbandplatz. Er als neugebackener Bataillonsarzt glaubte über «seinen» Wagen verfügen zu können. Dies große Besteck, mit Knochensägen und allen möglichen Schikanen ausgerüstet, ruht aber immerdar in der Tiefe des Sanitätswagens und hat nur den einen Zweck, wertvoll wie es ist, den Krieg heil zu überstehen. Es wird nie benutzt, es dient lediglich einer ständigen Sorge des Feldwebels. Rostet nichts darin, zerbricht nichts, verbiegt sich nichts? Manchmal, aber nur in ganz ruhigen Mußestunden, wird der schwere Koffer aufgemacht, ehrfürchtig durchgezählt und wieder abgeschlossen. – Der junge Bataillonsarzt drang mit seinem Befehl nicht durch; der erfahrene Feldwebel weigerte sich, ihn auszuführen. Mit Recht. Was wollte denn der andere? Etwa draußen Leiber öffnen mit Fingern, für die tagelang nicht einmal Waschwasser da war? Glieder absetzen mit Messern und Sägen, die man am Ende im Kaffee sterilisierte? Blödsinn. Je weniger man tat, um so besser. Man konnte kaum wenig genug tun.

Inzwischen flattert weiter der Mantel des Franzosen. Einmal legt er sich anders – sieh, so gut kann er sich noch bewegen. Etwas blitzt in der tiefen Sonne kriegerisch an ihm auf: ein Knopf, ein Gürtelschloß.

Nach der Lageänderung wird der Mantel ruhiger. Nur für kurze Zeit, dann beginnt er von neuem zu wehen, der Wind hat ihn wieder zu packen gekriegt. – Er ist so sehr einsam. Ringsumher, über die Ebene hin, sieht man nichts als ihn, und es ist, als sei er in großer Aufregung, obwohl er doch still liegt und nur sein blaugraues Tuch erregt ist.

Die Beschießung nimmt ab, hört auf, der Wind nimmt zu. Sie steigen heraus aus dem kleinen Graben, sie wollen weiter.

Dr. Fünfer hat schnell Recht bekommen: wie sie nach dem Franzosen sehen, ist er tot. Er ist gestorben unter den Augen aller, ohne daß es irgendeiner begriffen hätte.

Sie lassen den Leichnam sacht von der Bahre rutschen, sie lassen ihn liegen und sind froh, ohne das Gewicht weiter zu können.

Sie langen mitten in der Nacht dort an, wo sie von nun ab drei Wochen hausen werden: in den Kellern von Schloß Fontaine, sehr nahe der vordersten Linie, keiner ausgebauten mehr, sondern einer eben errungenen Front, die sich erst festigen muß – oder erwünschter noch: in den nächsten Tagen weiter vorgetragen wird. Aber daraus wird nichts, der Gegner hat sich festgebissen, er setzt heftigen Widerstand entgegen. Wie heftig, das lehren gleich die nächsten Stunden.

Die Preußen packen da unten zusammen, ein Arzt von ihnen ist noch anwesend, er übergibt den Verbandplatz Fontaine den Bayern. Nicht ohne Zwistigkeiten: die Preußen wollen die letzten Flaschen Wein, die sich in den geräumigen Kellern der schloßartigen Villa vorgefunden haben, und alles Verbandmaterial mitnehmen, eine Schar Verwundeter aber da lassen. Schließlich einigt man sich dahin, daß der Wein geteilt wird, und daß Verbandzeug und Verwundete bleiben. Die «gegnerischen» Feldwebel sagen einander Unliebenswürdigkeiten, die Ärzte trennen sich mit steifer Verbeugung.

Dann sind die Bayern Herren der Lage, und Unteroffizier Bierlinger läßt als erstes mal «den Stall ausmisten, den die Saupreußen so verdreckt haben».

Platz ist hier unten reichlich vorhanden. Dr. Fünfer ist zufrieden. Man kann bequem aufrecht stehen und gehen in den Räumen, in den verbindenden Gängen. Die gewundene Kellertreppe ist sogar so breit, daß man sie zur Not mit der Trage passieren kann.

Das Schloß über dem unterirdischen Bau ist fast unversehrt. Daß es luxuriös eingerichtet und kaum angetastet ist, ergibt der nächste

Morgen. Hier waren ja noch vor zehn Tagen die Franzosen, vielleicht nicht nur Militär, sondern die Schloßbesitzer selbst. Auch die Franzosen machten dann den Keller zur Sanitätsstelle: es finden sich Holzschienen für Gliederfrakturen, wie sie die deutsche Armee nicht kennt.

Fünfer und seine Ärzte finden, daß sich hier der Zukunft einigermaßen entgegensehen läßt. Sie haben einen Schlafraum für sich, ausgestattet mit Betten und Ottomanen aus den Zimmern hoch über ihnen. Weiter sind da: zwei Räume für wartende Verwundete und Kranke, ein Verbandraum, ein Ruheraum für die Mannschaft.

Aber die Breite, die Höhe dieses Kellerkomplexes hat auch Schattenseiten und Gefahren: Bethge geht schnuppernd, prüfend, klopfend umher und bezweifelt, ob die verhältnismäßig dünne Decke, die beträchtliche Spannweite der Bögen allen Möglichkeiten einer Beschießung standhalten wird. «Ein kleinerer Keller, ein enger, niedriger, wäre mir lieber, Funk», sagt er.

Nachdem der Platz aber nun einmal so ist, wollen sie wenigstens die Geräumigkeit genießen, sich ausstrecken, schlafen – doch da wird ihnen ein Strich durch die Rechnung gemacht. Wer trifft ein mit Stab und Dienerschaft, mit Schreibern und Schreibmaschine? Regimentskommandeur Major Dusang.

Er steigt hinunter zu seinem verachteten Stabsarzt Fünfer. Er begrüßt ihn beinahe herzlich. Er habe die Regimentsbefehlstelle – weiter hinten – von Artilleriefeuer arg mitgenommen, man könne sagen: unbrauchbar vorgefunden.

Er habe erfahren, der Raum für den Verbandplatz Fontaine sei so reichlich bemessen, daß man den Regimentsgefechtsstand hier einrichten könne.

In den Schloßräumen oben? meint harmlos Fünfer.

Selbstverständlich hier unten, stellt Dusang mit kalter Stimme richtig. Man müsse eben zusammenrücken. «Das heißt, Herr Stabsarzt, ich muß Sie bitten, Ihren Sanitätsbetrieb etwas zu rationieren.»

Funk und Fünfer schauen einander an: geht denn das überhaupt, einen Gefechtsstand gewissermaßen zuzudecken mit der Genfer Fahne? Der Herr Kommandeur begibt sich unter die internationale Sanitätseinrichtung. In ihrem Schutz führt er seinen Krieg?

Es ginge nicht – wenn nicht eben alles drunter und drüber ging'. So aber wird das Schloß, ob Gefechtsstand, ob Verbandplatz, im Lauf der nächsten Tage in Grund und Boden geschossen. Hat der Gegner das Rote Kreuz auf großem weißen Tuch, das einen Teil des Hauses überspannt, wirklich nicht gesehen oder will er es nicht sehen?

Dusang, befehlsgewohnt, läßt sogleich seine Stimme erschallen. Der Sanitätsmannschaft wird ihr Platz genommen; sie kann ja im Verbandraum kampieren. Der eine Krankenraum fällt ebenfalls an Dusang. Trotzdem vermag er sich nicht restlos im Keller zu installieren. Seine Schreiber müssen hinauf ins Parterre.

Zwei Vorteile bringt er wenigstens mit für Fünfer: Telephonisten richten in einem Winkel den Fernsprecher ein, und ein Verpflegsoffizier schaut persönlich nach, ob die Herren genug zu essen haben.

So könnte der Krieg denn wieder konzentriert beginnen. Und er tut es. Gleich nachdem Dusang eingetroffen ist, lebt das Feuer der feindlichen Artillerie auf. Sie hat sich erholt, ist zur Ruhe gekommen, in Stellung gegangen, hat sich orientiert, sie beschießt planmäßig und wachsend.

Dusang ist noch nie so weit vorn gesessen. Die Regimentsbefehlsstellen liegen meist hinter den Verbandplätzen. Er macht gute Miene zum bösen Spiel. Ihm ist anzumerken, daß er denkt: vorläufig kann ich nichts Besseres tun als mich mit dem Hautjuden vertragen. Wer weiß: wenn ich Pech haben sollte, brauche sogar ich selber ihn.

Auch er mustert kritisch die schönen, aber jetzt nicht sehr zweckmäßigen Gewölbe. Und mißtraut der Festigkeit der Kellerdecke alsbald so, daß er von Ordonnanzen und vom Sanitätspersonal, über das er gar nicht zu verfügen hätte und über den Kopf des Arztes hinweg anmaßend verfügt, einen niedern Stollen in die Tiefe treiben läßt, schräg abwärts in den Boden, der Schußrichtung abgewandt.

Er kommandiert zur Arbeit mit Hacke und Spaten «nur» – wie er sagt – dasjenige Sanitätspersonal, das gerade keinen Dienst im Verbandraum oder draußen im Freien tut. Daß diese Leute in der Zeit, da sie nicht Sanitätsdienst machen, ruhen sollten – daß sie deshalb ihren eigentlichen Dienst nicht machen, damit sie ausruhen können –, das übergeht er. Er, der sonst über alles, was Sanität heißt, hochnäsig hinwegsieht, treibt jetzt persönlich diese Leute zur Arbeit an.

Ja, später stellt er sich sogar zu den Ärzten vorübergehend wie gleich zu gleich –: als es mit der Verpflegung hapert und nichts Rechtes, nämlich nur Feldküchenfraß unregelmäßig herangeschafft werden kann, weil man zu sehr beschossen wird. Nun zehrt er mit von den Vorräten, die im Hinblick auf Verwundete etwas reichlicher von Anfang an deponiert waren.

Setzt stärkeres Feuer auf Schloß Fontaine ein, so kriecht er als einziger in den begonnenen Stollen. Mehr Menschenleiber faßt das unfertige Stückchen Raum nicht. Sowohl sein Adjutant wie die Ärzte können außen bleiben, von der Mannschaft gar nicht zu reden. Vielleicht fällt ihnen allen die Kellerdecke auf den Kopf. Das wichtige Leben des Kommandeurs ist dann wenigstens gerettet.

Ja, – so weit vorn zu sein, ist bisher nicht seine Sache gewesen. Jetzt geht es auch ihm einmal dreckig und er muß fraternisieren mit den Pflasterkästen. Aber das gibt sich freilich bald, gibt sich, sowie er wieder aus der «Scheißgassen», wie die Soldaten sagen und die Offiziere es ihnen nachsprechen, heraus ist.

Während er sich so ein- oder zweimal des Tages in erhöhte Sicherheit begibt, ergeht es seinen Schreibern oben im Parterre sehr bedenklich. Und als sollte ihm demonstriert werden, durch welche Kleinigkeiten man um die Ecke gebracht werden kann und wie gut Stollenbauten für Kommandeure sind, bekommt eines Morgens der jüngere der beiden Kanzlisten ein Splitterchen in Linsengröße ab.

Er hat ihr selbst nachgelauscht, der Granate, die im Garten krepiert ist, offenbar dicht an der Mauer, denn man hört Holz und Steine krachen – da rumpeln schon eilige Stiefel die Kellertreppe hinab.

Sie tragen und schleifen ihn zwischen sich, der nicht mehr gehen kann. Wo fehlt's ihm denn, ist er getroffen, wo ist er getroffen? Er blutet nicht, die Uniform ist heil – soweit eine deutsche Uniform 1918 heil genannt werden kann.

Unbegreiflich, aber deutlich sichtbar verfällt er in wenigen Sekunden. Hier ist ganz eindeutig zu sehen, wie der Tod das Leben erobert. Schritt um Schritt und Griff um Griff, mit sicherer Faust.

Funk steht vor ihm, der stehend von den anderen festgehalten wird, und weiß nicht, was tun. Es geht zu schnell. Er macht ihm den Kragen auf, er nestelt diese verfluchte Soldatenkrawatte los, diesen unnützen Würgapparat.

Jener ist weiß, wird grau, dann gelb. Sein Mund schnappt einmal, zweimal kräftig – und ebenso oft um eine Kraftstufe schwächer. Die Lippen werden farblos – unterm nächsten Zugriff schimmern sie blau. Er hat die Augen geschlossen – daß sie nun halb aufgehen, ist kein Erwachen, kein Zurückkehren, es ist das Erschlaffen der Lider, die auf Halbmast gehen und keinen Blick mehr enthüllen, nur das Gebrochene ehemaliger Blicke.

Das alles spielt sich ab, während sie ratlos den Kameraden halten und ihn anrufen wie einen Schlaftrunkenen. Ehe sie ihn hinlegen können, ehe die Uniform ganz offen steht, ist es vorbei.

Stabsarzt Fünfer faßt nur noch an einem Körper umher, der schon kalt wird.

Dusang, aus seiner Ecke heraus, beunruhigt über die Aussicht, mit *einem* Schreiber sich behelfen zu müssen, fragt gereizt: «Wie steht's also mit dem Huber?»

«Da ist offenbar etwas ganz Kleines mitten ins Herz gedrungen», formuliert Fünfer seine Diagnose ungewollt und ungewöhnlich albern.

35

Von seiten der Gruppe, der das Regiment augenblicklich angehört, ergehen, unterzeichnet vom Chef des Generalstabes, Weisungen «für den Sanitätsdienst bei Bewegungskrieg und Angriff». Drei eng betippte große Aktenseiten, einundzwanzig wichtigtuerische Punkte, die Funk bitter grinsend studiert.

Wegen besserer Arbeitseinteilung sei nur ein Truppenverbandplatz anzustreben. – In Wahrheit: weil euch die Mittel ausgehen.

Die Verbandplätze müssen sich darauf beschränken, die Verwundeten schnell transportfähig zu machen. – Mach' du mal jeden Durchlöcherten im Handumdrehen transportfähig.

Tragen schonen, weil auf Nachschub von solchen aus der Etappe nicht zu rechnen ist! – Es hat noch kein Träger eine Trage zerbrochen, an die Wand geschmissen oder kleingehackt. Der sie zerschmeißt und zerhackt, das ist die Allerweltsgranate. Und wenn sie's getan hat, Herr Chef, ist Ersatz aus der göttlichen Etappe also nicht mehr zu erwarten.

Erfrischungsstellen für zurückflutende Verwundete richten sie ein. Wie das klingt! Es wird sich bestenfalls um sogenannten Kaffee, verfertigt unter Vermeidung jeglicher Bohne, handeln.

Beschilderung der Wege ist «rechtzeitig» durchzuführen – Was heißt rechtzeitig? Darüber sollen die vorne sich den Kopf zerbrechen. Hauptsache, daß der Befehl glatt auf dem Papier steht.

Kriegsgefangenen sind die Verbandpäckchen abzunehmen und zu benutzen, um eigene zu sparen. – Und die Gefangenen, falls sie verwundet werden?

Infolge der Gummiknappheit ist größte Schonung der Krankenautos geboten! Auf schlechten Wegen sind die Pferdewagen der Sanitätskompagnien zu benutzen. – Wo sind die Wege gut hier draußen, Herr Chef? Gerade auf den miserablen Straßen wären die federnden Autos angebracht und nicht Rumpelkästen mit Gäulen davor. Aber dringender als Schonung des Menschen ist Materialschonung.

Verbandplätze und Lazarette des Feindes müssen «restlos erfaßt» werden. Erbeutetes Sanitätsmaterial ist «von außerordentlicher Bedeutung für die Verwundetenfürsorge». So weit sind wir. Wir müssen schauen, Stoffbinden zu ergattern, weil bei uns schon die Papierbinden rar werden.

Mit erhöhtem Eifer aber lassen die von drüben das Material sprechen, das sie ja so reichlich haben.

Heftige Beschießung von Schloß Fontaine setzt ein. Die Sanitätsleute kommen tagelang nicht nach oben, teils wegen des Feuers, teils weil, wenn es kurz nachläßt, viel Verwundete herangeschleppt werden und viel zu tun ist. Sie leben da unten im Keller bei den gelblichen Tupfen der Stearinkerzen, die aus dem muffigen Dunkel immer nur einen winzigen Kreis hell herausheben; sie wissen manchmal tatsächlich nicht, ob draußen Tag oder Nacht ist, sie kennen den Wochentag nicht, das einzige, was Funk weiß, ist das Monatsdatum, er braucht es ja für seine Zettel und Eintragungen.

Langsam bricht Fontaine über ihnen zusammen. Ihre Kellerdecke wird auf die große Probe gestellt. Sie besteht sie. Und als die Steinhaufen sich zu Bergen und zum Bollwerk türmen, da sagt Feldwebel Bethge – und er dreht den Bart befriedigt nach oben: «Jetzt haben sie uns einen Dienst geleistet mit ihrem unaufhörlichen Geböller. Jetzt ist der Keller gut eingedeckt, jetzt schlägt kaum eine Granate mehr durch.»

Wahrhaftig, sie sind besser daran als damals, da die Villa noch stand. Da hätten Geschosse eine Wand, eine Zimmerdecke und auch die des Kellers schließlich erledigen können. Das geht heute nicht mehr so leicht. Dafür muß man verzichten auf die großartigen Räume, die es vor einer Woche noch gab. Damals schlich der eine und andere in den Feuerpausen hinauf – über breite Treppen, auf denen Velourläufer lagen, nur daß sie schon stellenweise samt den Stufen zerlöchert waren. Man mußte achthaben, durch solche Gruben nicht schnell wieder nach unten zu fahren.

Oben aber belohnen einen märchenhaft eingerichtete Räume. Scheu und lüstern gehen Soldaten darin umher und kramen in den Schränken, den Schubladen. Alles ist noch da, als solle morgen wieder ein herrschaftlicher Haushalt im großen aufgenommen werden. Aber morgen, das ist gewiß, geht die ganze Ware zum Teufel. Aus sieht es, als wollten Luxus und geselliges Leben weiter triumphieren, aber was triumphieren wird, ist der Schutt.

Sie suchen, was sie brauchen können, sie möchten gern gute Beute machen. Aber kann man Gemälde mitzerren, schwere Perserteppiche, Mahagonimöbel, Spitzengardinen? Die Ledersessel skalpieren sie, Leder ist so überaus kostbar geworden. Zum Silber entschließen sie sich ungern, es belastet zu sehr den Tornister, und wer weiß, wie arg man laufen muß, rückt man eines Tages ab, falls die Glieder überhaupt heil bleiben. – Das schöne Porzellan, die feinen Gläser! Nichts damit, es zerbräche doch nur, wollte man's einpacken.

Sie tragen es höchstens hinunter in den Keller, um ihre Kaffeebrühe aus echtem Sèvres zu schlucken. Wonach sie am meisten suchen, ist Wäsche. Es ist das einzige, was sich nicht finden läßt, wenigstens keine Männerwäsche. Die Franzosen müssen sie schon mitgenommen haben, oder die Preußen.

Auch Funk war eines Nachmittags hinaufgetappt und spürte umher. Die Unwahrscheinlichkeit der Situation war groß. Weshalb stand gerade dieses Schloß noch? Dorfhäuser ringsum, die Kirche, Obstgärten, Kastanienbäume lagen schon vernichtet. Es stand um so herrlicher, üppiger, zauberhafter. Es war eine Absurdität in dieser Umgebung, im zur zerfetzten Leiche gewordenen Land – eine Ungereimtheit, die geradehin weh tat, unheimlich war, besser verschwand. – Ein sehr holdes Frauenbildnis lächelt Funk an. Es wird erschossen werden, es ist gut so, es ist nicht mehr lebensfähig. Weshalb denn soll es noch irgend etwas bedeuten hier – mit verzärtelter Haut, ringbeladenen spitzen Fingern, seidiger Taille – wozu soll es herablächeln auf deutsche Soldaten im vierten Kriegsjahr?

Auch Funk fahndet umsonst nach Wäsche. Er findet Damenhemden und Battisthosen mit Stickereien – altertümlichen Schnittes, vielleicht die eines weißhaarigen Fräuleins. Er nimmt sie mit und zieht später zwei, drei solcher Stücke übereinander an. Es reicht nicht an den Ecken, die Hemden sind ohne Ärmel, die Hosen zu kurz – es ist dennoch eine Erlösung, das monatealte eigene Baumwollhemd mit den Läuserudeln darin wegwerfen zu können. Er lacht nicht, als er den Wechsel vornimmt, keiner von den anderen lacht, alle bleiben ernst, man hat nicht mehr Sinn für «Komik», man hat nur noch Sinn dafür, wie sich durchschlagen.

Außer den Sèvres-Porzellanteilen haben sie auch Bettzeug hinuntergeschafft: Seide und Daunen. Aber das hält noch weniger lang vor als die Tassen. Das Zeug verschmutzt unglaublich schnell und ärger als Holzwolle oder eine Pferdedecke. Es nimmt überdies zu viel Platz weg, Plumeaus türmen sich, Fünfer schimpft, aber ist zu gutmütig, um «durchzugreifen», der Kommandeur tut es kurzerhand; er gibt schmetternd Befehl, «den ganzen Kram» zum Haus hinauszuwerfen. Er selbst benötigt ihn nicht; daß er und die Ärzte sich in ihren Räumen längst mit bestem Bettzeug versorgt haben, ist selbstverständlich.

Funk zögerte sich noch zweimal hinauf: über eine Treppe, die immer unpassierbarer wurde. Etwas zog ihn herbei, etwas stieß ihn ab. Er mußte sich überzeugen davon, daß es kein Traum war, geträumt im dunklen Keller bei wachem Hirn. Und warum war es wertvoll, sich davon zu überzeugen? Vielleicht nur um zu wissen, daß man noch nicht heimlich verrückt geworden war. Weißt du, so ganz unscheinbar wahnsinnig – ein Zustand, den kein Arzt erkennen würde – den jeder auch ignoriert hätte. Bleibt k. v. Weitermachen.

Horch – was kommt, während sie herumspionieren, hochsingend aus den Lüften, in einer Klangkurve fallend zum dumpfen Gebrumm, zerplatzend im jähen Gebrüll? Beschießung setzt wieder ein, und sie flüchten hinunter, sie stiefeln ein letztes Mal über Teppiche. Die Nacht bringt das fast völlige Zusammenstürzen des Gebäudes und jene schreckliche Minute, die der Keller übersteht.

In ihn ergießt sich wachsend der Strom der Erledigten. Die Krankenträger reichen nicht aus für alle Arbeiten, Hilfskrankenträger sind zugeordnet: die Musiker haben ihre Instrumente weit hinten lassen müssen, bei der großen Bagage, haben Stangen bekommen mit Zeltbahnen, und in ihnen schleppen sie heran, was sie draußen im Gelände aufstöbern: Stöhnendes, Umhilferufendes, Verstummtes.

Übrigens tragen auch die alten Träger lieber mit Zeltbahn und Stange; man ist beweglicher, man kommt die Kellertreppe besser hinunter; die Armeetrage, die jener Chef so sehr der Schonung anempfiehlt, scheidet zum Teil von selber aus ihrer Unhandlichkeit wegen.

Die Untergründe des Schlosses Fontaine füllen sich mit Schmerz, mit Fieber, mit Blut. Bald sind alle Räume vollgestopft, sie wären es auch dann, wenn Major Dusang sich stärker einschränken wollte. Man muß organisieren. Stabsarzt Fünfer, durch die Umstände gezwungen, organisiert dahin, daß die hoffnungslosen Fälle, nachdem sie unten versorgt und als hoffnungslos erkannt sind, wieder hinaufgeschafft werden. Rückwärtige Teile des Schlosses behaupten sich noch, eine Art Flügel, ein Anbau: die Waschküche, die Garage, ein Raum für die Gärtnerei. Dorthin lagern sie die Sterbenden.

Eine solche Bestie ist der Krieg: sie, die gar nichts mehr wert sind, die nach ärztlichem Urteil bestimmt draufgehen werden, müssen sich in erhöhtem Maß einer abermaligen Katastrophe aussetzen. Die der größten Sorgfalt in ihrer letzten Stunde bedürften, geraten sehr in die Gefahr, noch einmal verwundet zu werden. Jenem sind schon beide Beine zermalmt? Vielleicht werden ihm jetzt obendrein die Arme zerschmettert. Da er noch nicht tot ist, wird es ihm weh tun.

Funk fragt sich, ob das Schrecklichste, was in dieser erzwungenen Unmenschlichkeit liegen kann, eintritt: ob die Aufgegebenen erkennen, daß man sie bereits auf den Abfallhaufen wirft.

Von Zeit zu Zeit geht Dr. Model mit Funk hinauf: mit der Spritze und mit Morphium. Da liegt ein Leutnant einer Maschinengewehrkompagnie: die Brust ist ihm aufgerissen in der ganzen Breite, die Rippen sind weggeschlagen, die verletzten Lungen arbeiten schaumig, er keucht gehetzt, Schweiß läuft über ein immer noch kräftiges Gesicht. Man kann ihn gar nicht verbinden, so ungeheuer ist die Zerstörung, rote Blasen steigen und fallen rasselnd – aber er lebt immer noch.

Neben ihm in einer Zeltbahn liegt ein anderer Offizier, liegen Reste. Viel ist nicht mehr vorhanden, dreißig, vierzig Pfund Fleisch und Knochen. So haben sie ihn herbeigeschafft. Die Rückseite einer Menükarte, weiß Gott woher sie stammt, mit einer Sicherheitsnadel am Tuch befestigt, sagt Namen und übriges. Er soll im Garten des Schlosses beerdigt werden, sobald die Krankenträger Zeit haben, für ihn und ein paar Dutzend, die sich tot angesammelt haben, Gräber auszuwerfen.

Ein Marokkaner hat Schüsse mehrfach durch die Brust. Er hat die hohe Mütze bis zum Kinn übers Gesicht gezogen. Lebt er noch? Er fühlt sich kalt an. Funk zieht sacht an der Bedeckung und legt das Gesicht frei. Die Augen öffnen sich zum seltsamsten aller Blicke, sie haben nichts zu tun mit Schloß Fontaine, Nordfrankreich, Kanonen und Krieg – nicht das mindeste. Er sagt ein Wort, es klingt wie gezirpt, wie gehaucht – Wort der Heimat. Ein Wunsch, eine Verwünschung? Es bleibt völlig unklar. Funk will dem ockergelben Mann den Trinkbecher mit Kaffee an den Mund setzen: die Lippen bleiben gepreßt. Model will Morphium injizieren (obwohl man sparen soll, sparen! würde unwillig jener Chef das Haupt schütteln. Was ist uns Marokko!), aber der Arm zieht sich zurück, die Hand kriecht empor zur Mütze und holt sie wieder ganz über das Antlitz. Er sondert sich ab von Europa, das ihm den sinnlosen Tod bereitet hat.

Für einen anderen aber ist Morphium sehr notwendig, für einen französischen Mitrailleusenfeldwebel, der eine schwere Kopfwunde hat. Apfelgroß fehlt ihm ein Stück Hirnschale über der Schläfe. Die Augen sind geschlossen und vorgetrieben – bei tiefblauen Lidern. Das grüne Gesicht ist gedunsen. Er hat den Verband beiseite gezerrt, die Finger zupfen an schwarzgelockten, blut- und schmutzverklebten Haaren, zupfen an den Wundrändern. Zerrissenes Gehirn pulst dazwischen, wie ein kleines braunrot überkrustetes Kissen, das sich in rasendem Takte bläht und senkt. Er ist mit allen Gliedern in einer schwimmenden, greifenden, kletternden Unruhe.

Sie verbinden ihn nicht von neuem. «Umsonst», sagt Model. «Er macht's nicht mehr lang.» Er ist ohne Bewußtsein, aber sie geben ihm doch eine Spritze, damit er das Stilliegen lernt. Damit nicht, wie es geschieht bei solchen Hirnverletzten, schließlich zwei Mann schauerlich grotesk mit ihm ringen müssen, um ihn an die Bahre zu fesseln.

So liegen viele in Reihen auf Heu, auf Matratzen, mit zerstörten Därmen, zerplatzten Harnblasen, zerhackten Lungen, zerschossenen Röchelhälsen, eisenversehenen Schädeln – die Aufgegebenen. Sie werden nicht einmal weggeschafft, wenn die Rumpelkästen der Sanitätskompagnie angeprescht kommen, wenn die in Schweiß und Angst getauchten Fahrer und Begleiter ihre Wagen überstürzt füllen – in Angst deshalb, weil sie mit jeder weiteren Minute fürchten müssen, Artillerie bricht erneut los und über sie herein, während sie unterwegs sind.

Nein – fortgeschafft werden zuerst die, die noch irgendwie dem Arzt Hoffnung geben, sie könnten mit dem Leben davonkommen. Aber auch sie kommen manchmal nicht mehr weit, sondern sehr schnell um.

Ein Sanitätswagen, mit sitzenden und liegenden Passagieren angepfropft, nimmt Abschied. Beneidet wie immer werden die Leichtverwundeten, sie haben es hinter sich, sie gehen «in Pension». Sie haben es nicht hinter sich, keine hundert Meter weit holpern sie, da zerreißt ein Volltreffer Wagen und Pferde. Es werden nur noch zwei dorthin zurückgebracht, von wo sie eben abgerollt sind: erst schwach verletzt, jetzt schwer. Alle anderen, soweit noch Körperhaftes da ist, gelangen gleich in den Garten – zu denen, die schon einen beträchtlichen Haufen bilden.

Ärzte und Sanitätsunteroffiziere finden sich paarweise zusammen, die Paare lösen einander ab. Fünfer und Bethge von Mitternacht bis drei, Model und Funk ab drei bis sechs, und so fort. Es gibt aber oft genug zu tun, um alle auf die Beine zu bringen.

Funk hält die armselige Kerzenflamme so nahe wie möglich an den Hals, den Rumpf, den Fuß, der umwickelt werden soll. Er muß Acht haben, damit das Stearin nicht in die Wunde, nicht auf das Gesicht des Elenden tropft.

Gesicht! Hat der noch eines, den sie da bringen? Sein Kopf ist ein schwärzlicher Klumpen, von Blutrinnen durchzogen, Haut hängt überall losgelöst herab und riecht verbrannt. Wo ist die Nase? Kann er sprechen? Nein, er lallt unverständlich. Hat er noch seine Zunge? Jedenfalls lebt er und ist bei Bewußtsein. Ob die Augen erhalten sind, läßt sich nicht erkennen. Feuer ist ihm mitten ins Gesicht gesprungen. Was kann man für ihn tun? Nichts. Ihn nicht reinigen, ihn nicht anfassen. Mit ein paar Mullagen die Verwüstung zubereiten, ihn in einen Gobelinsessel setzen und den Kopf zurücklehnen lassen – das ist alles. Wird er fortkommen, bevor er hinüber ist?

Inzwischen knallt und kracht es draußen fern und nah. Um die Schloßtrümmer her toben die Brisanzgranaten gleich irrsinnigen Teufeln. Der ganze Keller bebt und ruckt, als erhielte er Stöße, die ihn um einen Meter verschieben. Eine Explosion durchschlägt die Barrikade vor einer Luke und diese selbst. Alle Kerzen erlöschen im heißen Luftdruck. Steinstaub würgt im Hals, Steinsplitter reißen die Haut auf, wer im Raum ist, wird zu Boden geworfen. Die Tische, auf denen Verbandzeug, Spritzen, Instrumente liegen, fallen um. Die spärlichen Mengen an Starrkrampfantitoxin, an Koffein- und Morphiumampullen zerbrechen.

Was schrieb der Chef des Generalstabes? Mit dem Material ist tunlichst rationell zu verfahren. Bei gutem Willen läßt sich überall einsparen.

Manchmal kommen Krankenträger ohne Beute, sie selbst sind die Beute. Funk zählt und meldet am Schluß des Aprileinsatzes für sein Regiment allein einen Ausfall von zwei Sanitätsfeldwebeln, zwei Sanitätsunteroffizieren, vier Krankenträgerunteroffizieren, neunzehn Krankenträgern und dreiundzwanzig Hilfskrankenträgern. Fünfer hat Kämpfe zu bestehen mit den Bataillonsführern um Auffüllung der Lücken aus dem gewöhnlichen Mannschaftsbestand. Sie wird verweigert, der Bestand ist so wie so über alles bisher erlebte Maß gering. Der Divisionsarzt hilft und läßt Leute der Sanitätskompagnie abkommandieren auf den Verbandplatz. Aber sie sind den Dienst weit vorne nicht gewöhnt; sie kennen nicht die Schliche, durch die man sich schützt, wissen nicht, wann man am besten läuft, wie man läuft; sie wittern nicht die Gefahren gleich den immerdar Gefahrgewohnten; sie erliegen eher ihrer Unsicherheit, ihrer Verzagtheit. Sie arbeiten zum größeren Teil mäßig.

Es wird trotzdem so viel Menschenfleisch herangeschafft, daß buchstäblich jeder Winkel voll ist. Der Abfluß stockt, er ist manchmal durch Tage nicht möglich wegen des Feuers, der Zufluß geht weiter. Längst ist auch der Raum für die Ärzte dicht belegt. Nur Major Dusang lebt weiter unbehelligt in seinem Gemach, er und sein Adjutant haben Telephongespräche, fertigen Meldegänger ab, schicken Ordonnanzen aus, empfangen Offiziere – ja selbst einen Bataillonsführer, der von seinem Gefechtsstand herüberkommt, als es ausnahmsweise für ein paar Stunden ganz still ist.

36

Auf einmal ist der Keller erfüllt von sächsischen Lauten. Kleine Sachsen sind wie eine aufgeregte, endlich geborgene Herde die Kellertreppe heruntergetrappelt. Den wenigsten fehlt viel, einigen fehlt beinahe gar nichts. Denn daß man Durchfall hat oder Halsweh und dazu 38 Grad Fieber – das gilt heute nichts mehr. So werden die meisten, die sich krank gemeldet haben, wieder von dannen gejagt. Sie nehmen einen bitteren Eindruck mit von bayrischer Sanität. Die anderen, die Verletzungen haben oder bei denen das Quecksilber gegen vierzig steigt, fallen auf durch quengelndes Gegacker.

Bisher war es still, und wenn einer stöhnte oder aufschrie, so hatte er wahrlich Grund genug. Jetzt ging es in einem fort: «Habt 'r denn nischt zu trinken?» – «Gott, was seid 'r für grausame Menschen, ihr Bayern, laßt eenen reineweg hungern!» – «M'r sein doch verwund', habt 'r denn geen Erbarmen?»

Es waren Leute eines Infanterieregiments aus dem Industriegebiet, Fabrikarbeiter, schlecht ernährt von Kindheit an, körperlich schwach, an den Bayern gemessen winzig, blutlos, grau. Ihnen diese Art von Krieg zuzumuten, ihnen so etwas aufzubürden, war für sie gewiß besonders fürchterlich. Sie hatten Grund, sich gegen den Mißbrauch ihrer ausgemergelten Jammergestalten zu wehren. Aber wie sie's taten, war nicht sehr eindrucksvoll.

Eindrucksvoller ist die Art, in der zwei Franzosen verstummt sind, die gebracht werden. Schrecklich Zugerichtete, mit vielen Maschinengewehrschüssen durch Schenkel und Knie. Drei Tage sind sie draußen gelegen, ohne Nahrung, zeitweise im Regen. Die fiebrigen Augen sind vereitert, die unförmig angeschwollenen Beine füllen prall bis zum Platzen den Hosenschlauch. Die Knie, wie Klumpen, haben die Dicke von Oberschenkeln. Sie stöhnen leise; vielleicht sind sie zu schwach, um lauter zu sein. Funk will ihre Namen erhaschen, es gelingt nicht. Aber fast das Entsetzlichste ist, daß sie Angst haben. Was werden die Deutschen mit ihnen beginnen? Sie foltern oder zumindest sich weiden an ihren Schmerzen? – Sie müssen sehr durstig sein – sie wagen nicht zu trinken. Am Ende sollen sie jetzt vergiftet werden. In die abgezehrten, zerfallenen, vom Schmerz halb irrsinnigen Mienen tritt der neue Zug des Entsetzens. Dort steht ein deutscher Offizier, dort steht der Feind. Sie glauben an die Echtheit einer guten Regung nicht mehr. Das ist furchtbar. Erst als ein Arzt einen Schluck aus dem Becher tut, es ihnen vormacht, versuchen sie es auch. Aber es wird nichts Rechtes – und essen wollen sie gar nicht. Sie sind schon zu sehr parterre, sie leben schon ganz ihren brausenden Qualen, für den Rest des Lebens.

Sie sterben beide, ehe nur entfernt die Aussicht besteht, daß sie amputiert werden können.

Sie kommen in ein Grab zusammen mit dem Marokkaner, der auch hinüber ist. Als Funk ein zweites Mal vor ihm steht, fragt er sich wieder: lebt er noch? Aber als er diesmal die Mütze vom Ockergesicht streift, ist es tot.

Viele enden so, ohne daß man ahnt, wann. Von Zeit zu Zeit werden Matratzen, Kojengestelle und Ecken daraufhin nachgesehen, ob einer Schluß gemacht hat. Immer finden sich Leichen.

Aber wer kein Leichnam werden will, ist der Mitrailleusenfeldwebel. «Ein unverwüstlicher Organismus, der doch absolut verspielt hat», sagt Model betreten ob seiner früheren falschen Prophezeiung zu Funk, der ihn herbeiholt.

Denn Funk findet den stämmigen Franzosen, wie er droben umhertappt – aus der Waschküche in den Hausgang. Immer mit geschlossenen schieferblauen Lidern, in seiner quellenden motorischen Unruhe. Seltsam, daß er nirgends anstößt. Er macht traumhaft sicher halt vor jedem Hindernis, er tastet die Wand ab, nur beiläufig, ohne Teilnahme. Er steht und zupft, er zupft immer wieder an der gleichen Stelle des Rockes, als müsse dort und nirgends sonst geöffnet werden, um einer Erklärung freien Lauf zu lassen für alles, für all das Schallend-Sinnlose. Am meisten zerrt er, wie stets, an dieser schauerlichen Kopfwunde. Seine Handbewegungen haben etwas Leichtes, Spielerisches, etwas Graziöses. Sie sind in solch unfaßbarem Kontrast zu dem, was ist, daß Funk sich schreiend wehren möchte.

Er und Model lenken dies blaugrüne, aus leisem Rachen blasende Gespenst zurück auf seinen Platz. Es läßt sich hinlavieren, leistet keinen Widerstand. Liegend erhält es ein doppeltes Maß Morphium.

Nach einem weiteren halben Tag gibt das Herz endlich den Kampf auf. Er gelangt zusammen mit den anderen Franzosen in die Grube. Es sind im ganzen fünf darin, denn ein zweiter Marokkaner muß sich beteiligen. Er ist ohne Arm, aber zu Fuß auf den Verbandplatz gekommen. Oben an der Achsel den Stummel mit den Haut- und Fleischlappen hat ihm jemand zusammengebunden mit einer Schnur. Er gibt keinen Laut von sich. Er setzt sich scheinbar ruhig mit gekreuzten Beinen auf den Boden. Er wartet. Er nimmt kein Morphium entgegen. Er ißt nicht. Er wartet. Seine Haut wird immer durchscheinender. Einmal sieht Funk, daß er aufstehen will, aber dazu ist er nun doch wohl zu schwach. Er läßt Wasser unter sich. Als Funk ihn zur Seite gekippt findet, ist er nicht etwa ohne Bewußtsein, er ist tot.

Man glaube nicht, daß hier von besonderen Scheußlichkeiten berichtet wird, von sensationellen Zufällen, von Einmaligkeiten, die keine Bedeutung hätten für das Ganze. Hier sind nur Beispiele, dürftig hingetröpfelt. Dem Umfang nach war alles viel schlimmer, viel grauenhafter, maßlos unmenschlich. Hier ist nur ein sehr kleiner Ausschnitt. Wie es auf diesem Verbandplatz irgendeines Infanterieregimentes zuging, so ging es ununterbrochen auf vielen Hunderten anderer deutscher Truppenverbandplätze zu, auf Tausenden unablässig an allen Fronten des Krieges – nicht mitgezählt die Scharen der Hauptverbandplätze von Sanitätskompagnien, der Feldlazarette, der Kriegslazarette, die nebeneinander aufgebaut, allein eine Weltstadt, eine Millionenstadt voll Verstümmelter ergeben hätten.

Nachricht ist da, daß die Feldküchen nachts ein Uhr dort und dort halten, ein gutes Stück Weges entfernt vom Verbandplatz, an einer Stelle, die man für verhältnismäßig geschützt erachtet. Sie sind zu einer bestimmten Zeit vom Bagagehalteplatz aus in die vordere Linie abgelassen worden, die Suppe kocht unterwegs gar. Sie dürfen über eine bestimmte Linie nach vorne nicht hinausfahren.

Wer also Hunger hat, wer Essen will, muß sich einfinden. Gestern waren sie nicht da, die Küchen, vielleicht können sie morgen wieder nicht kommen; es gilt also, den Fall zu nützen.

Die Kompagnien von ganz vorn, der Verbandplatz, die Befehlsstellen schicken Abgeordnete mit Kübeln, mit großen und kleinen Gefäßen aus, um Futter zu fassen. Knapp wie alles ist die Verpflegung, es wird gefeilscht um jede Ration. Es wird in der finsteren Nacht, die nicht die leiseste Beleuchtung, kein aufflammendes Streichhölzchen wegen der Gefahr gegnerischer Beobachtung duldet, betrogen nach Noten.

Wer eine Ration mehr irgend fordern kann, als er zu holen beauftragt ist, tut es. Die Verteilung findet in fliegender Hast statt, unter dem Geschimpf der Köche, die Küchen sollen nur für eine knappe Stunde halten, ihr Verweilen ist, damit sie nicht auffallen, bis zum Äußersten eingeschränkt. Wer sich nicht rechtzeitig einstellt, erwischt nichts.

Vom Verbandplatz gehen sechs Leute mit vierundzwanzig Eßgeschirren ab, jeder hat vier zu tragen. Es ist anfangs ruhig, aber während sie unterwegs sind, setzt «mattes» Feuer ein. Vielleicht hat der Gegner doch irgendein winziges Licht gesehen, Glut im Ofen der fahrenden Küche, oder er hat Geräusch der Wagen gehört – jedenfalls schießt er. Die Pferde werden unruhig, im völlig Finsteren ist ein drängendes Durcheinander, gestoßen von Eile wird die Suppe in die Feldkessel geschmissen, eine Küche rückt, während sie noch ausgibt, schon ab, unter dem Gefluch der Hungrigen, die wenigstens ihre Brotration haben möchten.

Auf dem Rückweg wird es schlimmer mit den Schüssen, sie platzen schneller und dichter. Die Leute von Schloß Fontaine rennen immer ärger, sie taumeln und stürzen, sie schlagen mit ihren Kesseln hin und verschütten das mühsam Ergatterte, das Brot rollt ihnen unterm Arme weg, die Zigaretten zerknicken, sie haben einen Verwundeten, um den sie sich kümmern müssen – und sie langen schließlich wieder im Keller an, naß überschwitzt, keuchend, bleich und zitternd, blutend von Stürzen auf die kantigen Trümmer der zusammengeschossenen Häuser –: ohne Speise, ohne Gewinn außer dem verfluchten, ermattet in einen Winkel zu stolpern, hinzufallen und da zu liegen wie abgehetzte Tiere.

Das drückt den Mann nieder, mehr als alles andere: nichts zu essen zu haben. Die Feldküche, und ist ihr Zeug noch so langweilig, ist das einzig Positive am Soldatendasein. Essen und Rauchen sind der letzte Trost. Wenn auch er nun genommen ist …

Da ist anderer Trost nötig. Er kommt in Gestalt eines Bataillonsführers, der den Keller besucht, weil gerade sein Bataillon eines Nachts besonders mitgenommen worden ist, und weil er weiß, daß viele seiner Leute da unten beschädigt liegen. Er ist ein wohlwollender Mann, ein großer breiter mit gutmütigem Schnauzbart, kein Aktiver, ein fast weißhaariger Hauptmann der Reserve. Er hat noch eine echte Spur von Kameradschaftsgefühl, dieser «höhere» Offizier, sonst käm' er gewiß nicht zu den Erledigten, die wertlos geworden sind für den Führer zur Erreichung der Kriegsziele. Hat er am Ende auch etwas wie ein Gewissen und eine Ahnung, die ihm vorhält, das vierjährige Verbrechen könne nicht mehr lang weiter in Szene gesetzt werden?

Es ist etwas Außergewöhnliches, daß ein Bataillonskommandeur einen Verbandplatz betritt, nur um Untauglichen gut zuzureden, zu danken, eine tröstliche Rede zu halten. Um seine Ansprache schart sich, wer nur herbeikommen kann aus den dunklen Gründen des weitläufigen Kellers. Daß er sie alle tapfer nennt, die nun hier unten hilflos hocken und liegen, das ist nichts Besonderes, das ist billig, das Eiserne Kreuz und anderes hat man schon, und wer wirklich noch nicht haben sollte, was es so gibt, der bekommt es jetzt gewiß. Nein, was jeden die Ohren spitzen läßt, ist etwas anderes, ist der mit erhobener Stimme vorgetragene Hinweis auf baldigen Sieg.

Die Stimme, wankend vor freudiger Erregung, sagt: «Leute, die heilige Zusicherung kann ich euch geben: es ist in letzter Zeit herrlich vorwärts gegangen, und wir dürfen nicht zweifeln, daß es so weiter geht. Aber auch das kann ich euch versprechen: keiner von euch Verwundeten und Kranken braucht wieder an die Front zu gehen. Denn ehe ihr eure Lazarette verlassen habt, ehe ihr von neuem felddienstfähig seid, sind wir mit der ganzen Bande fertig. Die Eroberung von Calais ist nur eine Frage von wenigen Wochen. Damit ist die erfolgreiche Beschießung Londons gesichert und das Ende des Krieges gewiß. Das englische Krämervolk, wenn es ihm so an den Kragen geht, denkt nicht daran, etwa den Franzosen zuliebe weiterzumachen. Wir haben für diesen Verlauf zuverlässige Nachrichten.»

In der Tat: das zog. Solch gehobene Stimmung hatte der Keller von Schloß Fontaine noch nicht erlebt. Der Hauptmann war als gerader, gutgesinnter Mensch bekannt. Er log nicht, er schwindelte nicht, was er sagte, daran durfte man sich halten.

Er hielt sich selbst an seine Worte, kein Zweifel. Als er sie aussprach, war die erste Ludendorffsche Offensive, immerhin mit dem Gewinn einiger Dutzend Kilometer auf Paris zu, gerade zum Stehen gekommen. Er und seine Zuhörer standen ja selbst mitten darin, und was er von solchem Haltepunkt aus erzählte, betraf die zweite Offensive, die zwischen La Bassée und Ypern sich auf den Kanal zu bewegte – zubewegen sollte, denn sie blieb sehr bald kleben. Vielleicht andern Tags schon hätte Hauptmann Blume seine Rede nicht mehr zu jubeln gewagt. So aber hatte er gerade noch rechtzeitig hochgemut sein können. Er verließ übrigens Fontaine, ohne dem Regimentskommandeur eine Aufwartung zu machen, was sich bei den Leuten herumsprach und viel Genugtuung wachrief, denn sie liebten Blume und verachteten Dusang.

Aber ein anderer Bataillonsführer machte seine Aufwartung. Er schnappte ab mitten im Einsatz. Er war tumult- und granatenuntauglich. Einer, den der immerwährende Wechsel in den Führerstellen an eine Spitze getragen hatte, die zu exponiert für ihn war. Er zeigte sich gerade dann unfähig, gefaßte Beschlüsse auszuführen, selber Beschlüsse zu fassen, wenn es einzig darauf ankam. In seiner Kanzlei viel Papier vollschreiben zu lassen, gelang ihm, hier gab es keine Kanzlei. Er meldete sich krank. Das heißt, es sickerte durch, der Regimentskommandeur habe ihn veranlassen müssen, sich an den Arzt zu wenden. Dusang habe, ehe jener eintraf, mit Fünfer vertraulich gesprochen. Worauf der sich veranlaßt sah, ein Herzleiden zu konstatieren. Auf solche Weise wurde man jenen los, und er selbst erreichte, was er von sich aus zu erreichen nicht gewagt hatte: er kam aus der Feuerlinie. Er kam nach Hause. Wohl möglich, daß er seines Leidens wegen, das als Dienstbeschädigung angesehen werden konnte, später eine Rente bezog.

Funk muß Fünfers Befund schreiben. Er weiß ihn auswendig. Es ist immer das gleiche bei den Gutachten über Offiziere, die wegwollen: Nervöse Störungen, reizbares Wesen, schlechter Schlaf, Appetitlosigkeit und so weiter. Hier kam unterstrichen noch das Herz hinzu.

Schon bei Lipps Zeiten hat Funk selbständig diese Weisheiten hingesetzt. «Erzählen S' dem Divisionsarzt das übliche Märchen, Funk», pflegte Lipp zu sagen.

37

Funk steigt an die Oberfläche. Der Frühling ist da, jawohl, er ist in vollem Gang. Er nimmt sich seltsam genug aus: ganz unwahrscheinlich. Man hört, ohne daran zu glauben, Vögel singen. Man sieht im Garten des Schlosses, das heißt des jetzigen Trümmerhaufens Fontaine – im einstmals parkähnlichen Garten sieht man junges Grün, und es ist weniger spärlich, als man je in dieser zur Wüste gewordenen Gegend vermutet hätte.

Die Vögel sind Helden. Wie haben sie's fertig gebracht, hier auszuhalten, hier durchzukommen? – Die anderen Helden liegen im untergegangenen Park und sollen ihn düngen für künftige Tage. Krankenträger schaufeln große Gruben. Auch Funk greift zum Spaten. Seine wochenlange, Tag und Nacht hinlaufende Arbeit, Antitoxin zu spritzen, Koffein, Morphium, Skopolamin, einige hundert Dosen, dann Nadeln auszukochen, Täfelchen zu füllen, immer wieder in Bücher, auf Meldebogen, in Rubriken Zahlen und Namen zu schreiben – solche Tätigkeit mit gespitztem Finger läßt die Muskeln darnach schreien, sich endlich rühren zu dürfen.

Den Fuß auf den Rand der Schaufel zu setzen, sie hineinzutreiben in die weiche, herbduftende Erde, die Arme im friedlichen Schwung anzuspannen – das tut wohl. Aber plötzlich lassen alle ihre Spaten stecken oder fallen und laufen davon. Der Franzose hat wieder einmal «eine hergefahren», und die Toten sind in der Lage, ein zweites Mal zu sterben.

Aber es geht glimpflich ab. Eine Granate nur ist in ein begonnenes Grab gesaust und hat den Grund mit einem Schlag ausgehoben. Die Sanitätsleute brauchen nicht mehr tiefer zu dringen, sie haben nur die Leichen hineinzulegen, dann können sie das große Loch zuschippen.

«Der Schuß hat die Leut' aber wirklich unter die Erde gebracht», sagt einer mit traurigem Lächeln. In den Bäumen hängt eine funkelnde, vom Aprilregen reingewaschene Nachmittagssonne, schon wärmend gleich deutschem Frühsommer. Wie die Haut zu atmen beginnt – sie, die nur noch von modriger Luft, von Blut-, Schweiß- und Urindünsten umgeben war.

Es hilft nichts – wieder hinunter muß man. Doch heute scheint ein besonderer Tag, ein guter zu sein: von Ablösung ist die Rede. Funk fragt bei Fünfer an: ja, es stimmt. Der Regimentskommandeur und sein Schreiber sind schon weg. Der Adjutant ist noch da. Die Kompagnien, die Bataillonsbefehlstellen wechseln bei Einbruch der Dunkelheit mit dem Nachfolger.

«Funk, wir gehen – ich, Sie und mein Diener –, solang es noch hell ist. Oberarzt Model, Feldunterarzt Spieß, Feldwebel Bethge bleiben und übergeben den Platz den ablösenden Kollegen.»

Funk ist nicht recht zufrieden. Er ginge lieber in der Nacht. Er scheut sich nicht, es dem Regimentsarzt zu sagen und anzuraten. Aber der nervöse, blaß verspeckte und verdreckte Fünfer hat keine Geduld mehr. Fort, und endlich wieder einmal nach hinten, fort aus dem Bereich ewiger Schießerei, wenn möglich in ein Bad, unter ein Rasiermesser, in ein schweißfreies Hemd, jede Minute früher weg, die es irgend geht!

Der Diener Gschwind, ein hagerer kleiner Bursche, hat sich einen unförmigen Tornister zurechtgepackt in geheimnisvollen Hantierungen. Nun soll er obendrein den Offizierstornister seines Stabsarztes tragen. Das ist unmöglich für ihn zu bewältigen.

«Wat haben se denn alles drin, Jeschwind, in Ihrem anjeschwollenen Monstrum?»

«Jaa – lauter Sachen von Herrn Stabsarzt», sagt der Wichser bieder, wenn auch etwas dumpf im Ton.

«Und dabei konnt' ich nich mal ne frische Unterbuxe anziehen, denn Se hatten keene für mich mitjenommen», quengelt Fünfer. Er ist gutmütig genug, seinen viel leichteren Tornister selber zu tragen. Sähe es Dusang, er wäre empört über die verzärtelnde undistanzierte Haltung des Vorgesetzten.

Sie nehmen Abschied. Bethge wirbelt den Bart in straffere Haltung – sie alle sind von neuer Lebensfreude umsproßt – und sagt: «Wünsch' glücklichen Weg! Herr Stabsarzt, kommen Sie gut nach Hause!» Da müssen doch alle lachen, denn wo wäre dieses «zu Hause»? Immerhin: das Hinterland kann man schon empfinden als ein Heim, als ein Daheim. Wenn man nur erst heraus ist aus dem unaufhörlichen Bedrohtsein.

Dann sind sie zu dritt auf einer grausam gelöcherten Straße mit zersplitterten Alleebäumen.

«Wirklich ein Kunststück, wie hier die Wagen der Sanitätskompagnie noch fahren können. Man müßte die dollsten Löcher zuschütten, alles 'n bißchen ausbessern.»

Du verstehst wirklich nicht viel von der Landwirtschaft – denkt Funk. Laut sagt er: «Das geht wohl kaum. Der Gegner beobachtet hier gut. Da entstünde zu viel Unruhe; bestenfalls nachts könnte man –»

Er bricht ab. Wie recht er hat, erweist sich sogleich. Sie scheinen bemerkt zu werden. Gilt ihnen nicht der Schuß, der dort rechts hinten einschlägt? Möglich aber auch, daß nur mal wieder die Straße abgestreut wird.

«Vorwärts!» keucht der Stabsarzt und trabt. Funk und Gschwind, sie traben. Die Kochgeschirre klappern, in den Tornistern rumpelt es.

Die zweite sitzt schon näher. Fünfer, erstarrt, bleibt stehen und sieht sich um. «Los!» schreit Funk, packt ihn am Gurt und zieht. Sie galoppieren zu dritt dahin über eine Chaussee, die besät ist mit spitz zerschlagenen Steinen, Holzsplittern, Erdgüssen. Sie straucheln, manchmal fällt einer halb, sie werfen sich voran.

Die nächsten Schüsse rücken besser auf. Der Tod springt buchstäblich hinter ihnen her. Jetzt sind Einschläge schon zu ihren Seiten, donnernd reißen sie das Feld auf, schleudern Erde, Äste, Eisen über die Laufenden weg. Die nehmen sich nicht Zeit, sich hinzuwerfen, sie haben deutlich den Eindruck, von Granaten wie von einer Meute rasender Raubtiere vorwärtsgejagt zu werden.

Funk sieht Fünfer von der Seite an. Er läuft geschweiftes Zickzack, willenlos vor Angst, furchtbare Anspannung im kalkweißen Gesicht. Er macht's nicht mehr lang – sagt sich Funk. Ihn trifft der Schlag.

Gschwind flieht in Sätzen, die bei aller Eile etwas Kriechendes haben, unter seinem dicken Ledertornister dahin, einem englischen Beutestück. Der Tornister reitet wie ein brauner Riesenkäfer im triefenden Nacken.

Wir drei machen's nicht mehr lang – denkt Funk. Bei jedem Schuß meinen sie, es ist der letzte, den sie rennend erleben – ist der, der sie niederstrecken wird. – Jetzt holt es uns ein, jetzt – jetzt –

«Kann – nicht mehr –» jappt der Stabsarzt. Er wirft sich einen kleinen Abhang hinunter, kollert in ein Granatloch. In dem Loch ist Wasser, denn hart bei der sumpfigen Wiese ist ein Tümpel. Die anderen stolpern nach, im Schlamm findet man sich wieder.

Fünfer steht bis zu den Knien im Nassen. Ihm ist es gleich. Er reißt den Kragen auf, tastet nach dem Puls. «Mein Herz – mein Herz – Donnerwetter, mein Herz!» murmelt er.

Gschwind hat seinen Tornisterriesen aufgeschnallt. Ihm entquellen in Spitzen gewickelte Nippesfiguren, Leuchter aus Metall, eingelegte Kassettchen – das alles fällt ins Granatlochwasser und geht sogleich unter. Verschwunden ist es. Die Last im Rücken ist behoben, wenn's jetzt weitergeht.

Wenn es weitergeht – ja, nun merken sie erst, daß kein Schuß mehr gefallen ist, seit sie im Wasser hocken. Sie warten noch, ob es wahr bleibt. Sie kriechen heraus und schleichen davon, der Stabsarzt, kurz schnaufend, hängt sich bei Funk ein, mit der anderen Hand unterstützt er ein hinkendes Bein durch den Stock. Über den Inhalt von des Dieners Tornister verliert er kein Wort. Möglich, daß er in seiner Not gar nicht gesehen hat, was er da sah.

Erst später entdeckt Funk herabrinnendes Blut an der Hose des Gschwind. Er hat ein Eisenstück im dürren Oberschenkel. Bisher haben Entsetzen und Angst keinen Schmerz aufkommen lassen.

Nun fällt ein wenig Glück in die qualbeladene Stunde: sie stoßen auf einen Materialwagen, der daran ist, leer nach hinten zu fahren; sie sitzen auf und rumpeln mit.

Daß Gschwind andern Tages ins Lazarett kommt, ist eine glatte Sache. Aber auch der Stabsarzt verläßt das augenblickliche Quartier nicht mehr, um neuerdings in dickere Luft hineinzugeraten. Er hat übergenug, seine Nerven sind wahrhaftig völlig hin.

Er geht zum Beispiel eine schummerige Treppe hinab. Nun ist es schon so warm wie im Sommer, und die Insekten gedeihen rapide. Der Krieg ist der Freund der Insekten, wie er Freund der Ratten und Mäuse ist. Funk sah damals im Herbst an der Somme Fliegenschwärme in einer Stabsküche, die wie Wolken in den Deckenwinkeln hingen. Man konnte sie anzünden mit einer flammenden Zeitung, sie lohten selber in einer großen Flamme hoch und fielen zu zehntausenden mit weggebrannten Flügeln auf den Boden, man konnte sie fortschaffen mit Besen und Schippe kübelweise – und eine Viertelstunde später hingen genau so viel wieder in den Ecken.

Jetzt in Lignières oder Fescampes – schon im Frühjahr gedeiht die stahlblaue Schmeißfliege vorzüglich, der gemeine Brummer. Er summt überall umher. Stabsarzt Fünfer humpelt also eine dämmerige Treppe hinunter. Da begegnet er einem Summen, das mächtig auf ihn zuhält. Er nimmt es für drohendes Heranrauschen einer Granate und flieht fallend die Stufen hinab.

Aber ehe es heimwärts geht mit ihm, erhält er noch von der sauer und impertinent lächelnden Miene Dusangs das eiserne Erster überreicht. Wenn man von Verdiensten überhaupt reden will: er hat es redlich verdient. Jeder Verpflegsoffizier, der weit hinten einen Handel mit Margarine und Marmelade treibt, trägt es schon auf der wenig gefährdeten Brust – die Sanitätsoffiziere kommen später daran.

Es freut ihn doch, den wieder mit glücklicherem Speck lächelnden Fünfer. Wie hat Feldwebel Bethge vorahnend beim Abschied vom Verbandplatz gesagt? «Herr Stabsarzt, kommen Sie gut nach Hause!»

38

«Aber diesmal wird man sich ausschnaufen dürfen. Die hohen Herren *müssen* uns ja in Ruhe lassen! Was wär' denn das, was sie gleich wieder hineinhetzen könnten?» – Elende Reste von Herrlichkeiten, die vier Jahre zurückliegen. Verschmutzte und zerlumpte Menschen, für die kein neuer Rock mehr da ist, kaum noch ein Hemd aus schoflem Ersatzstoff. Die Hosen mit Bindfaden hochgebunden, die durchlöcherten Uniformen mit Sicherheitsnadeln zusammengesteckt, die papiernen Wickelgamaschen zerfranst, die Stiefelsohlen mit rätselhaftem Zeug geflickt, das kein Wasser abhält und im Trocknen wie Zunder zerfällt. Nein – sie müssen uns in Ruhe lassen.

Allmählich setzt sich in den Köpfen der Gedanke fest, daß im Ernst doch kein Vernünftiger mehr etwas Entscheidendes von ihnen verlangen könne. Die Gewehre angerostet, die Patronentaschen lappig und undicht, die Grabscheite verloren.

Wie steht's mit Calais, dessen Einnahme Hauptmann Blume garantiert hat? Calais ist, was es immer war: großer Stützpunkt der Engländer geblieben, Hauptmann Blume ist gegangen. Übrigens ist auch Major Dusang gegangen, in aller Stille. In der Besetzung der führenden Stellen jagen die Gestalten einander, manch eines Regierungszeit dauert nur Tage, du kannst dir die Namen gar nicht mehr merken. Sie kommen von daheim, wo sie seit Jahren tönend gethront haben, sie schauen sich zwinkernd und betreten um, es gefällt ihnen gar nicht hier draußen – sie verschwinden wieder. Gründe finden sich genug, wenn einer nur Bauchzwicken hat oder es zu haben vorgibt. Er kann's freilich leicht bekommen in dieser unschönen ausgeleierten dumpfbockenden Umgebung. Danke! Die Herren gehen wieder. Der Hannes bleibt und wartet gleichgültig auf den nächsten. Einer wie der andere, kommandieren sollen sie alle, wir aber wollen nicht ewig der viehischen Stimme gehorchen, die uns in Dreck und Tod schickt, ohne ein Ende damit zu finden.

Ohne Ende. Was machen die Offensiven? Sie stocken. Es ist also wieder nichts mit der siegreichen Wendung.

Was machen die Sanitätsbestände? Funk hat im Wagen keinen Perubalsam mehr für die zunehmenden Krätzekrankheiten. Keinen reinen Alkohol für Säuberungszwecke, für Desinfektion, kaum mehr Spiritus. Die Papierersatzbinden reißen, wenn man sie in die Hand nimmt. Die Einspritzungen gegen Starrkrampf müssen unterbleiben, sie sollen im Lazarett nachgeholt werden. Dies und anderes wird von der Karte gestrichen. Die elastischen Binden zum Abschnüren von Schlagaderverletzungen sind alles, nur nicht elastisch; die neuen Rekordspritzen sind aus Behelfsstoffen so gebaut, daß sie gar nicht oder mangelhaft funktionieren. Die Zahl der angeforderten Fieberthermometer, der Hohlnadeln, der Ampullen wird um zwei Drittel gekürzt. Das Verlangen nach dreieckigen Tüchern wird ganz gestrichen. Der Herr Korpsarzt ist ausverkauft. Was er tropfenweise nachgeliefert bekommt, ist miserable Ware. «Sie sollen ihren Hundskrieg aufgeben, ihren verreckten, wenn sie nix mehr haben, womit sie ihn führen können», schimpft Feldwebel Bethge. Dabei ist er noch einer von den wenigen, die nicht ganz ohne Bereitwilligkeit wären, weiterzumachen, gäbe man ihnen nur das Nötigste.

Weiter geht es trotzdem! Mit der Beschießung Londons ist es nichts – dafür sind die Amerikaner endlich fühlbar. In welchen Mengen die Flieger kommen! In Horden, in Schwärmen! Sie verdunkeln die Sonne, wie die Pfeile der Perser einst für die kleine Schar des Leonidas die Sonne verdunkelt haben.

Was nicht kommt, ist dringender Soldatenersatz für die ausgepumpten, derart lückenhaften Kompagnien, daß mehr Lücken als Männer da sind. Es gibt «kriegsstarke», die den grotesken Bestand von zwei Dutzend Leuten aufweisen.

Wie hilft man sich? Jedes Bataillon wird um eine Kompagnie verringert. Das Regiment streicht einfach drei Kompagnien, sie fallen unter den Tisch. Dadurch wird die einzelne Einheit stärker, famos. Wird das Regiment auch stärker dadurch? Es tut so, als bliebe es, was es in guten Zeiten war. Es kennt noch die Zahl zwölf: die zwölfte als letzte Kompagnie, wie einst. Es kennt nur die Zahlen zwei, sechs und zehn nicht mehr. Ein Rechenkunststückchen, das dem Gegner die Zukunft so unzweideutig rosig hinmalt wie kaum irgendein Sieg. Denn sicher erfährt er davon.

Immerhin: die Division hat noch Infanterieregimenter, ein Artillerieregiment hat sie überhaupt nicht mehr. Da tut man gleich ganze Arbeit, weil die Pferde immer rarer werden; vermutlich übrigens auch die Kanonen und Artilleristen.

Inzwischen landen die Amerikaner massenhaft – und Engländer unablässig in jenem Calais, das Hauptmann Blume versehentlich erobert hat. Was beginnt man in solcher Lage? Man macht weiter.

Auch Funks Regiment macht weiter. O nein – keine Rede von längerer Beschaulichkeit. Auch keine Rede davon, daß sie den Kriegsschauplatz wechseln, sie glauben selbst nicht mehr daran, sie fühlen, wie der Westen jeden Mann absorbiert, der noch aus einer Flinte feuern kann.

Ein neuer ist als Regimentsarzt bestellt und angelangt, ein Oberarzt, der soldatisch ebenso ehrgeizig wie beruflich reizbar ist; von einer gekrampften Schneidigkeit, mit dem Willen gerecht zu sein. Ein junger Oberarzt, ein eben beförderter, als höchster Truppendoktor. Warum nicht? Kürzlich hat ein Feldwebelleutnant ein Bataillon geführt, weil nichts Rangbesseres da war – ein Bataillon, das vorher einen adligen Major an der Spitze sah! Nach dem adligen Major ein dienstergrauter Polizeiwachtmeister als Bataillonsführer.

Wohin geht es? Nach wochenlangem Hin und Her, nach Bereitstellungen, Zurückziehungen, Vorschüben, nach täglichem Wechsel der Unterkünfte, später nach täglichen Märschen die gleiche Strecke hinauf und hinunter, nach Eisenbahnfahrten ins Hinterland, nach hastigen Fahrten in Lastkraftwagen wieder nach vorn – – geht es an die Marne. Aber vorher verabschiedet sich schon wieder ein Regimentskommandeur: jener, der eben erst auf Major Dusang gefolgt ist. Wie er heißt, weiß man nicht so recht, auch ein französischer Name, es geht zu schnell, du kannst dir die vertrackten Silben nicht merken. – Der jetzt kommt und länger bleiben wird, heißt von Artigand, ein richtiger Oberstleutnant. Es ist, als ob nur noch Franzosen das Regiment gegen Franzosen führten.

In die Beule geht es hinein, die bis Château Thierry vorgetrieben ist: Ergebnis der letzten der drei Offensiven. Es ist unzweideutig Sommer geworden; sie gelangen über Fère en Tardennois an die Marne und gleich hinüber: die Kompagnien noch gut, Nachzügler schon unterm Eisenhagel der Kanonen, unterm Bombenhagel der Flugzeuge.

Funk liegt mit seinem Wagen an einem Hang fest, er sieht den Fluß vor sich, lieblich geschlängelt, liebliches Ufer. Die Gefechtsbagage kann nicht hinüber, die Brücke liegt zu sehr im Feuer, ist dauernd kaputt, wird von Pionieren dauernd ausgebessert.

Die Kompagnien sind drüben, Ärzte gleichfalls, es soll sogar schon einen Verbandplatz geben. Gibt es auch Verbandmaterial? Es wäre sehr wichtig, der Wagen könnte hinübergelangen.

Er bleibt, wo er ist. Der Widerstand des Gegners wächst an Dichte, begleitet vom Erfolg. Der Gegner hat die Deutschen herangelassen, nur um sie desto kräftiger zurückzuwerfen.

Funk liegt im Gras, er preßt den Leib an den Boden und horcht auf die Einschläge: da – dort – näher – ferner – ganz nah. Wenn man Glück hat, kommt man wieder einmal durch, wenn nicht, erwischt es einen endlich.

Unfern schreit ein Gaul, es ist wie ein wildes schnaubendes Weinen; Funk sieht das Tier später, zwei Beine sind ihm bis in Kniehöhe weggerissen, es liegt und lebt.

Er wird zu verwundeten Fahrern gerufen, und während er sie verbindet, kommt der Befehl: schnell anspannen, abrücken in die Richtung, aus der man gestern gekommen ist.

Zurück also, zurück! Es geht in der Folge mächtig, es geht tagelang rückwärts. Man wird vom Feind gehetzt und gejagt. Die kampierende Bagage, selbst sie, wird überall aufgestöbert; kaum will sie sich in einem Waldwinkel festsetzen, rauschen und donnern die Schüsse herein. Wo ist Antwort der eigenen Artillerie? Sie scheint es nicht mehr zu geben.

Nichts bleibt, als daß man weiter zu flüchten versucht. Hierbei wird einem Feldunterarzt die Brust tödlich zerrissen.

Es ist merkwürdig: so viele hat Funk sterben gesehen – bei diesem will er's nicht glauben. Er hält den erkaltenden Kopf im Schoß, begreift nicht und schreit: «Herr Dr. Schwarz – Dr. Schwarz!» Dann läßt er den Toten fahren und rennt davon, denn die Angst überwältigt ihn, selber getroffen zu werden. Das wächserne Gesicht des jungen Menschen, der trotz allen Entbehrungen die Gabe gehabt hat, bis zur letzten Minute blühend auszusehen, beherrscht so sehr das Waldinnere, daß über Funk die panische Furcht herfällt:

die Leiche da will nicht allein bleiben, sie lenkt den Tod bestimmt auf dich!

Er läuft und hört glühendheiße Sprengstücke um sich her zischend ins nasse Laub schlagen. Sein Hirn hetzt in Albernheiten hinein: ob man wohl an solch heißem Eisenstückchen eine Zigarette zum Glimmen bringen könnte?

Auf dieser Flucht der Bagage verliert Funk die zweifelhaften Früchte seiner dreijährigen Schreibfederarbeit. Mit ihm verliert sie auch der entsetzte Divisionsarzt. Wie soll er vor dem Korpsarzt bestehen und weiter hinauf, wenn er nun melden muß, daß eins der Regimenter seiner Division sämtliche Schriftlichkeiten eingebüßt hat? Für das Schriftliche hat er doch seinen Posten die langen Jahre ausgefüllt – nur dafür, und nun ist es beim Teufel, ja: wirklich bei ihm, nämlich beim Gegner. Es ist gräßlich.

Wie hat es geschehen können? Die Bagage muß, um schneller rückwärts zu rollen, möglichst erleichtert werden. So läßt man in einem eilig errichteten Depot unter vielem anderen die Kiste zurück, in der die Krankenbücher all der Jahre verstaut sind – Wälzer von nicht geringem Umfang. Dazu kommen ausführliche gesonderte Journale über geschlechtskrank Gewesene und der Lues weiterhin Verdächtige. Diese umständlichen Aufzeichnungen glaubt man bei der einstigen, ordnungsgemäß verlaufenden Demobilisierung dringend zu benötigen: für die Beurteilung der Unmasse von Dienstbeschädigungsansprüchen und zur Abwendung einer venerischen Verseuchung des Volksganzen durch verdächtige Heimkehrer.

Das Depot sollte «tunlichst bald» wieder aufgelöst und hinter der eilenden Gefechtsbagage hergeschafft werden – es fiel aber in die Hände der Amerikaner. Mit den Tausenden von Aufzeichnungen über Gesundheitsstörungen und tödliche Einwirkungen: an wem verübt, wann geschehen, und so weiter, werden sie nicht viel haben anfangen können. An zwei Paar armseligen Socken, die fast mehr aus Löchern als aus Faden bestanden, an einem zerrissenen Hemd und einer durchgewetzten Unterhose – Dingen, die Funk als Schatz ebenfalls in jener Kiste verwahrte, konnten sie jedoch ersehen, wie gut ihre Sache stand. Wenn sie's nicht schon gewußt hätten.

Warum hatte man die Bücher nicht längst zum Ersatztruppenteil in die Heimat geschickt? Funk erinnert sich, daß ab und zu daran gedacht und darüber geredet wurde. Aber es war, als müßte das

Zeug stramm den ganzen Feldzug mitmachen, nachdem es einmal im Felde geboren war.

Sind sie nun genug ins Hinterland gediehen? Ja – die Sache scheint zum Stehen zu kommen.

Das Regiment findet sich zusammen in einem hübschen, sommerlich durchgrünten Dörfchen. Sie haben es für sich allein, sie haben Platz, nachdem in den vielen Tagen der Rückwärtsbewegung alle Straßen verstopft waren durch die große Flucht, in allen Unterkünften sich Menschen und Tiere anschoppten bis zum Platzen der Häuser.

Das Dörfchen ist sauber, die Frauen sind freundlich und hübsch, sie waschen immer noch für den deutschen Soldaten, wie seit Jahren. Ja, freundlich sind sie, vielleicht aus Mitleid – oder auch in versecktem Triumph. Erfahren sie nicht heimlich oder wittern sie, wie sehr wir auf dem letzten Loch pfeifen?

Ach – denkt Funk – es ist eigentlich sehr einfach: sie brauchen uns nur anzuschauen. Wir laufen ja buchstäblich herum als abgerissene Bettler. Beim Vorstoß gegen die Marne – wenn wir gefangenen Trüppchen von Franzosen und Amerikanern begegneten –: wie sah mancher von uns erbittert und beschämt zur Seite. Wie waren die ausgerüstet, und wie hatten wir abgerüstet! Seltsam benahm sich der Amerikaner – ein fröhlicher Lausbub. Die Waffen waren ihnen natürlich genommen, aber sie hatten sich Stecken aufgegriffen und zurecht gemacht. Mit ihnen parodierten sie Gewehrgriffe, sie präsentierten scherzhaft vor uns und lachten kameradschaftlich dazu. Sie waren alle jung, frisch, kräftig, wohlgenährt. Sie schienen nicht zu ahnen, welch einer kargen Kost im Gefangenenlager sie entgegengingen.

Karge Kost war auch Trumpf im Dörfchen. Es gab reinweg nichts mehr. Erbsensuppe – und zu ihr erbat sich der Feldküchenkoch von Funk viel Natron aus dem Sanitätswagen, damit die steinharten Erbsen wenigstens weich wurden.

Funk beginnt hier wieder seine Schmierereien. Nachdem die Kiste mit all den schönen Akten hinüber ist, kann man getrost von vorn beginnen. Aber die Dinge fangen an, immer mehr ihr bisheriges Gesicht zu verändern. Hier ist ein Regimentsbefehl: «Zur Auffüllung der Lücken im Sanitätspersonal haben die Kompagnien sofort geeignete Leute als Krankenträger auszuwählen und dem Regimentsarzt vorzustellen, weil auf Nachersatz aus der Heimat zur Zeit nicht gerechnet werden kann.»

Das «zur Zeit» ist als abschwächend hineingeschwindelt, weiß Funk; es muß heißen «für immer».

Und hier eine Meldung, die Funk an den Divisionsarzt macht – eine, wie sie in den vier Jahren noch nicht gemacht worden ist –, eine, die der bisherigen Taktik, alles nur im guten Licht erscheinen zu lassen, ins Gesicht schlägt: «Der Gesundheitszustand der Truppe im allgemeinen ist unter der Auswirkung der in den letzten Wochen überstandenen, äußerst erheblichen Anstrengungen und in Anbetracht der zahlreichen Fälle von übertragbarer Grippe als sehr ungünstig zu bezeichnen.»

Das ist ein Aufschrei. Er heißt: Wir können nicht mehr. Schmeißt uns nicht wieder hinein, wir verbürgen uns nicht dafür, daß wir standhalten. Wenn wir versagen – was dann?

Der Regimentsarzt hat mit dem Regimentskommandeur eine Beratung, ehe er den Schrei losläßt. Der Kommandeur stimmt zu, daß man nun kämpfen muß: nicht gegen den Franzosen, sondern gegen die Heeresleitung. Nicht kämpfen um einen Geländebrocken, sondern um Ruhe.

Die zweite Beratung hat der Arzt mit Funk wegen der genauen textlichen Fassung. Soll man nur von «Anstrengungen», von «erheblichen» oder sogar von «äußerst erheblichen» sprechen? Soll man sagen, der Zustand sei «nicht sehr günstig», «ungünstig» oder «sehr ungünstig»?

Um solche Frisierungen geht es immer noch, denkt Funk wütend. Und schreibt nachher den Text, so scharf er kann. Es geht um die Wahrheit, sagt er sich. Er weiß, der Arzt wird den Kram nicht noch einmal aufmerksam durchlesen. Er wird die Wahrheit, die nun möglichst nackt dasteht, nicht entdecken, während er sie unterzeichnet.

Unter den Leuten grassiert doch wieder eine fiebrige Hoffnung: eingesetzt werden wir im Westen überhaupt nicht mehr. Italien! Italien braucht uns – aber erst nach einer langen Rast.

Funk wagt auf einmal selber daran zu glauben. Er denkt oft an jene Meldung, die wie ein Hilfeschrei ist. Wird er gehört und voll verstanden werden? Sie *müssen* uns in Ruhe lassen.

Er gibt sein bißchen Wäsche zum Waschen, hier ist ja Zeit dazu; mit ihm tun es viele. Die Fetzen weichen gerade in den Kübeln der

Französinnen – da kommt der Alarm. Nachts um drei Uhr kommt er. Man glaubt es nicht; man muß es glauben. Man packt knirschend zusammen, maßlos enttäuscht, verzweifelt bis zum Weinen. Und doch ist die Erklärung so einfach: irgendwo wackelt die Front besonders stark. Dorthin sollen sie, man erinnert sich ihrer.

In den Trögen der Französinnen bleiben für immer letzte Wäschestücke zurück.

39

Die Stelle, an der sie Fuß fassen sollen, gibt keine Möglichkeit, einen Verbandplatz zu schaffen, der einigermaßen geschützt, der unter der Erde wäre. Die Front ist in Bewegung, das heißt, der Gegner gewinnt Raum.

Die Verhältnisse sind undurchsichtig, beinahe verworren; die Führung ist nervös, nicht eindeutig bereit. Ist auf dem Sprung, von einem schwächlichen Entschluß in einen anderen halben hinüberzuwechseln.

Die Ergebnisse der deutschen Offensiven des Jahres 18 werden auch dem Hartnäckigsten klar: sie zählen nicht. Was gilt es jetzt zu tun? weiter zu wursteln, weil man schrecklicherweise nicht herausbekommt, wie man aufhören könnte.

Der neue Regimentsarzt, Oberarzt Eggebrecht, zieht mit seinen Leuten zögernd umher – fast kann man sagen, er irrt umher. Wo ist die Front, wie verläuft sie, wie lange wird sie halten?

Er wartet. Er wartet auf Befehle, die nicht kommen. Er selbst gedenkt Nachricht zu geben, daß er da und da ist, aber er weiß nicht, auf welchen Punkt er seine Ordonnanz zuschicken muß. Endlich erreicht ihn ein Meldegänger vom Regiment, vom Kommandeur, mit der Weisung, man wisse noch nichts Bestimmtes. Er beschließt von sich aus zu bleiben, wo er sich gerade befindet, und seinen Laden aufzumachen.

Er befindet sich in Gesellschaft von einigen Bretterbuden, kümmerlichen Baracken am Rand eines Wäldchens. Die Bäume verdekken den Blick dort hinaus, wo die Linie sein muß. Die Buden lagen früher in durchaus friedlichem Bereich. Hier wird ein Nahrungsmitteldepot gewesen sein, aber man hat nichts zurückgelassen als ein paar riesige Fässer mit einem sauerkrautartigen Kohlgeschnitzel.

Jetzt ist der Platz nicht mehr harmlos. Artillerie beunruhigt ihn. Ein winziger kurzer Graben, kaum einen Meter tief, zieht sich dicht an der einen Baracke hin – als einziges Deckungsmittel. In ihn mögen ehemals die Leute vom Depot für ein Weilchen geschlüpft sein, wenn vielleicht ausnahmsweise einmal ein Flieger kam, und wenn Gefahr bestand, daß Bomben fielen.

Der Graben wäre fast zu schmal für einen dicken Mann, doch das schadet nichts, dicke Männer gibt es ja hier vorne nicht mehr. Mißlicher ist seine geringe Tiefe; sie müssen sich niederkauern, um den Kopf unter der Erdfläche zu haben, wenn sie beschossen werden.

Und sie werden es zunehmend. Der Feind scheint ein Auge auf diese Baracken zu werfen. Sie passen ihm nicht, er will ihren Frieden stören.

Ein höchst geeigneter Platz für den Sanitätsdienst! denkt Funk erbittert. Kein sicherer Winkel weit und breit, dafür aber ist man Augenmerk des Gegners.

In der besterhaltenen Bude stehen die Tragen mit Material. Auf einem Tisch ausgebreitet liegt bereit, was für Behandlung und Versorgung nötig sein wird. So will es der Arzt.

Die Sachen sind bewahrt vor Wind und Regen.

Im übrigen sind sie in einer geradezu lächerlichen Weise allem ausgeliefert. Jede Pistolenkugel schlüge durch diese Bretterwände.

Wenn Granaten kommen – alle paar Stunden kommen sie für eine halbe – rennt alles aus der Baracke und flieht in das Gräbchen.

Mehr kann man nicht tun. Das übrige läßt man stehen und liegen und rechnet mit dem Glücksfall, daß es nicht zerstört wird. Man rechnet ja auch damit, daß der kleine Graben verschont bleibt. Zu solchem Optimismus ist man gezwungen, wie hielte man es sonst nur eine Stunde aus.

Ein Geschoß schlägt in eins der Fässer, es verschwindet vom Erdboden, dafür ist das Barackendach klumpig übersät mit gelben Fladen. Sauerkrautfäden hängen von der Dachpappe herunter wie dünnes Gedärm.

Dann aber trifft es die Baracke selbst. Ein Gewinn ist noch, daß bislang kein Verwundeter hergefunden hat zu diesem Vorbild eines Verbandplatzes, daß kein Kranker ihn aufgesucht hat.

So werden wenigstens Patienten nicht geschädigt oder getötet. Vernichtet wird nur Material und der Arm eines Unvorsichtigen, der zu lange gezögert hat, in den Graben zu kriechen.

Geschrei bricht aus den Brettern hervor, die zum Teil durch die Luft wirbeln. Dann bricht der Verwundete selbst ins Freie. Der rechte Arm ist ihm abgeschlagen, er wankt im Schock und im Schmerz umher, ganz unglaubwürdig baumelt das weggerissene Glied hoch oben, nahe der Achsel, an seinem Kleider- und Hautlappen, es ist kaum mehr so viel Stumpf da, daß man abbinden kann.

Ein paar springen bei, darunter der Regimentsarzt, und tun das übliche. Aus durcheinandergeschmissenem zerfetztem Verbandzeug sucht man hervor, was noch brauchbar ist.

Wer nicht mithilft, ist ein junger Feldunterarzt. Er hockt weiter in der Erdspalte. Durch das Fenster der Baracke ist Blut des Verwundeten im Strahl auf seinen Stahlhelm gespritzt. Er wird bleich, weil es ihm rot von obenher in den Schoß tropft. Er begreift nicht, daß es fremdes – er glaubt, daß es eigenes Blut ist. Er beginnt fassungslos zu weinen, er untersucht seinen befleckten Helm mit fahrigen Fingern. Denkt er an eine Gehirnverletzung – ohne darüber im klaren zu sein, daß er doch keine Schmerzen empfindet? Vielleicht empfindet er welche. Jedenfalls jammert er. – So herunter sind viele, so gelockert die Widerstände der meisten.

Der Schwerbeschädigte ist verbunden, der weinende Arzt ist aufgeklärt und beruhigt. Dr. Eggebrecht hat beides zuwege gebracht. Im Augenblick platzen keine Granaten, aber man weiß ja von diesem Ort aus Erfahrung: es kommen bald neue. Darum wäre es wichtig, wenigstens den Armlosen wegzuschicken.

Er ist ein Bauer vom Ammersee. Daß er nicht ohnmächtig wird vor Schmerzen? Nein, er ist bei klarem Bewußtsein. Er schluchzt um das verlorene Glied. Was er nun anfangen soll? Den Pflug wird er nicht mehr führen können.

Der Regimentsarzt tröstet ihn. «Das wird alles wieder, Lorenz. Da gibt es eine Prothese, mit einem Haken vorn, in den kann man die Zügel einhängen, mit dem kann man tragen und arbeiten.»

Er sagt es nicht sehr sicher, er glaubt selbst nicht recht daran, daß es bequem gehen wird – ob es überhaupt geht. Wie daher Lorenz den bleichen Schädel verzweifelt schüttelt, verläßt er das Thema und entschließt sich zu dem Befehl, den sehr des Lazarettes Bedürftigen abzutransportieren.

Wohin? Zurück aufs Geratewohl. Niemand ist gekommen, es scheint auch niemand mehr einzutreffen. So wenig Hilfsbedürftige her finden, ebensowenig kann man darauf rechnen, Leute von der Sanitätskompagnie hier auftauchen zu sehen. Man hat keine Verbindung mit ihnen, man hat zu niemand Verbindung. Ob überhaupt und wo Telephonisten in erreichbarer Nähe einen Apparat bedienen, ist unbekannt.

Es soll eine Trage mit vier Krankenträgern in den sinkenden Abend hineinziehen. Sie gehen gern, sie ahnen zwar nicht, an welchem Fleck sie mit dem Patienten werden landen können, aber sie entfernen sich wenigstens ins rückwärtige Gebiet.

Der Lorenz hat einen seltsamen Wunsch zum Abschied. «Wo ist denn der – der rechte Arm – der meinige?» fragt er leise.

«Ah, den haben wir weggetan, der ist – nicht mehr da, schon unterm Boden», lügt der Oberarzt.

«Und der Ring?» fragt der Bauer ängstlich. «Da war ein Ring am vierten Finger, von meiner Frau –» sagt er mit erhobener Stimme in beginnender Empörung. «Schon unter der Erde, Herr Oberarzt? Ein Stück von mir hat man also schon begraben, stückweise begräbt man mich ...» Er beginnt haltlos zu greinen, aus Schwäche, aus körperlicher und seelischer Not.

Der Arm, mitsamt dem Uniformstück, liegt unverscharrt hinter der Baracke. Niemand hat sich mehr um ihn gekümmert, man hat ihn nur aus den Blicken dessen geräumt, von dem er herstammt.

Funk tuschelt dem Oberarzt zu, das Glied sei noch unverdeckt. Der Stabsarzt sagt laut: «Lorenz, Sie müssen sich nicht aufregen. Es ist ja alles gut. Der Arm ist noch da. Ich habe nur gesagt, er ist schon versorgt und verschwunden, damit Sie beruhigt sind. Gleich bekommen Sie Ihren Ring.»

«Ich will den Arm noch einmal sehen», bittet der Bauer tonlos.

«Wozu? Was Sie da sehen würden, ist doch unbrauchbares Zeug geworden, Lorenz.»

«Ich will den Arm noch einmal sehen», beharrt er.

Dr. Eggebrecht winkt mit dem Kopfe Funk heran, der zögernd halb hinter der Baracke steht.

Der Arm wird gebracht. Funk wundert sich, wie schwer und «tot» er ist. Wie leicht ist ein Arm, der sich lebend auf dich stützt, wie leicht eine Hand, die sich dir reicht!

Vor des Lorenz' Augen zieht Funk den Ring vom kalt-klebrigen Finger. Das scheint verzwickt: hier liegt der Bauer – und dort ist des

Bauern eine Hand. Es ist, wie wenn er so jetzt weiter reiche als je zuvor.

«Servus –», sagt Lorenz und streckt die Linke aus. Er drückt mit ihr die ehemalige Rechte.

Funk kämpft mit einer Erschütterung, die sich durch Gelächter Luft zu machen droht. Welch ein Vorgang: er muß einem Menschen einen Arm hinhalten, damit er von sich selber – oder wovon – Abschied nehmen kann.

Während Lorenz auf der Trage über einen Acker verschwindet, kratzt und stochert Funk mit dem Seitengewehr ein Loch in die Erde und wirft das Überbleibsel hinein.

Es naht die Nacht. Sie haben Glück mit ihr. An Essen erhalten sie zwar nichts, wo wären Feldküchen zu finden, aber die Stunden verlaufen ruhig. In den kleinen Graben geschichtet (niemand will die Baracke aufsuchen), frierend, doch unbehelligt vom Feind, gegen Morgen durchtränkt von feuchtem Nebel, der in letzten Augusttagen schon herbstlich einsetzt, sind sie zufrieden, wie es einer ist, dessen Wünsche längst auf das Kümmerlichste beschnitten sind.

Die Sonne bricht nicht durch. In dicken weißlichen Dunst ist sie verpackt. Recht so: auch die Kanonen werden verpackt bleiben. Es ist wohl ein Trost nur für Stunden – aber lebt man denn anders als von der einen auf die nächste?

Sie lungern umher. Sie warten – darauf, daß sie weiter werden warten müssen. Die große Wartezeit ist noch nicht vorbei.

Ein Säckchen Zwieback wird verteilt. Einige versuchen, von dem vorgefundenen Krautgeschnitzel eine Handvoll zu kauen. Jemand macht ein kleines Feuer, um zusammengeschüttete Kaffeereste im Blechkessel zu wärmen, einige haben Tee in der Feldflasche – tut nichts, er wird dazugegossen, so wird es mehr.

Da tauchen aus dem Nebel Gestalten auf, aus der Richtung der vordersten Linie. Wer kommt? Man ist bei den schattenhaften Umrissen im Zweifel.

Aber an den zerlumpten, müden, ganz unmilitärischen Figuren erkennen sie bald, daß es welche von den Ihren sind. Ein Trupp, der leichte Maschinengewehre über den Achseln trägt.

Sie wollen vorbei, ohne etwas zu sagen, fast ohne Gruß. Sie scheinen nicht gestört werden zu wollen. Am liebsten täten sie wohl so, als seien sie gar nicht zu sehen.

Dr. Eggebrecht stellt sie. «Wohin lauft ihr? Wo kommt ihr her?»

Sie bremsen widerwillig ihren eiligen Trott. Einer von ihnen spricht mit unlustiger Stimme. Bereitschaft zur Widersetzlichkeit klingt auf. Er sagt nur zwei Worte: «Von vorn.»

«Habt ihr Befehl, zurückzugehen?»

«Da ist niemand mehr, der Befehle gibt. Wir haben unsern Leutnant verloren. Er wird im Nebel hinüber sein zum Tommy.»

«Ihr seid Schufte. Augenblicklich dreht ihr um, geht dorthin, von wo ihr davongeschlichen seid und haltet die Linie weiter.» Der Arzt zieht den Revolver aus der Ledertasche.

Die Mannschaft verständigt sich durch Blicke. «Wir haben zwei Tage nichts zu fressen bekommen», revoltiert ihr Sprecher. «Wir dürfen nicht schlafen, wir sind krank. Wir können nicht mehr.»

«Ihr mögt nicht mehr. Ihr seid Feiglinge und Vaterlandsverräter.»

«Es stimmt, Herr Oberarzt, wir mögen nicht mehr. Der Engländer ist unterwegs, er kommt, links von uns soll er schon durch sein, er ist uns auf den Fersen. Wenn kein Nebel wär', könnt' man ihn bereits sehen.»

«Ist das wahr?» – Der Oberarzt erschrickt und zaudert, er steckt die Waffe zurück. Was soll er tun, er ist über die wahre Lage völlig unorientiert.

«Das ist gewiß wahr. Wenn der Herr Oberarzt nicht geschnappt werden will, gehen Sie am besten auch nach rückwärts. Es gibt nix anderes mehr.»

«Aber ihr könnt doch nicht einfach davonschieben, ohne auf Befehle zu hören.»

«Vielleicht ist der Befehl da. Er muß eigentlich da sein. Links und rechts von uns war nichts mehr. Wir haben die Verbindung verloren.»

Der Arzt verstummt. Er weiß nicht, was er sagen, was er unternehmen soll. Er starrt in den Nebel, er horcht – er starrt und horcht vergebens, es wird ihm keine Botschaft zugetragen.

Der Sprecher der kleinen Schar sieht das Nachgeben des Vorgesetzten – eines Arztes obendrein, der ihm doch taktisch nichts zu sagen hat, er wird sicherer. «Vor gehen wir nicht wieder. Es ist grad' genug, daß wir uns mit diesem Gelump da abschleppen. Am besten täten wir's liegen lassen.» Die anderen nicken zustimmend, sie meinen die Maschinengewehre.

Sie geraten schon ins Weiterwandern. Die Gesichter, stumpf und verdrossen, drehen sich ab. Sie verschwinden bald mit schleifenden Schritten, die dennoch hasten. Ihre gebeugten Gestalten werden verschluckt von der weißen Wand des nahen Horizontes.

Dr. Eggebrecht sieht den letzten wegtauchen. Waren sie auch aufsässig – sie waren doch wie ein letztes Band, das hinüberreichte zur Truppe. Das Band ist zerrissen. – Er wird sie anzeigen. Er weiß ihre Namen nicht. Am Ende haben sie recht getan? Er wird sie nicht anzeigen.

Die Stille ist groß, sie wächst, sie wird unerträglich. Es ist sieben Uhr morgens, es ist kühl und feucht, man fröstelt doppelt bei leerem Magen. Wann wird der schützende Nebel zerteilt sein? Bald. Und was wird dann sein?

Er ordnet an, die unvernichteten Reste des Sanitätsmaterials zusammenzupacken und abzurücken.

40

Gelangte man an maßgebender Stelle doch zur Erkenntnis, daß es vorerst nicht mehr ging mit diesen Leuten? Daß man ihre Spannkraft überdehnte, ihre Tragfähigkeit überlastete? Man kam stirnrunzelnd wohl nur zu dem Entschluß, es sei ratsam, auf sie im Augenblick nicht mehr zu bauen.

Sie wurden herausgenommen. Verladen und eine weite Strecke gefahren. Ausgeladen und in Marsch gesetzt – aber marschierten gern, denn es ging immer tiefer in die Stille und in unbeschossenes Land hinein.

In Dudzeele machte der Regimentsstab halt und ein Bataillon, die anderen Truppenteile gerieten in benachbarte Dörfer. Alle hatten gute Quartiere in diesen sauberen, von der Granate unberührten belgischen Ortschaften, in weitläufigen Bauerngehöften, denen die einstige Wohlhabenheit nach vier Jahren Krieg noch anzusehen war.

Das Revier breitete sich aus in einem uralten Kasten mit schwarzem Gebälk und roten Steinfliesen, einem bäuerlichen Herrenhof – darin freilich die geräumigen Ställe leer standen. Leer aber stand auch das Revier, hier wollte keiner krank sein, es lohnte sich nicht, es war, zum erstenmal, schöner bei der Kompagnie. Wer wirklich marode war, der war es gleich so, daß er abgeschoben werden mußte.

Man hatte es nicht weit nach Brügge. Der Kanal vom Meere her zog dicht vorbei, man konnte zu Schiff in die schöne alte Stadt hineinfahren. Halbtagsurlaub gab es bereitwillig – man sollte wohl endlich einmal auf andere Gedanken kommen, zum Schluß probierten sie es damit – und traf man es richtig, so nahm einen die schleichende Langsamkeit eines Torpedobootes hafenwärts mit. Man stieg, ohne daß das Schiff gehalten hätte, von einem Brückenpfeiler aus aufs vorbeigleitende Verdeck über.

Die von der Marine – wie sahen die aus? Ach, nicht schöner als die anderen. Die gleiche, chronisch gewordene Verdrossenheit und Verzweiflung in den Gesichtern, ebenso abgeschabt und ausgelaugt – ebenso verbogen und verbeult. In den Mienen von Sträflingen die Hoffnungslosigkeit der Lebenslänglichen – die sich eines Tages aufbäumen soll. Das Worte Galeere liegt Funk auf der Zunge.

Ihre Boote paßten gut zu ihnen. Funk staunte. Er hatte Seiner Majestät schwimmende Pracht in der Vorkriegszeit zu Kiel gesehen –: diese geflickten, zerwaschenen, zerstoßenen Kähne schienen ebenso genug zu haben wie ihre Bedienten.

Aber der ungewohnte Anblick einer Stadt wie Brügge ließ alles Elend auf Stunden vergessen. Hier war noch das Märchen, eine tröstende Kulisse – die doch wohl mehr war als bloße Kulisse. So, wie das Märchen etwas anderes ist als ein Theaterschwindel. Erlesen spiegelt sich Architektur in der satten Dunkelheit eines Wassers, über das ein Schwan die schaumige Wolke seines Gefieders hinschweben läßt. So etwas gibt es also noch? Wie auf alten Bildern. Sind die Bilder der Kindheit nicht alle zerschossen?

Es gibt noch mehr gute Dinge. Konditoreien mit Bergen von freundlichem Gebäck – in Vollkommenheiten, wie du sie seit Jahren nur träumend erlebt hast.

Der Zuckerhunger ist allmählich ins Gigantische gewachsen. Funk verspeist ein Dutzend faustgroßer Kompositionen aus weißem Mehl, aus Creme und Fett, trinkt Kaffee und Schokolade dazu, legt einen beträchtlichen Teil der Unteroffizierslöhnung hin und macht sich mit leisen Magenbeschwerden auf den Heimweg.

Es dunkelt schon, als er Dudzeele erreicht. Es ist Mitte September – und plötzlich fällt ihm ein, daß er auf den Tag drei Jahre draußen ist. Drei Jahre. Viel vollbracht. Was alles? Einige hundert Aktenbögen beschrieben und noch mehr Meldezettel, einige hundert

Temperaturen gemessen und noch mehr Binden verwickelt, einige hundert Tabletten verteilt und noch mehr Spritzen gegeben. In der militärischen Rangordnung aber die erste Stufe erklommen!

Wenn wir den Sergeanten glatt überspringen, wäre die nächste für uns der Feldwebel. Ob wir hoffen können, daß der Krieg lange genug –? spottet er in sich hinein.

Da drüben geht ein neugebackener. Donner, ist der aber stolz! Solch unentwegte Freude am Soldatenspielen gibt es also noch?

Was ist denn –? Er steuert auf mich zu? Was will –?

Der Feldwebel tritt Funk in den Weg, so daß er stehenbleiben muß, und sagt herrisch: «Warum grüßen Sie mich nicht?»

Funks Mund sperrt sich dagegen, aufzugehen. Nicht, weil dieser «Vorgesetzte» ihn einschüchtert, sondern weil er seinen Ohren mißtraut. Er muß aber doch richtig gehört haben, es wird aus der grausam drohenden Miene des anderen deutlich. Wie? Nach vier Jahren Krieg bringt dieser Hanswurst die Blödheit noch auf, einem anderen Unteroffizier gegenüber den Erhöhten zu spielen?

Funk brüllt innerlich vor Lachen. Welch lustiger Tag, erst die feinen Kuchen in Brügge, und jetzt diese Delikatesse. Er nimmt dienstliche Haltung an, daß es nur so knackt, und schnarrt: «Verzeihen Herr Leutnant, ich habe Herrn Leutnant bei herabfallender Dunkelheit als Herrn Leutnant nicht gleich erkannt.»

Der Feldwebel stutzt. Er ist auf solche Darlegung nicht im mindesten vorbereitet. Wie soll er sie nehmen? Ist er tatsächlich so fesch beisammen, daß man ihn, ohne auf einzelnes zu achten, für einen Offizier –? Sein Herz wogt hin und her zwischen Geschmeicheltsein und Mißtrauen. Er will, zwar weiter scharf im Ton, aber doch sanfter in der ganzen Haltung, die Sache richtigstellen. Er befiehlt: «Ich bin nicht Leutnant. Was bin ich, bitte –?»

Funk sagt gewaltsam laut: «Verzeihen Herr Oberleutnant –»

Da hat der andere genug. Er weiß Bescheid. Er schreit: «Ich werde Sie anzeigen, ich weiß genau, wer Sie sind, ich bin lange genug beim Regiment, Ihnen will ich's beibringen –»

«Gewiß, Herr Hauptmann», sagt Funk ruhig, salutiert, schwenkt auf dem falschen Absatz herum und geht.

Er lacht noch in seinem Bett darüber, er hat lange nicht mehr gelacht, es war ein schöner Tag. – Aber eine warnende Stimme ist am nächsten Morgen doch in ihm, eine leis besorgte, die ihn abhält, einem Kameraden von diesem Gockeltanz etwas zu erzählen, obwohl Sanitätsfeldwebel Bethge sicherlich seinen Bart unter Gewieher vergnügt nach oben dressiert hätte.

Weil es also nichts zu erzählen und wenig zu arbeiten gibt, geht man viel spazieren. Jeden Tag nach Brügge pilgern kann man nicht, das Geld wird knapp, man muß mit dem Nest vorliebnehmen.

Auf seinen Spaziergängen durch Dudzeele kommt Funk manchmal an einem kleinen sauberen Kramladen vorbei mit Hosenträgern, Fingerhüten, Ansichtskarten und Malzzucker. Die braunen Malzwürfel sehen appetitlich aus. Nicht weniger die Frau, die durch die Scheibe jedesmal ihm zulächelt – oh, keine Verführerin, eine biedere Provinzmatrone von fünfzig Jahren.

Sie scheint bald herauszuhaben, daß Funk sich weder Hosenträger noch Fingerhüte wünscht, sondern Malz, denn sie zeigt mit der Hand auf die Glasvase, nickt und winkt ihn mit der gleichen Hand herein in den Laden.

Funk kann gar nicht anders, als dieser freundlichen Geste höflich folgen.

Das Innere ist winzig, aber er kommt nicht einmal dazu, die dürftigen Einzelheiten aufzunehmen, so dringend und geheimnisvoll veranlaßt ihn die Matrone, in ein noch winzigeres Hinterzimmer zu treten.

Die Breite einer Wand wird dort ausgefüllt von einem Kanapee. Auf ihm sitzt ein rothaariges Mädchen, das grüßend den Kopf senkt, eine hübsche Sechzehnjährige mit gelehrigen Augen, die offenbar schon allerlei gelernt haben. Gleich ist Funk neben sie geschoben, und auch die Frau hat Platz genommen. Sie hocken zu dritt auf braunem Wachstuch, über einer ächzenden Federung.

Die Frau beginnt ein wirres Knäuel an Reden zu haspeln, darin verheddert sind: Malzzucker, Funks Genfer Binde, die er am linken Arm trägt, Watte und Mull, Schwangerschaft und Geburt und das Amt der Hebamme.

Das alles erklärt sich dahin, daß die Frau Hebamme ist und dringend ein wenig Material braucht für ihre berufliche Tätigkeit. Daß sie in Funk den Mann sieht, der ihr solches verschaffen kann, und daß sie ihm Malzzucker in ungeahnten Mengen dafür anvertrauen will.

Die Frau hat etwas Flehendes, die gänzliche Mittellosigkeit ist offenbar echt, das Notwendigste für ihre Patientinnen scheint in der

Tat zu fehlen – aber Funk sucht ihr klarzumachen, daß er von den knappen Vorräten, über die er verfügt, nichts abgeben darf.

«Sind denn nicht eure Soldaten meistens die Väter von den Kindern, die ich hier zur Welt bringen soll?» fragt sie vorwurfsvoll.

Funk denkt an den Fall in Méricourt. Da ist eine Verwandtschaft. Auch die kleine Rothaarige blickt ihn gravierend an. Er fühlt, nicht lange diesen Augen widerstehen zu können (Gimpel! beschimpft er sich), und verläßt, ablehnend unter Kopfgeschüttel, den federnden Kanapeesitz.

Die Frau folgt ihm in den Laden und hält seinen Ärmel fest. Sie flüstert: wenn der Malzzucker nicht konveniere, stehe ihre Nichte ihm zur Verfügung. Oh, sie sei durchaus folgsam, und er solle sich nicht genieren oder irgendwelche Skrupel hegen; ihr als Hebamme seien Mittel und Wege offen, um unliebsame Folgen gar nicht erst aufkommen zu lassen.

Da ist sie nun also doch eine Verführerin, diese Matrone.

Plötzlich ist Funk entschlossen: ja, sie könne Mull und Watte haben, aber sie dürfe dem kleinen Fräulein kein Wort von diesem kurzen Zwiegespräch erzählen.

Dann geht er, behaftet mit etwas schleimigen Segenswünschen, und erleichtert sofort um ein paar Pakete den Sanitätswagen. Er sagt sich völlig beruhigt: so gut Offiziere immer noch Verbandstoff als Taschentücher benützen und dann wegwerfen, kann ich auch dieser Frau etwas schenken. Schenken natürlich, nicht verkaufen. – Wie ist das? Was veranlaßt mich nun, ihr zu willfahren? Sie hat das Richtige getan, ohne zu ahnen, daß es das Richtige war. Bietet mir diese kleine rote Katze an, will sie mir verschachern – und zwingt mich dadurch, ihr nachzugeben. Denn gebe ich nicht nach, so wiederholt sie sicher noch ungehemmter ihr Angebot. Das wäre schrecklich, weil – – nun, weshalb?

Weil ich die kleine Rote nicht verkuppelt haben, sondern weil ich sie haben will. Weil ich sie wiedersehen will. Aha, siehst du, blöder Don Juan: nicht Tante Hebamme soll sie dir erobern, du selber willst sie erobern.

Doch kommt es nicht dazu. Er trägt wohl Verbandzeug hin, aber er hält sich diesmal absichtlich nur kurz auf, um jedes Mißverständnis zu vermeiden, er dringt nicht ins Hinterzimmer und empfängt als Gegengabe lediglich Malzbonbons, die er mit Kameraden teilt.

Als er drei Tage später das Hinterzimmer wieder betreten will, als er auf dem Wege ist, begegnet er dem Kommandeur, Herrn v. Artigand – fast an der gleichen Stelle, an der er abends mit jenem Feldwebel zusammengestoßen war.

Heute ist heller Morgen, Funk schleudert die Hand an den Mützenrand, aber er wird wiederum gestellt. Ein Nußknackerkinn arbeitet gegen ihn: «Weshalb grüßen Sie so spät? Sie haben bei acht Schritt Abstand mit dem Gruß zu beginnen. Wissen Sie das noch nicht? Wo tun Sie Dienst? Wie heißen Sie?»

«Krankenträgerunteroffizier Funk, von der achten Kompagnie.»

Der Adjutant sagt begütigend: «Der Mann ist rechte Hand des jeweiligen Regimentsarztes, Herr Oberstleutnant, seit drei Jahren.»

Der Kommandeur läuft rot an: «Im Sanitätsdienst sind Sie – und wo haben Sie Ihr Abzeichen?»

Funk streckt den Arm mit der Binde leicht vor: «Hier, Herr Oberstleutnant.»

Da tobt er los: «Das rote Kreuz sehe ich von allein. Glauben Sie, ich bin blind, Sie Tropf. Frech wollen Sie auch noch werden! Ich sperre Sie ein. Das bequeme Leben hat ein Ende. Ich schmeiße Sie in den Graben hinaus. Warum tragen Sie nicht nach Vorschrift die Äskulapschlange am Oberarm?»

Der Adjutant sieht betreten aus, er wagt einzugreifen und sagt: «Gestatten Herr Oberstleutnant, die Schlange tragen nur die Sanitätsleute, nicht das Krankenträgerpersonal.»

Der Kommandeur steht eine Sekunde hölzern da, dann wendet er sich brüsk weg und stapft weiter. Er läßt den Unteroffizier Funk stehen, er läßt auch seinen Adjutanten stehen. Der lächelt beinahe liebevoll, ehe er nacheilt, und Funk lächelt kameradschaftlich zurück.

Ist das hohle Gedonner gänzlich verrollt? Nein, jetzt halten die beiden Herren von neuem an, Funk sieht es gerade noch, während er sich aus dem Staube machen will – und er hört sich beim Namen gerufen.

Er überlegt, ob es geht, sich taub zu stellen, aber der Schall, aus des Kommandeurs eigenem Rachen, ist so laut, daß er reagieren muß. Ihm wird gewinkt wie einem Hund, der bei Fuß gehen soll.

Er kommt langsam heran. – «Schneller!» kommandiert man – er beeilt sich nicht, er verspürt schon: eine schlimme Wendung ist im Anzug, du entgehst ihr nicht, gleichgültig, was du tust.

«Können Sie nicht laufen?» wird er angeschrieen. «Ihnen wird man noch dazu verhelfen. Mir fällt gerade ein, darüber orientiert zu sein, daß Sie Ihrem Bataillon gemeldet sind wegen unverschämten Benehmens einem Feldwebel, einem Offiziersaspiranten gegenüber. Ebenfalls in einer Angelegenheit der Ehrenbezeigung. Ihres Druckpostens beim Herrn Regimentsarzt sind Sie hiermit enthoben. Die Faulenzerei ist aus. Was Sie da bisher gemacht haben, macht von nun ab wie bei anderen Regimentern der Sanitätsfeldwebel des ersten Bataillons leicht neben seinen anderen Pflichten. Sie treten zu Ihrer Kompagnie zurück – heute noch. Da Sie als Krankenträger herausgekommen sind, haben Sie vorher in der Heimat Ausbildung mit dem Gewehr gehabt. Sie leisten also von nun ab den üblichen Kompagniedienst. Sie melden sich sofort beim Herrn Regimentsarzt ab und bei Ihrer Kompagnie an.» Er kollert unterm Abgehen: «Mit Burschen wie Ihnen werden wir schon noch fertig.»

Der Adjutant zuckt bedauernd die Achseln und dreht sich weg. Funk ist daran, zu schreien.

Dann ist er mit überstürzten Schritten auf einem Weg, der zum Dorf hinausführt, zwischen die flachen Wiesen hinein. So läuft er geradeaus, dann geht er langsamer, dann kehrt er um.

Im Revier setzt er einen Stahlhelm auf – irgendeinen, er ist ihm viel zu weit, bürstet an seinem Rock hin und her mit den Fingernägeln, wischt an seinen Stiefeln herum und begibt sich ins Quartier des Regimentsarztes.

Er muß merkwürdig aussehen, denn Dr. Eggebrecht springt vom Sofa hoch. Wie sehr bleich er ist, empfindet er selber.

Der Stahlhelm hängt ihm so stark über die Augen, daß er kaum etwas sieht, er muß den Kopf unnatürlich in den Nacken legen. Er schlägt die Hacken zusammen und sagt: «Ich melde Herrn Oberarzt gehorsamst, daß ich mich weigere, weiter Dienst zu machen.»

«Wie, bitte?» fragt der und läßt die Zigarre fallen.

«Ich weigere mich, weiter Dienst zu machen.»

«Das heißt, Sie wollen sich krank melden, Funk. Eine sonderbare Form allerdings –»

«Nein, ich lehne ab, hier noch irgendwelchen Dienst zu tun.»

«Ja, was soll denn dann mit Ihnen geschehen?»

«Weiß nicht.»

«Verstehe ich Sie recht? Man wird Sie einsperren.»

«Mir gleich.»

«Was ist denn vorgefallen?»

Allmählich kann Funk berichten. Der Arzt enthält sich jeder Beurteilung des Oberstleutnants. Aber zum Schluß meint er: «Ja sehen Sie, es ist doch so, wie ich vorhin gesagt habe: man muß Sie als krank betrachten. Man kann es ja leicht. Bei wem, der so lange draußen ist wie Sie, könnte man es nicht? Sie wissen selbst, was anzuführen ist: Schlaflosigkeit, ständiger Kopfdruck, Verdauungsstörungen, Gedächtnisschwäche, chronische Verstimmung, Blutarmut, starke Abmagerung. Objektiv deutliche Zeichen nervöser Allgemeinerschöpfung. Zur wachsenden Körperschwäche bedenkliches psychisches Verhalten. Besserung im Felde ausgeschlossen.»

Aber Funk will immer noch nicht. «Ich mache nicht mehr mit», ruft er außer sich. «Nicht als Gesunder, nicht als Kranker. Ich will, will, will die Wahrheit sagen – ich will sagen: Militär und Krieg sind die albernste, schamloseste, dümmste Gemeinheit von der Welt.»

«So gehen Sie zum Teufel – und zu Ihrer Kompagnie!» rät ihm wütend der Oberarzt, «erzählen Sie dort, was ich nicht weiter hören will!» Und Funk geht.

Dem einen Wunsch dieses entzückenden Oberstleutnants bin ich ja nachgekommen: beim Arzt habe ich mich abgemeldet, grübelt er. Jetzt käme nach seinem Willen jene Anmeldung. Aber den Gefallen tue ich ihm nicht. – Was tue ich?

Er ist trotzdem auf dem Weg in das Dorf, in dem sein Bataillon liegt. Als er es wahrnimmt, macht er sofort halt und setzt sich an den Grabenrand.

Ein schöner Herbsttag. Ein warmer Tag; über die Wiesen wellt ein sanfter verschlafener Wind.

Was beginne ich? – Die Frage stumpft sich ab. Gar nichts beginnen, da sitzen, vor sich hinschauen, in die Ferne schauen, die Augen schließen, es ist gut so. Er wirft den Stahlhelm in den Graben, an der Sohle ist Wasser in ihm; glucksend geht das gewölbte Eisen unter.

Soldaten kommen vorbei, sie sagen «Grüß Gott» und «Servus» und «No, was is?» – er antwortet nicht, sie sehen, er schläft nicht, er starrt auf die Wiese, unheimlich ist er, sie gehen weiter.

Gegen Abend passieren ihn Offiziere, er steht nicht auf, er grüßt nicht. Pennt er mit offenen Augen wie die Hasen? Spinnt er? – Sie lassen ihn unbehelligt.

Aber jetzt packt ihn Dr. Eggebrecht an der Schulter. «Na, Funk –? Ich hab' doch sehen wollen, ob Sie diesen Weg von Ihrer Kompagnie zurückkommen – ich hab' angerufen drüben und gesagt: man soll Sie mir noch einmal zuschicken, ich verliere Sie nicht gern –»

«Ich mache nicht mehr mit.»

«Lassen Sie mich ausreden. Ich verliere Sie nicht gern, aber es ist doch wohl nötig. Sie werden versetzt zum Ersatztruppenteil. Ich habe die Gründe dafür bereits schriftlich niedergelegt und weitergereicht. Komisch, was? Jahrelang haben Sie jeden derartigen Schrieb fabriziert – nur den in eigener Sache, den schreibt ein anderer. – Die Sonne ist weg, stehen Sie auf, kommen Sie jetzt mit, es wird kalt.»

Funk läßt sich ohne Widerstreben ins Revier führen.

NACHWORT

Frey verarbeitete seine eigenen Kriegserlebnisse im 1929 veröffentlichten Roman *Die Pflasterkästen*, der nicht nur bei vielen Kritikern zu einem großen Erfolg wurde. Das Buch erschien zunächst mit einer Auflage von 5000 Exemplaren im Gustav Kiepenheuer Verlag Berlin, wo bereits Arnold Zweigs Anti-Kriegsroman *Der Streit um den Sergeanten Grischa* erschienen war, ein Buch, welches lange Zeit keinen Verleger gefunden hatte. *Die Pflasterkästen* stand in einer Reihe mit *Im Westen nichts Neues* von Erich Maria Remarque und *Krieg* von Ludwig Renn. Der prominente Kritiker W. E. Süßkind schrieb in der *Neuen Badischen Landeszeitung:* «Ich stehe nicht an, Freys Buch dem so gewaltig berühmt gewordenen Remarques vorzuziehen … Aber Frey gelingen Gestalten, Feldärzte und Kommandeure, in denen eine Wahrheit des Krieges enthalten ist, von der Remarques Buch höchstens eine Andeutung gibt.» (Süßkind, in: *Die Pflasterkästen*, 1984, S. 248) Im *Berliner Tageblatt* hieß es: «Ein starkes Buch eines leidenschaftlichen Wahrheitssuchers! Der ganz unvergeßliche jenseitige, wahrhaft gespenstische Schein, der die todgeweihten deutschen Soldaten von Kriegsjahr zu Kriegsjahr magischer umwittert – er erstrahlt ergreifend dieses Buch.» (Stiftung Archiv der Akademie der Künste, Berlin, Frey-Archiv, Sign. 32) Arnold Zweig schrieb in seinem Artikel «Kriegsromane» (*Weltbühne* Nr. 14, 1929), der Roman zerstöre die Lüge vom «Krieg als unbürgerlicher Lebensform, als Gelegenheit zum großen Abenteuer», zum Ausbruch aus der «verruchten bürgerlichen Zweckverflechtung». Auch Zeitgenossen wie Salomo Friedlaender, bekannt durch seine Satire *Hat Erich Maria Remarque wirklich gelebt*, Bruno Frank («Sein Bericht ist eine gewaltige Predigt, unvergeßbar», *Die Pflasterkästen*, 1984) und andere erteilten dem Roman nur das höchste Lob. Das Buch zerstörte die Begeisterung für den Krieg, der auch bei Remarque noch als «der feinste aller Sports» durchgeht, wie Karl Hugo Sclutius 1929 in der *Weltbühne* festhielt *(Die Pflasterkästen*, 1984, S. 248). Frey reihte dabei nicht nur Grausamkeiten aneinander, seine Figuren sind überzeugend, und der Sanitätsgefreite Christian Friedrich Funk ist kein namenloser Held, der hilflos von einer abstrakten Maschine zerrieben wird.

Funk ist ganz klar als Alter Ego Freys schon daran zu erkennen, dass er hauptberuflich als phantastischer Autor tätig ist. In einem Gespräch mit dem Regimentskommandanten urteilt dieser über solcherlei Geschichten: «Ein grausliches Zeug – pardon, ich mein: das Grausen überläuft einen.» *(Die Pflasterkästen,* 1984, S. 100) Den Kommandanten gruselte es vor Geistergeschichten, aber der tödliche Alltag auf dem Schlachtfeld ließ ihn völlig kalt. Frey fiel zu diesem Widerspruch nicht mal eine spöttische Bemerkung ein.

Carl von Ossietzky urteilte: «Alles Groteske und Phantastische, selbst die Schutzwehr der Ironie fällt von Frey ab; übrig bleibt der Verbandplatz, wo ‹das Blut in Schmutz verrinnt›, wo ‹die Abdekkerei der eisernen Zeit ist›. (…) Die Gloriole des Kriegsgottes wird stinkend und vertropft als grüner Eiter. Es wiederholt sich immer wieder nur das schreckliche Geschäft der Sanitäter: Bemühungen um deformierte Leiber, um Knochenbündel, die nicht verlöschen wollen, sondern zu trinken verlangen, um blutig verkrustete Scheiben mit schwarzen Löchern, ehemals Gesichter, Masken sterbender Krieger – von heute. Hier führen, so seltsam es klingen mag, die Toten das Wort.» *(Weltbühne* 25, 1929, S. 687) Thomas Mann lobte Frey als «Mann von hintergründiger Gesetztheit» und nannte *Die Pflasterkästen* am 4. Mai 1929 ein «liebenswertes Buch, durch und durch, bis in die letzte seiner Qualen und ekelerregenden Gräßlichkeiten hinein» (*Die Pflasterkästen*, 1984, S. 253).

Aber nicht alle Kritiker hielten das Buch für ein Meisterwerk, und Frey musste sich öffentlich verteidigen. Die *Deutsche Allgemeine Zeitung* warf ihm am 8. Mai 1929 vor, der Sanitäter Frey würde «nicht mit sterilen, sondern mit tendenziös infizierten Instrumenten arbeiten». Der Autor antwortete prompt mit einem Brief, der in der *Weltbühne* gedruckt wurde: «Ich habe diese Dinge, die ich da niedergeschrieben habe, erlebt – und schlimmer erlebt, als ich sie niedergeschrieben habe. Ich kann diese Offiziere, die Champignons für Stäbe züchteten, statt sich der kranken Soldaten anzunehmen; die sich allein in einen Stollen verkrochen, wenn Artilleriefeuer kam; die einen Krankenträger bestrafen wollten, weil er das Sanitätsabzeichen nicht trug, das er nicht zu tragen hatte; die betrunken waren, wenn es darauf ankam, nüchtern zu sein – ich kann diese Offiziere benennen und habe Zeugen für die Wahrheit der geschilderten Vorgänge. ‹Nie wieder Krieg!› souffliere ich? Ach, die Losung erschiene mir zu schwach. Gegen die hätten sie leichtes Spiel: man lässt die friedfertigen Rufer in solchen Rufen sich erschöpfen, belächelt sie und tut dann, was man für einträglich hält. Nein, wenn sie mir schon eine Devise anhängen wollen, dann müssen sie mich etwa mit dem Schrei: ‹Krieg dem Kriege› abstempeln. Gegen Leute, die wie ihresgleichen skrupellos über den heutigen Maschinenkrieg hinwegzutändeln versuchen, muß man es nicht mit beschwörenden Worten probieren, sondern mit Kampf.» (*Weltbühne* 23, 1929, S. 879)

Alexander Moritz Frey gab sich offen als Pazifist, der dem nationalen Kanon nicht zustimmen mochte. Er fühlte sich solidarisch mit den französischen Soldaten in den Schützengräben auf der anderen Seite und verachtete das Soldatentum als moderne Version der Sklaverei. «Ich will, will, will die Wahrheit sagen – ich will sagen: Militär und Krieg sind die albernste, schamloseste, dümmste Gemeinheit von der Welt», entfährt es seinem Gefreiten Funk (*Die Pflasterkästen*, 1984, S. 245).

Die Pflasterkästen basierte auf der Erzählung «Die Ernte» und erschien auch in Polen *(Apteczka polowa*, 1931), Holland *(Funk ziegendrager aan het Westelijk front,* 1929), England und den USA *(The Cross Bearers,* 1930/31). *Vorwärts* und der *Daily Herald* druckten das Buch in Fortsetzungen nach. Auch im Ausland wurde das Buch gelobt und u. a. in der *Herald Tribune (Die Pflasterkästen,* 1984, S. 253) besprochen.

Die Pflasterkästen landete am 10. Mai 1933 auf dem Berg der verbrennenden Bücher und geriet danach in Vergessenheit, bis der Gustav Kiepenheuer Verlag das Buch 1984 in der DDR erstmals wieder auflegte. Im *Lexikon deutschsprachiger Schriftsteller* des Leipziger bibliographischen Institutes gibt es in Verbindung mit Wilhelm Lamszus, dem Autor des visionären Bestsellers *Das Menschenschlachthaus* (1912), einen versteckten Eintrag zu Alexander Moritz Frey. Lamszus schildere «die Schrecken der modernen Materialschlachten mit nachtwandlerischer Sicherheit», schrieb Carl von Ossietzky (Kurt Böttcher, Hrsg., *Lexikon deutschsprachiger Schriftsteller,* Leipzig 1972, Bd. 2, S. 6). Neben Lamszus listet das Lexikon noch ein paar weitere Autoren auf von «beachtenswerten bürgerlichen Antikriegsbüchern, die ein Gegengewicht gegen die kriegsverherrlichende Literatur der

Beumelburg, E. Jünger, Dwinger u. a. bildeten, aber durch ihre im Gefolge der sog. Neuen Sachlichkeit angestrebte Zustandsschilderung nur ein begrenztes Wirklichkeitsbild vermittelten» (Böttcher, Bd. 2, S. 7). Abgesehen von Frey werden Gustav Landauer (1870 bis 1919), Andreas Latzko (1876–1943), Detlef Köppen (1893–1939) und Karl Federn (1868–1943) genannt. Hans-Albert Walter nannte diese Liste bereits ironisch «eine Sammelrubrik zu sozusagen ‹minderen› Antikriegsromanen der Weimarer Republik» (Hans-Albert Walter, *Der Meisterzeichner von Nachtstücken und Traumgesichten – Alexander Moritz Frey wiederzuentdecken,* Frankfurt am Main 1988, S. 13). Von den genannten Autoren gestanden die Autoren des Lexikons A. M. Frey allerdings zu, sich über die Sache mit dem «begrenzten Wirklichkeitsbild» Gedanken gemacht zu haben: «Freys Werke sind vom Expressionismus und Surrealismus beeinflußt; charakteristisch ist seine Neigung zur phantastisch wie auch komisch überhöhten Darstellung, in der sich schwermütige Weltbetrachtungen mit Gesellschaftssatire verbindet.» (Böttcher, Bd. 2, S. 7) Seine Verbindung von Antikriegsroman und Phantastik in *Hölle und Himmel* oder der politische Gehalt seiner Schauergeschichten wurden dabei völlig übersehen.

Stefan Ernsting

Bei dem hier als Nachwort abgedruckten Text handelt es sich um einen Auszug aus Stefan Ernsting: Der phantastische Rebell Alexander Moritz Frey oder Hitler schießt dramatisch in die Luft, *Zürich 2007, Seite 88-92.*

QUELLENNACHWEIS

Der hier wiedergegebene Text folgt dem Wortlaut der Erstausgabe: *Die Pflasterkästen. Ein Feldsanitätsroman,* Berlin: Gustav Kiepenheuer Verlag 1929. Freys Roman, den die Kritik an die Seite von Remarques *Im Westen nichts Neues* stellte, war nach 1933 in Deutschland unerwünscht; bei den Bücherverbrennungen der Nationalsozialisten gingen auch *Die Pflasterkästen* in Flammen auf. Erst 1984 erschien bei Kiepenheuer in Leipzig eine Neuauflage, zwei Jahre später im Westen ein Fischer-Taschenbuch. Dennoch steht die eigentliche Wiederentdeckung eines der bedeutendsten Romane über den Ersten Weltkrieg immer noch aus.

Der als Nachwort herangezogene Text ist ein Auszug aus Stefan Ernstings informativer Monographie *Der phantastische Rebell Alexander Moritz Frey oder Hitler schießt dramatisch in die Luft,* Zürich 2007, Seite 88-92; Autor und Verlag gilt ein Dank für die freundliche Abdruckgenehmigung.

ZEITTAFEL

1881 Alexander Moritz Frey wird am 29. März als einziges Kind des Malers, Opernsängers und Galeriedirektors Wilhelm Frey (1826–1911) und seiner Ehefrau Sophie in München geboren. – Als Kind Besuch der protestantischen Grundschule und des Münchner Luitpold-Gymnasiums.

1895 Umzug nach Mannheim, wo der Vater zum Direktor der großherzoglichen Gemäldegalerie berufen wird

1903 Abitur. Auf Drängen der Familie studiert Frey nicht Medizin, sondern – in Heidelberg, Freiburg und München – Jura (und nebenher Philosophie). Er verweigert allerdings den Studienabschluß und läßt sich in München als freier Schriftsteller nieder.

1907 Erste Gedichtveröffentlichung; Gedichte, vor allem aber Erzählungen und Kurzgeschichten erscheinen von nun an regelmäßig in Zeitschriften und Anthologien. In Tageszeitungen veröffentlicht Frey zeitlebens Buchrezensionen.

1909 Frey liest in privatem Kreis in der Wohnung des Theaterwissenschaftlers Arthur Kutscher das erste Kapitel aus *Solneman* vor; unter den Zuhörern befindet sich auch Thomas Mann.

1911 Tod des Vaters

1913 *Dunkle Gänge. Zwölf Geschichten aus Nacht und Schatten* (erste Buchveröffentlichung)

1914 *Solneman der Unsichtbare* (Roman)

1915 Trotz pazifistischer Haltung nimmt Frey als Sanitäter am Ersten Weltkrieg teil, bis zum Kriegsende an der Westfront in Nordfrankreich. Im selben Regiment dient auch Adolf Hitler als Meldegänger; Vorgesetzter ist Max Amann, nach 1933 Präsident der Reichspressekammer.

1918 *Kastan und die Dirnen* (Roman)
Der Mörder ohne die Tat und andere Erzählungen
Selbstmord der Mutter

1919 Ehe mit Johanna Patin, die schon anderthalb Jahre später stirbt

1920 Amann bietet Frey mehrfach die Stelle eines Feuilletonchefs beim neu gegründeten *Völkischen Beobachter* an, dem Organ der NSDAP. Frey lehnt ab. Trotz seiner pazifistischen Einstellung umwerben die Nationalsozialisten den einstigen «Kameraden» Hitlers auch weiterhin.

Spuk des Alltags. Elf Geschichten aus Traum und Trubel

1922 *Sprünge. Dreizehn Grotesken*

1923 *Der unheimliche Abend* (Erzählungen)

1925 *Robinsonade zu Zwölft* (Roman)

1926 *Viel Lärm um Liebe* (Roman)

1927 *Außenseiter. Zwölf seltsame Geschichten*

Arabellas Opferung (Erzählung; wegen erotischer Inhalte verboten)

1928 *Missetaten* (Erzählungen)

Gelichter und Gelächter (Erzählungen)

1929 *Die Pflasterkästen*; Kritiker stellen den Antikriegsroman neben Remarques *Im Westen nichts Neues.*

1930 *Das abenteuerliche Dasein* (Roman)

1932 Frey unterschreibt einen Aufruf gegen die Wiedereinführung der allgemeinen Wehrpflicht.

1933 Am 15. März verwüstet die SA Freys Münchner Wohnung. Frey, der sich zu diesem Zeitpunkt nicht in der Stadt aufhält, wird gewarnt und flieht sofort nach Innsbruck, später nach Salzburg. – Bei den Bücherverbrennungen am 10. Mai landen auch Exemplare der *Pflasterkästen* in den Feuern der Nazis.

1938 Frey flieht nach Basel, wo sich Hermann Hesse für ihn einsetzt. Die finanzielle Situation bleibt während der gesamten Zeit des Exils prekär. – Der Schriftsteller wird in Deutschland ausgebürgert und damit staatenlos.

1939 Frey bemüht sich vergeblich um eine Aufenthaltsgenehmigung für Zürich.

1940 *Der Mensch* (Erzählung)

1942 Verbot, in Schweizer Zeitungen und Zeitschriften zu publizieren; die Mehrzahl der literarischen Arbeiten jener Jahre bleibt daher zunächst unveröffentlicht.

1945	*Spuk auf Isola Rossa* (Roman) *Hölle und Himmel* (Roman) *Birl, die kühne Katze* (Märchen)
1946	*Hotel Aquarium* (Roman)
1949	Unbefristete Aufenthaltsgenehmigung für die Schweiz
1951	Frey lebt einige Jahre lang wechselweise in Zürich bei seiner Lebensgefährtin Gussy Warschauer-Gerson und in seiner Wohnung in Basel.
1955	*Kleine Menagerie* (Erzählungen)
1956	Am 13. Dezember Verleihung des Basler Bürgerrechts und damit der Schweizer Staatsbürgerschaft
1957	Frey stirbt am 24. Januar in Zürich. *Verteufeltes Theater* (*Faust*-Roman)

INHALT

Die Pflasterkästen 5

Nachwort von Stefan Ernsting 227

Quellennachweis 231

Zeittafel 232

Weitere Bücher von

Alexander Moritz Frey

bei Elsinor

Solneman der Unsichtbare. Roman. Sonderausgabe. Mit einem Vorwort von Sibylle Lewitscharoff. Coesfeld 2021 (200 Seiten, Hardcover, ISBN 978-3-942788-54-0)

Verteufeltes Theater. Ein Faust-Roman, Coesfeld 2019 (204 Seiten, Hardcover, ISBN 978-3-942788-49-6)

Birl, die kühne Katze. Ein Märchen, Coesfeld 2017 (88 Seiten, Paperback, ISBN 978-3-942788-37-3)

Ein Mädchen mordet. Drei Erzählungen, Coesfeld 2016 (80 Seiten, Paperback, ISBN 978-3-942788-34-2)

Der Mensch und andere Erzählungen, hrsg. von Paola Mayer und Rüdiger Mueller (320 Seiten, Paperback, ISBN 978-3-942788-55-7)

Robinsonade zu Zwölft. Roman, Coesfeld 2014 (288 Seiten, Paperback, ISBN 978-3-942788-15-1)